电子商务类专业
创新型人才培养系列教材

移动电商
运营

慕课版

张作为 / 主编

谢蓉 梁海波 童兰 童海君 / 副主编

人民邮电出版社

北 京

图书在版编目（CIP）数据

移动电商运营：慕课版 / 张作为主编. -- 北京：
人民邮电出版社，2020.9
电子商务类专业创新型人才培养系列教材
ISBN 978-7-115-54239-7

Ⅰ. ①移… Ⅱ. ①张… Ⅲ. ①移动电子商务－运营－
教材 Ⅳ. ①F713.365.1

中国版本图书馆CIP数据核字(2020)第098767号

内 容 提 要

"技术看百度，产品看腾讯，运营看阿里巴巴"，这句话互联网从业者都不会感到陌生。运营是
一门艺术，小平台里大作为。一般而言，运营按照职能划分为内容运营、用户运营、活动运营和产
品运营四个模块。本书根据运营岗位的主要职能，系统地阐述了在移动互联网环境下如何通过内容
运营、活动运营、社群运营、短视频运营和产品运营提高企业用户质量和品牌曝光率，主要内容包
括移动电商趋势与基本认知、移动电商内容运营、移动电商活动运营、移动电商社群运营、短视频
运营、移动电商产品运营等。

本书内容新颖、案例翔实、资源丰富、讲解透彻，既可作为本科院校和职业院校移动商务、移
动电商运营、移动电商推广、移动营销和新媒体运营等课程的教材，又可供广大电商研究人员和从
业人员学习和参考。

◆ 主　编　张作为
　　副主编　谢　蓉　梁海波　童　兰　童海君
　　责任编辑　古显义
　　责任印制　王　郁　马振武
◆ 人民邮电出版社出版发行　　北京市丰台区成寿寺路 11 号
　　邮编　100164　　电子邮件　315@ptpress.com.cn
　　网址　https://www.ptpress.com.cn
　　固安县铭成印刷有限公司印刷
◆ 开本：787×1092　1/16
　　印张：13.25　　　　　　　　　　　2020 年 9 月第 1 版
　　字数：300 千字　　　　　　　　　2024 年 8 月河北第 7 次印刷

定价：48.00 元

读者服务热线：(010)81055256　印装质量热线：(010)81055316
反盗版热线：(010)81055315
广告经营许可证：京东市监广登字 20170147 号

前　言

党的二十大报告指出，加快发展数字经济，促进数字经济和实体经济的深度融合，打造具有国际竞争力的数字产业集群。随着移动互联网的不断发展，以图文短视频形态的"两微一抖"为典型代表的新媒体平台不断涌现，企业的用户、流量、订单越来越碎片化，传统电商运营成本居高不下、竞争激烈，其流量运营思维已经明显不能适应新的发展需求，企业纷纷尝试通过内容电商、直播带货、知识付费、用户经营、社群营销等形式进行私域化流量池的打造，实现企业用户的拉新、留存、促活和转化，从而完成由原先的流量运营思维向用户运营思维的转型升级。在移动互联网环境下，活动策划、用户开发与管理等工作任务发生了深刻的变化，以用户为中心的电商运营思维将促使企业更重视新媒体平台建设与内容开发、日常活动推动、社群用户互动、小程序和微商城部署设计及管理等业务的拓展。

作为电商学习者和从业者，应不断适应移动电商运营岗位的工作需求，思考如何开展内容运营、活动运营、社群运营、用户运营、数据运营和产品运营工作，以及如何借助管理工具、内容制作工具、数据分析工具、平台搭建工具等提高工作效率和效果，学会通过内容、活动、社群和产品等不断提升用户的活性与黏性。本书将二十大精神与移动电商运营的实际工作结合起来，立足岗位需求，以社会主义核心价值观为引领，传承中华优秀传统文化，注重立德树人，培养读者自信自强、守正创新、踔厉奋发、勇毅前行的精神，着力造就拔尖创新人才。

※　本书编写特色

◇**案例主导、学以致用**：本书立足于移动电商运营领域，加入大量的案例操作和分析，让读者真正掌握移动电商运营岗位中各工作模块的内容。

◇**图解教学、强化应用**：本书采用图解和思维导图形式组织内容，图文并茂，让读者在学习过程中更直观、更清晰地掌握移动电商运营应用知识和实用工具，全面提升学习效果。

◇**同步视频，资源丰富**：本书提供慕课视频、抖音短视频、配套 PPT 课件、教案等立体化的学习资源，方便读者直观学习，即学即会，不断提升读者碎片化学习的效果。

本书由人邮学院平台为读者提供优质的慕课课程，课程结构严谨，读者可以根据自身的学习程度，自主安排学习进度。

现将本书与人邮学院的配套使用方法介绍如下。

1．读者购买本书后，刮开粘贴在封底上的刮刮卡，获取激活码（见图 1）。

2．登录人邮学院网站（www.rymooc.com），使用手机号码完成网站注册（见图 2）。

图 1　激活码　　　　　　　　　　　　　　图 2　人邮学院首页

3．注册完成后，返回网站首页，单击页面右上角的"学习卡"选项（见图 3）进入"学习卡"页面（见图 4），即可获得慕课课程的学习权限。

图 3　单击"学习卡"选项　　　　　　　　图 4　在"学习卡"页面输入激活码

4．获取权限后，读者可随时随地使用计算机、平板电脑及手机进行学习，还能根据自身情况自主安排学习进度。

5．书中配套的教学资源，读者也可在该课程的首页找到相应的下载链接。关于人邮学院平台使用的任何疑问，可登录人邮学院咨询在线客服，或致电：010-81055236。

※　本书编写过程

本书的编写过程颇有创意，是针对众多高职院校中移动商务、新媒体和电商运营专业或模块的设置与教学现状，在听取浙江、江苏和广东等省份的六位同行的意见并吸纳多家校企合作企业的真实运营案例的基础上组织编写的。本书由浙江省"十三五"电子商务特色专业带头人、学校移动电商运营地方服务创新团队负责人、宁波城市职业技术学院张作为副教授任主编，宁波城市职业技术学院谢蓉老师、东莞市常平电子商贸学校梁海波老师、宁波广播电视大学童兰老师、台州职业技术学院童海君老师任副主编。感谢宁波城市职业技术学院电商专业教学团队和移动电商运营地方服务创新团队为本书编写提供的文字修订工作。

尽管我们在编写过程中力求准确、完善，但书中可能还有疏漏与不足之处，恳请广大读者批评指正，在此深表谢意！

编　者
2023 年 4 月

目　录

学习目标

◆ 掌握社交电商和内容电商的含义。
◆ 掌握内容电商的整个生态系统分析。
◆ 掌握传统电商与社交电商的消费者购物路线图差异。
◆ 掌握移动电商碎片化、去中心化和精准化特点。
◆ 掌握移动电商运营的产品运营、用户运营、内容运营和活动运营模块含义。
◆ 掌握移动电商环境下"人、货、场"特点。
◆ 了解移动电商的三种典型模式。

随着移动互联网和智能手机的不断发展，电商新技术、新模式、新业态和新玩法不断涌现，作为电商从业人员，应认识移动电商的发展现状和环境变化，把握企业前沿的移动电商发展趋势，不同维度观察消费者的购物路线和商家的经营思路，提升和丰富对整个电商行业的认识。

1.1 认识移动电商发展

在移动电商时代，将碎片化的时间随时随地地用于上网已成为消费者最直接的要求，也是电商模式发展的趋势之一，未来的商务模式由传统的中心化模式逐渐向去中心化模式发展。移动电商的深入开发和成熟应用已成为可能，大大增强了消费者的体验效果。如今，在移动互联网上导入社交化的元素，并将社交场景和消费者进行连接，已经形成移动电商向社交化发展的趋势。移动电商不但要很好地完成"提示消费"的任务，更重要的是为消费者制造极佳的可参与的体验环境，让消费者与品牌深度接触，让消费者愿意分享自己亲身参与品牌传播的精彩体验。

▶▶▶ 1.1.1 移动互联网的发展现状

1. 移动互联网的基础数据及发展趋势

2019 年移动互联网在各个领域的应用不断深化发展，市场规模体量仍在不断壮大中。截至 2019 年 6 月，我国网民规模达 8.54 亿，较 2018 年年底增长 2598 万，互联网普及率达 61.2%，较 2018 年年底提升 1.6 个百分点，如图 1-1 所示；我国手机网民规模达 8.47 亿，较

2018 年年底增长 2984 万，网民使用手机上网的比例达 99.1%，较 2018 年年底提升 0.5 个百分点，网民手机上网比例继续攀升。与 2014 年相比，移动宽带平均下载速率提升约 6 倍，手机上网流量资费水平降幅超 90%。"提速降费"推动移动互联网流量大幅增长，消费者月均使用移动流量达 7.2GB，为全球平均水平的 1.2 倍；移动互联网接入流量消费达 553.9 亿 GB，同比增长 107.3%。

图 1-1 网民规模和互联网普及率

2019 年上半年，手机网民经常使用的 App 中，即时通信类 App 使用时间最长，占比为14.5%，使用网络视频、短视频、网络音乐、网络文学和网络音频类应用时长占比分列第二至第六位，如图 1-2 所示。网络购物市场保持较快发展，下沉市场、跨境电商、模式创新为网络购物市场提供了新的增长动能。在地域方面，以中小城市及农村地区为代表的下沉市场拓展了网络消费增长空间，电商平台加速渠道下沉；在业态方面，跨境电商零售进口额持续增长，利好政策进一步推动行业发展；在模式方面，直播带货、工厂电商、社区零售等新模式蓬勃发展，成为网络消费增长新亮点。

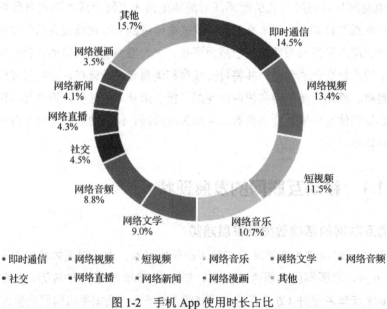

图 1-2 手机 App 使用时长占比

2018 年互联网告别野蛮生长，互联网行业对网民数量的争夺变成对网民睡眠时间的争夺。互联网巨头企业边界更加模糊，马太效应更强，并将进入"占据消费者时间→拉动消费者群体消费→吸引消费者更多时间→抢夺竞争对手的时间"这一循环。伴随着线上人口流量红利逐渐减少，线下流量将再次成为互联网巨头们关注的重点，通过数据和技术的加持来进一步加速线上线下流量整合。视频仍然是企业触达消费者的主流媒介，其中在线视频平台作为继即时通信之后的第二大流量入口，通过头部 IP、粉丝效应发展付费会员成为平台竞争重点。短视频渗透消费者日常生活，呈现全景化特征，跃进移动互联网流量入口前三，成为品牌营销的重要阵地，也是政务和媒体宣传的新宠。随着人口代际的更迭和新消费人群的涌入，社交领域定会再有黑马出现。2018 年中国互联网发展关键字如图 1-3 所示。

图 1-3　2018 年中国互联网发展关键字

互联网企业也逐步将旗下各 App、移动网页、H5 等移动端生态流量进行整合，希望通过提供更多流量入口占据更多场景，以获取消费者的注意力和流量。生态流量或可成为破局关键，与蛛网结构相似，在社交、视频、资讯、阅读、浏览器等各种场景下触达消费者，全网流量经营已逐渐成为共识。未来，我国移动互联网在社会生产领域的应用还将得到极大提升和发展。在移动互联网产生的海量数据的支持下，农业、工业和第三产业都将得到不断优化，生产流程、管理程序、产品运营、营销模式都会发生变革或转型，针对消费者的个性化需求与体验，产品与服务也将更加垂直化和精细化。

移动电商的深入开发和成熟应用早已成为可能，品牌竞争激烈、产品同质化严重，而主力消费者在物质供给充足下精神需求渐生，个性化、感性化成为品牌营销追求，其强调以满足消费者精神需求为中心，探究消费者内心世界，塑造情感共鸣。电商开始从以前买流量到现在找消费者，营销成本渐渐上升，消费者需求更加个性化，不论是从营销角度、掌握消费者需求角度，还是从面对以后的柔性供应链管理形势的角度，电商都需要建立起完善的消费者沟通渠道，以维持对消费者以及流量的管理。

移动设备往往是被单独的个体使用，一般与真实的个人信息进行绑定，因此移动电商与传统电商相比具有碎片化、去中心化和精准化的特征。其中在移动互联网发展时代，去中心化表现得越来越明显，传统的以淘宝、京东为代表的通过统一入口搜索、比价主动消费的商业模式逐渐演变成没有统一入口、通过培育消费者争取流量的被动消费模式上来，流量和渠道变得越来越碎片化，场景化和个性化变为消费趋势，消费者和流量逐渐成为商家私有财产。表 1-1 所示为中心化与去中心化的商务模式的特征对比。

表 1-1　中心化与去中心化的商务模式的特征对比

商务模式	中心化	去中心化
入口	统一入口	没有统一入口
满足需求	搜索、便宜	场景化、个性化
流量	商家没有自己的流量	商家拥有自己的流量
消费者	商家没有自己的消费者	商家拥有自己的消费者
消费模式	主动消费	被动消费
典型案例	淘宝、京东	微博、微信

在经历多年高速发展后，网络消费市场逐步进入提质升级的发展阶段，供需两端"双升级"正成为行业增长新一轮驱动力。在供给侧，线上线下资源加速整合，社交电商、品质电商等新模式不断丰富消费场景，带动零售业转型升级；大数据等技术深入应用，有效提升了运营效率。在需求侧，消费升级趋势保持不变，消费分层特征日渐凸显，进一步推动市场多元化。

2. 新媒体电商平台发展迅速

随着移动互联网、社交网络的到来，商家和消费者之间的沟通方式变得多种多样，手机 QQ、微信、微博等平台被用来维持彼此的互动关系。互联网不断升级发展，使人与人、人与产品、人与信息可以实现"瞬连"和"续连"。媒介环境呈现出更多、更碎、更快的特点，消费者呈现普遍"浅"状态，注意力稀缺，在这种高密度信息环境下，消费者注意力也越来越碎片化，呈现出典型的浅状态，即浅阅读、浅尝试等，如图 1-4 所示。目前移动互联网内容平台分类主要包括综合资讯、垂直资讯、数字阅读、移动视频等，这些平台每天会产生大量的信息，如微信推文、短视频信息流等。对于内容平台来说，能够引导消费者下载自家 App 并将之沉淀固然好，如果不能迎合消费者在不同平台，尤其是超级入口消费内容的习惯，并对其自有生态流量进行商业化经营，将很难留存消费者。

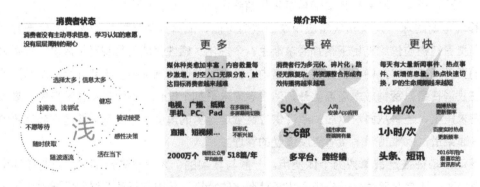

图 1-4　新媒体发展趋势下的消费者状态和媒介环境

在移动社交媒体上，消费者能随时享受商家提供的服务，而商家也能随时了解消费者的需求，这样的联络方式使得商家与消费者之间的联系变得更加紧密，契合移动电商发展趋势的自媒体电商平台发展迅速。从传统线下经营模式、传统电商流量争夺模式，转移到以消费者为中心，以数据为驱动，线上线下营销一体化的新经济模式。而这个趋势最重要的特征就是借助微信、微博、搜索、短视频等互联网平台去布局线上渠道，开辟营销阵地，最终建立自己的品牌王国。

以资讯、视频、电子书等为代表的图文和短视频内容具有天然黏性和分享多次传播性，在不同平台集成内容模块也比较容易，优质内容可以赢得消费者的更多时长，也增加了广告更多曝光的机会，即使内容在 App 之外被传播也依然可以带来广告价值。站外流量同样也会带来消费者的回流，依靠优质内容的站外传播，从而以较低的成本获取消费者的自然增长，这也有利于促使内容型 App 更加注重内容的质量，带来好的消费者体验。

自媒体的发展过程中，诞生了许多大家耳熟能详的名字，有 IP 名称、账号名称，更有多渠道网络服务（Multi-Channel Network，MCN）机构名称。传播、营销、内容、流量、卖货、娱乐，无论微信公众号还是微博，直播或是短视频，自媒体几乎填充了所有我们所能接触到的信息链。发展至今，MCN 依托内容生产业态和运营业态两个基础业态，呈现多种业态组合发展的趋势，加以平台方的政策扶持与资本加持，MCN 迎来蜕变式发展，其商业形态更加多元，变现途径愈加丰富，依托于各大主流媒体平台，为内容的生产分发及"红人孵化"贡献着自己的强大力量。

3. 社交电商呈现快速发展状态

社交电商这个代名词早已刷遍朋友圈，大量的电商网站利用社交关系快速聚集消费者，形成庞大的营销矩阵，试图在流量成本居高不下时寻找突破口，这促使传统电商巨头纷纷效仿，刮起社交电商的"龙卷风"，社交电商争做零售电商行业中与平台电商、自营电商并驾齐驱的"第三极"。随着手机互联网的发展，大部分在 PC 端进行网购的消费者已将购物"阵地"转移到手机、平板等移动应用端上，以拼购、分销等为典型的社交电商模式成为电商平台快速吸引客流的新方式。据有关报告显示，社交电商作为一种基于社会化移动社交而迅速发展的新兴电商模式，自 2013 年出现后连续五年高速发展。2017 年社交电商行业市场规模达到 6835.8 亿元，较 2016 年增长 88.84%。近年来，社交电商大爆发，2014—2017 年年均复合增长率达到 90% 以上，2018 年社交电商维持其迅猛增长的势头，市场规模突破万亿元。

社交电商是推动我国电商创新发展的重要形式之一。《电子商务"十三五"发展规划》明确提出，积极鼓励社交网络电子商务模式。鼓励社交网络发挥内容、创意及用户关系优势，建立链接电子商务的运营模式，支持健康规范的微商发展模式，为消费者提供个性化电子商务服务，刺激网络消费持续增长。鼓励电商企业依托新兴的视频、流媒体、直播等多样化营销方式，开展粉丝互动，建立健康和谐的社交网络营销方式。社交电商已经处在一个巨大的风口阶段，传统的电商格局已定，互联网流量红利基本结束，基于移动互联网的爆发，得益于社交媒体的广泛应用，每个个体都可以成为传播中心，并产生商业价值，这是社交电商可以迅速崛起的底层支撑。

自从行业内公认移动互联网进入下半场、人口红利消失以来，越来越多业内企业将关注重点从增量消费者和增量流量，转为了对存量消费者、存量流量的运营。相比于传统电商，社交电商在流量、运营、渠道、消费者及获客成本等多方面具有显著优势。社交电商具有去中心化的特点，而依托社交平台及熟人网络进行裂变式传播又使得其能有效降低获客成本。

4. 知识付费与创业良莠不齐

说起知识付费，很多人对这个概念并不陌生，现在我们所看到的各种媒体平台，如喜马拉雅、得到、知乎 Live 等，都属于知识付费平台，人们可以在这些平台上选择自己所喜欢的内容，然后利用自己的碎片化时间去学习和增长知识。从知识付费的发展历程来说，2016 年被称为"知识付费元年"，然后伴随着知识付费的迅速崛起，知识付费仍然是业内很多人推崇的很有前景的行业和模式。相关数据显示，到 2017 年光是知识付费的消费者就已经接近了 5000 万人，越来越多的人选择加入知识付费的学习当中来。

知识付费课程的类型主要包括音频、视频和图文，好的知识付费产品和差的知识付费产品区别就在于内容质量。但是在知识付费互联网红利之下，由于很多知识付费平台的入门门槛并不是很高，导致在同一时间很多鱼龙混杂的知识产品一下子涌入到很多的平台。生产内容的团队越来越多，同时他们所生产出的内容也是良莠不齐，因此最需要做的就是加快优胜劣汰，让真正优质的内容能够在当前这个市场上得到更多的机会和曝光，让一些内容质量差的内容尽快地从市场上退出。作为知识付费平台方，在对接知识付费的生产者和消费者的时候，要让更多的消费者能够清楚地知道收费内容的框架，以及通过这些知识产品能学到什么。消费者在学习之前最好对知识付费的生产者能有一个很详细的了解，这样在购买产品时才会更加放心，并购买到真正需要的产品。

⟫⟫⟫ 1.1.2 移动互联环境下的重要概念

1. 移动电商

移动电商是指通过手机、平板电脑等移动通信设备与无线上网技术结合所构成的一个电商体系。相对于传统电商而言，移动电商可以真正使任何人在任何时间、任何地点得到整个网络的信息和服务，随时随地的信息交流意味着需求的增加和多样化，同时也给企业带来了更多的商业机会。

截至 2018 年 12 月，网民通过手机接入互联网的比例高达 98.6%，我国手机网络支付用户规模达 5.83 亿，年增长率为 10.7%，手机网民使用率达 71.4%，随着移动终端用户的不断增长，移动流量资费大幅下降，各类移动电商应用发展迅猛，如移动信息服务、移动社交、移动支付与购物、移动学习与娱乐、新媒体应用等。移动电商形式多样，除从传统电商中扩展而来的一些服务外，还有许多新的形式将会逐渐被开发出来。

2. 内容电商

我们可以把内容电商理解为电商平台通过对内容的描述，促进产品销售达成的行为，它们通过对"内容"的描述，直击消费者的"痛点"。但是，"内容"并不以"可读性"为目的，而是以"销售成功"作为最终目的，它与我们在生活中提到的"内容"一词具有本质的不同。内容电商还加速了"体验式"营销、"场景化"营销、"教程式"营销等多种销售模式。目前内容电商的生态系统逐步完善，基础服务支撑体系、内容生产制作方、内容电商平台和内容分发平台等一系列生态要素逐步完善和规范，技术、数据和支付工具实力进一步得到提升，在各个领域涌现了一大批有实力的代表性企业和产品，内容电商的生态和运营环境得到了迅速提升，内容电商的生态系统如图 1-5 所示。

图 1-5　内容电商的生态系统

3. 社交电商

社交电商，顾名思义，就是基于互联网社交关系形成的一种新的电商模式，是自媒体内容的分享、社区的讨论、社群的传播裂变等多维度流量聚合形成的社交零售模式。社交电商曾只是电商范畴下的业务模块，如今已成为传统电商行业新的中坚力量。社交电商借助社交及电商平台的影响力（付费和自然搜索），通过各个触点全方位地吸引消费者。社交电商发展离不开消费者行为的改变，品牌的建立开始高度依赖消费者的口碑以及品牌在与消费者对话中所扮演的角色。创新内容形式的诞生（如直播）和冲动消费行为的增加，使得消费者和内容创造者不再是独立的两个群体，他们之间的界线变得越来越模糊。

简单理解，社交电商又称社会化电商，是指利用关系链传播的一种销售模式，它的核心优势就是利用社交媒体营销，快速拉近商家与消费者之间的距离，打破传统的营销模式，从流量购买到流量运营，从而快速提高转化率。社交电商最大的特点是轻互联网销售，重社交网络运营，强化关注、沟通、评论、互动、转发等互动性的指标。企业利用优质内容快速吸引消费者是社交电商的前提，在这里"内容为王"的法则依然适用，内容是支撑社交电商流量的灵魂，一切的流量来源跟内容有着密不可分的关系，内容质量的好坏直接影响社交电商的流量。社交电商主体要注意内容的价值、互动性、吐槽点，因为这些是能带动内容传播的关键，也是可以转化对手粉丝的方式。此外，寻找途径取悦粉丝也是企业开展社交电商的主要策略，通过短视频、GIF 动态图、信息图表等内容提升消费者的关注度。

商家或个人通过不同社交媒体平台，针对自己的定位，持续不断地输出内容，就可以把对你感兴趣的人群变成你的粉丝，有了自己的私域流量池，就可以依托社交媒体平台，通过社交化场景销售商品。企业或个人做社交电商，"圈粉引流"是最常见的一种方法，要根据潜在用户的需求情况，不断地输出内容，通过社交媒体平台把潜在用户变成粉丝。

社交电商生态系统逐步完善，《社交电商经营规范》行业标准出台，拼团电商、内容社交电商、会员社交电商和社交电商技术支持等方面生态逐步完善和成熟，为社交电商提供了政策、技术等方面的基础，推动企业和个人往健康的社交电商方向发展，形成了社交电商生态图谱，如图 1-6 所示。

图 1-6　社交电商生态图谱

中商情报网的数据显示，2018 年度社交电商排行榜前 20 名，有拼多多、顺联动力等，表 1-2 所示为 2018 年度社交电商排行榜前 20 名名单。

表 1-2　2018 年度社交电商排行榜前 20 名名单

排名	社交电商	排名	社交电商	排名	社交电商
1	拼多多	8	蜜芽	15	精选速购
2	有赞	9	微店	16	大 V 店
3	顺联动力	10	什么值得买	17	聚宝赞
4	小红书	11	全球时刻	18	万色城
5	贝贝集团	12	京东拼购	19	点点客
6	云集	13	蘑菇街	20	楚楚推
7	环球捕手	14	花生日记		

▶▶▶ 1.1.3　传统电商与社交电商比较

1. 传统电商的核心

传统电商（也称货架电商）的核心是流量和转化思维，围绕引流、截流、客单价和转化率等关键指标提升经营业绩，但是流量分发和获客成本越来越大，企业竞争激烈，比较典型的电商平台有淘宝和京东。传统电商主要以平台为载体，以商品为中心，通过店铺推广和店铺活动，以吸引平台流量为主要工作思路，通过付费广告、竞价排名、平台活动等形式争取流量，提高店铺访客的数量，然后通过商品展示、用户服务等手段留住用户实现订单转化。

平台流量的争夺越来越激烈，很多中小商家很难在有众多商家的竞争环境下脱颖而出，即使花了很多广告费，但营销漏斗转化成效不一定明显。当前平台用户和流量被主流的几大电商企业拥有，不能很好地被商家沉淀，复购率较低。因此商家们为了吸引用户购买，往往采取降价促销等恶性竞争形式来维持，虽然店铺订单很可观，但利润非常有限。

2. 社交电商的核心

社交电商的核心是用户和信任思维，强调以用户为中心、信任为纽带、内容为媒介，通过自建私域流量池完成商品和用户的链接，典型代表有罗辑思维和有赞店铺。社交电商没有平台概念，商家围绕自身目标和聚焦目标用户群体，进行内容价值输出、用户经营、用户池打造，通过圈层和用户裂变建立商家用户蓄水池。商家主要工作就是建立自身的用户池，如微信公众号、直播平台、社群等，商家通过持续地输出内容和价值，让用户不断裂变、沉淀和留存下来，后期通过活动形式激活和转化用户。

社交电商运作模式在结构上是去中心化的，用户和流量是商家的私有财产，是商家日积月累培育出来的精准用户，商家很容易能够与用户建立链接通道，不像传统平台电商时代用户和流量都是平台拥有，与商家关系不大。同时社交电商的商家之间是彼此割裂的，不像货架电商那样货比多家，用户进行商品比较时不那么便捷。传统电商和社交电商的区别如图1-7所示。

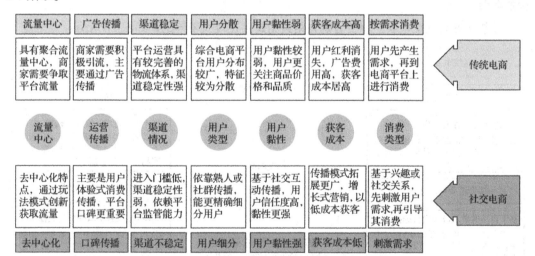

图1-7　传统电商与社交电商的区别

3. 传统电商与社交电商的区别

传统电商流量是"倒三角式"的，通过平台流量的店铺引流、在订单形成漏斗路径上不断损耗，最终转化成订单。目前平台店铺的转化率很低，平台电商的转化率一般为1%～5%，流量损耗与表现能力的投入产出比成效不够明显。而社交电商的消费者是裂变式的，是通过微信、微博、社群等社交工具进行分享链式传播，利用移动互联网，与私有消费者池建立起直接的、高频的互动，从而促进消费者重复购买，最大限度地发挥消费者的终生价值。传统电商与社交电商的流量区别如图1-8所示。

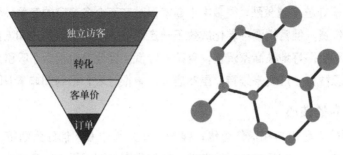

图 1-8　传统电商与社交电商的流量区别

　　传统电商是逛街式消费和需求型消费，以追求比价和需求为消费点；而社交电商是引导型消费、口碑推荐式和偶遇冲动式消费，一般通过消费者社交关系进行内容传播，消费者容易被内容吸引、产生信任，进而完成购买行为，消费者的购物黏性较高，容易产生重复购买行为。

　　随着企业向社交电商模式转型，企业对电商活动的策略也做出了相应的调整。企业除了关注如何最大化地获得新消费者、与消费者互动并使之变现之外，还会研究在社交媒体上独有的传播维度。例如树立口碑，甄别最适合的消费者去传播特定内容，建立并运营对特定商品感兴趣的消费者组成的社群，以及建立基于社交网络的客户关系管理和在线购物必不可少的奖励机制。

　　传统电商与社交电商的消费者购物路线图是存在较大差异的，如图 1-9 所示。

传统电商	产生购买兴趣	社交电商
主动搜索		**追随他人分享**
计划性消费，搜索式购买 消费者在购物前通常已有基本的购买目标，在电商平台对购物目标进行搜索，寻找商品	浏览商品	**非计划性需求，发现式购买** 消费者在社交分享和内容的驱动下，产生非计划性购买需求，更容易产生冲动型消费
多渠道查询比对		**产生购买欲望**
基于商品销量及口碑进行选择 消费者在众多货架式陈列的商品中进行选择，长尾商品难以进入消费者视线	购买决策、关键意见领袖 （Key Opinion Leader, KOL）	**选择社交关系中口碑好的大品牌** 消费者或许不相信广告本身，但会相信"网红""大V"、关键意见领袖和朋友推荐的品牌
下单购买		**快速促成购买**
等待打折活动 由于"6·18"和"双11"等活动的优惠力度大，消费者倾向于在价格最低的时候再购买	体验评价	**基于信任关系/内容推荐选择** 消费者在产生购物需求时通常已决定购买某特定商品，购买效率得到很大提升
评价		**兑换并推荐**
购物后分享意识弱 对购物的分享以评价为主，主动传播意愿不强	分享和复购	**提供分享与推荐奖励** 通过会员邀请的奖励机制和佣金奖励，让消费者更愿意在社交网络平台上进行推荐

图 1-9　传统电商与社交电商的消费者购物路线图

▶▶▶ 1.1.4　新零售时代的人、货、场重构

零售业从刚刚诞生时期的百货商场，到 20 世纪 30 年代的超级市场，再到 20 世纪 50 年代的便利店、品类专业店，一直到 20 世纪 90 年代电商崛起，都是伴随着技术引领生产的变革。而在 2010 年代，伴随着大数据与人工智能的浪潮，由消费逆向引领生产的新零售应运而生。随着"新零售"不断渗透到我们的生活中，越来越多的新鲜词汇出现，如新零售下"人、货、场"的变革。新零售之下，不再像传统零售那样以"货"为中心，而是以"人"为中心，即更加注重消费者需求。新零售各要素的重构，对想要在新零售时代存活的商家来说是至关重要的。不论是传统零售还是新零售，都离不开人、货、场这三个基本要素。

以往人们买衣服会去某个卖场，逛几家店，再挑一件自己心仪的衣服买下。其商业逻辑是场（卖场或场地）、货（商品）、人（消费者），先有一个卖场，然后卖场购进一批衣服，消费者才能去逛卖场、买衣服。现在人们首先想好了自己要买怎样的衣服，然后在电商平台中搜索，再从众多商品中挑选自己喜欢的一件。因此，现在购物的逻辑是人（消费者的需求）、货（商品）、场（网络）。

人、货、场是零售的三个核心要素，随着科技的发展和消费者潜在需求的苏醒，零售的核心要素呈现出不同程度的细化和延展。"人、货、场"源于阿里巴巴提出的新零售理论，区别于传统的商业逻辑。传统的商业逻辑是制造出一批商品，然后通过各种渠道去售卖给消费者。而"人、货、场"则是抓住消费者需求，在特定的场景下给消费者提供恰如其分的商品或服务，把原先的"等消费者进店"变为"消费者在哪我去哪"。与传统零售相比，新零售的人、货、场要素也发生了相应的变化。新零售的本质就是人、货、场的重构，以人为中心、便捷的购物方式、舒适的购物体验是商家永恒的追求，发掘和沉淀消费者的数据是新零售的基础。

从"场、货、人"到"人、货、场"，基本要素不变，但内涵、范围、渠道等都得到了升级。首先是"人"，新零售的中心将会从"货"转移到"人"。如果说传统零售是在提升商品质量的情况下让消费者被动购物，那么新零售就是通过升级消费者体验和改善服务品质来主动激发消费者的购物欲望，同时结合大数据，对不同类型的消费者进行具体细分，有针对性地提供相关服务和商品，更好地吸引消费者。其次是"货"。尽管新零售的中心不再是货，但是它仍旧是零售的关键一环。随着商品同质化的加剧，消费者对商品质量的追求只会越来越高。无论是线上还是实体商家，都要严格把好质量关，只有真正好的商品才能留住消费者。最后是"场"。对于新零售之下的商家来说，"场"指的就是获取流量的入口，而传统零售的"场"仅仅局限在门店附近或所在商圈。随着线上与线下的不断融合，只要能获取消费者流量的都能称作场，一个简单的例子，商家可以通过线上资源建立自己的社群，并且保持和消费者的互动，这样也能带来一定的流量。

传统的零售往往以百货企业、购物中心、大卖场、便利店这些形式出现，商家对消费者的观察颗粒较为粗糙，只是笼统地把消费者归结为一个群体，对其年龄、职业、喜好、经济地位等不做具体的识别与分析。在服务的提供上，传统零售以满足消费者的功能诉求为主，

追求低价格、高性价比、高耐用性，而对零售服务这类体验诉求关注较少。传统零售在供货方面，生产引导消费，以经验的推式供货为主；而新零售则不同，其消费场景以各种方式存在，直播、文娱活动、智能终端、移动端等都可以成为其载体，并通过感应器、交易记录等各种手段对消费者的类型、特点、职业、收入等进行个性化识别，构建全息消费者画像。在商品方面，转变以往以功能为诉求的方式，在追求更高性价比的同时，提供标准化与个性化的定制商品、随时贴心的个性化服务，同时为商品赋予社会价值认同和文化认同，增加消费者的参与感，把消费者的体验也作为零售的商品，迎合商品＋服务＋内容方面的新消费诉求。

传统营销由品牌商或零售商直接针对消费者，对于销售的对象、销售的品类、销售量的变化状况缺乏实时准确的测量和分析。由于尚未对消费者特性做出分析，极易导致盲目营销，难以有效针对潜在消费者，片面化的数据也无法为营销决策提供有力支撑。此外，传统营销的市场基于地域和营业时间，传统零售的中心是以时间和地域为基础的、经验化的企业对消费者（Business to Customer，B2C）模式。而新零售是以用户运营为核心打造全域营销，通过多维度数据打通消费者认知、兴趣、购买、忠诚及分享反馈的全链路，基于数字经济打造统一的新市场，打破基于地域和营业时间的传统商业逻辑，任意场景下的任何两个主体可瞬时达成交易。数字化智能生产、智能物流、数字化门店构成新零售服务商，重塑高效流通链，由供应链后端的消费者反馈数据至研发与生产的供应链前端，真正实现消费方式逆向牵引生产方式的模式。

尽管市场变化无法预测，但是零售的三要素依旧存在。在新零售之下，线上和实体商家都要通过关注相关要素的重构，对店铺作出相应调整升级，才能更好地适应时代的发展。

1.2 移动电商职业与运营思维

随着移动互联网的不断发展，电商新业态和新模式逐渐产生，随之而来的新岗位被催生，原先部分岗位的新的需求被激发，岗位的新要求和新职责被重新定义。因此，全国部分本科和职业院校根据产业发展、转型升级需求和人才市场的变化，开办高等院校移动商务新专业，为适应移动互联网环境下移动电商产业和企业的可持续发展提供人才保障。

▶▶▶ 1.2.1 移动电商职业分析

由于移动电商与传统电商的运营思路具有本质的不同，所以传统电商企业在业务转型过程中，由原先的围绕流量获取思维来布局企业营销推广人才转向以用户为中心的内容创意策划、用户运营等人才上来，电商企业在人才布局和结构上有了较大的变化。根据对招聘网站搜索结果、企业发布的移动电商岗位需求信息以及电话访谈内容和企业拜访获得的信息等进行整理、分析、归纳，企业需要的各类岗位从业人员需掌握的核心知识技能如表 1-3 所示。

表 1-3 企业需要的各类岗位从业人员需掌握的核心知识技能表

岗位类型	知识要求	技能要求
策划设计类	电商、广告、新媒体基础知识，互联网及移动互联网知识，移动电商网站策划设计知识，移动 App 策划设计知识，Axure、MindManager 等常用产品原型设计工具使用知识，图片处理及色彩搭配知识等	市场调研能力，用户需求分析能力，移动支付产品策划、设计能力，产品文档撰写能力，项目协调、执行，产品的生命周期管理能力，移动产品运营推广能力，数据统计分析能力
技术开发类	Object C 编程语言，Java 开发语言，XCode 工具集，iOS 应用程序，Android 应用程序，TCP/IP、iOS 和 Android 开发，Socket 网络编程，Mac 操作系统，iPhone、iPad 等用户端应用程序开发，HTML5 语言	移动商务网站建设技能、移动应用系统开发技能、移动 App 开发技能、移动应用测试技能
推广运营类	互联网及移动互联网知识，电商知识，社会化媒体、新媒体知识，网站维护知识，营销知识，运营推广知识，写作知识	网络营销技能、精准营销技能、移动网站运营推广技能、App 运营推广技能、微信微博运营推广技能等

首先，在移动电商策划设计类岗位需要掌握的知识和技能中，移动电商网站策划设计、移动 App 策划设计、移动支付产品策划和各种策划设计工具的使用等知识和技能都很重要，但移动电商网站策划设计和移动 App 策划设计知识与技能是策划设计类岗位人才重点掌握的两大方面。

其次，在移动电商技术开发类岗位应该掌握的知识和技能中，移动商务网站建设、移动应用系统开发、移动 App 开发、移动应用测试等知识和技能都很重要，但移动 App 开发作为移动电商技术开发设计类岗位核心技能，是该类人才应学习和掌握的重点。

再次，在移动电商推广运营类岗位应该掌握的知识和技能中，移动电商的精准营销、移动网站运营推广、App 运营推广、微信微博运营推广几乎同样重要，但相对来说，根据移动电商本身的优势和特点，移动电商的精准营销知识和技能更为重要些。各种运营岗位之间界限其实并非泾渭分明，工作内容有重叠是很正常的。非常细分的岗位一般存在于大型企业中，更多中小型企业的运营人员是需要身兼多职的。

最后，在移动电商人才类型上，企业迫切需要的是移动推广运营类人才和移动策划设计类人才。移动电商典型的工作岗位和能力要求如表 1-4 所示。

表 1-4 移动电商典型的工作岗位和能力要求

典型岗位	岗位描述	能力要求
移动视觉设计	针对不同平台的要求和需求，较好设计和制作移动端店铺主图、详情页、海报等，完成店铺装修和活动页面设计，完成企业新媒体平台图片编辑与后期制作等工作	会应用 Photoshop 完成店铺图片设计和后期处理，会使用多种移动视觉设计的工具和应用
短视频设计	针对新媒体营销需求，能熟练利用会声会影、Premiere 和 Illustrator 完成商品、活动、品牌等短视频创意脚本设计、拍摄和制作工作	能够进行视频创意内容的策划，会使用会声会影、Premiere、Illustrator、猫饼和简影等视频剪辑工具完成后期制作

典型岗位	岗位描述	能力要求
文案策划	针对店铺特点和需求合理制订店铺装修设计方案，完成色调和风格设计、商品拍摄需求对接、商品详情页设计与优化、店铺大型活动视觉设计等工作任务	会设计店铺整体的视觉方案，熟练掌握色系搭配和设计，熟练掌握主流的图片处理和视频制作工具，熟练设计店铺大型活动页面和调性
新媒体编辑	针对不同新媒体工具和平台完成摄影摄像、文案撰写、详情页设计制作、图文视频和编辑排版等工作，熟练操作微信、微博、抖音和今日头条等主流新媒体平台	具备一定的摄影摄像技巧，熟练操作典型新媒体平台，会策划、撰写优质的电商销售文案，熟练操作主流的新媒体平台
新媒体运营	完成企业社群、"两微一抖"等新媒体平台用户拉新、留存、促活和转化等运营任务，通过活动、合作、推广维护好新媒体矩阵平台用户，完成新媒体营销和数据分析	具备新媒体线上、线下活动策划和执行能力，会根据平台数据分析、调整新媒体运营策略，了解新媒体平台内容推荐机制和原理，学会利用直播工具完成电商直播活动
移动营销	针对不同电商平台（阿里系、京东、拼多多、有赞、速卖通、Wish、亚马逊、美团和点评网等）完成活动策划、产品规划、营销推广、店铺诊断和数据分析等工作任务，提升各个平台运营效果	熟练掌握多电商平台规则，具备较强的团队和项目管理能力，熟练开展不同电商平台的营销推广并进行店铺或平台诊断，会根据行业状况进行店铺产品规划设计，会策划设计电商平台的活动并进行有效控制管理

▶▶▶ 1.2.2　移动电商运营思维

1. 运营思维概述

所谓运营思维是指在运营工作中的一套指导你一切运营行为的"人脑系统"程序。你的"人脑系统"处理问题和漏洞的能力越强大，就意味着你的运营能力越强大。运营思维是一种在你所拥有的知识体系基础上，以用户为出发点，以服务和满意度、关注度为目标，以结果为导向，以"四两拨千斤"为原则，在运营工作中快速学习、善于思考分析的系统化思维方式。总的来说，你为自己构建了多大的知识体系，决定了你有多大的运营思维能力，这套系统程序有多强大，意味着你的运营能力有多强大。

互联网运营是一个随着时代的发展而新兴的一个岗位，没有科班出身，没有所谓的运营方法论，也没有套路，运营前辈们都是摸着石头过河，成为今日的运营高手。从初入职场的运营"菜鸟"到独当一面的运营高手，从运营专员到运营总监，工作经验固然重要，但是运营的思维更重要。

很多初涉运营工作岗位的新人觉得运营工作是一项苦力活，什么都要做，什么人都要接触，还什么都要懂。运营不需要会写代码，但必须要懂得程序原理；运营不需要会画原型图，但是一定要知道产品形成的逻辑；运营不需要会设计，但是一定要有审美感。运营思维可以帮助你临危不乱，解决问题。很多初入互联网运营这个行业的新人，对工作中出现的变数问题很难去解决，但又总羡慕前辈们可以在这些问题上处变不惊。运营思维可以让你从菜鸟变成高手，让你创意不断。最重要的是，运营思维可以让你在遇到不同的企业和遇到企业项目变革的时候知道如何更快上手。

2. 典型运营思维

在实际运营工作中，思维方式是很重要的。好的思维方式不但对实际运营工作非常有帮助，对一个运营人员的成长也至关重要。典型的运营思维包括流程化思维、极客思维、碎片化整理思维和老板思维。

（1）流程化思维。即你要知道你所做的事情的全部流程及对这些流程进行一个有效的排序，能够在具体的运营工作中具备一个清晰的思路，很多电商运营人员通过思维导图（推荐 MindManager 或 XMind）、流程图等形式理清工作业务流程，既可以清楚知道工作方向，又可以打破现有的思维格局。

（2）极客思维。简单来说，就是想尽一切办法让讨厌你的人（用户）喜欢你，让喜欢你的人（用户）离不开你，拥有极客思维的人在运营工作中是不会轻言放弃的。极客思维首要条件是必须要追求极致，追求精益求精，在每个细节上做到极致。大多数的运营牛人，都是靠极客思维"熬"出来的。

（3）碎片化整理思维。作为一名互联网企业的运营人员，碎片化整理思维是必不可少的一种思维方式，不然脑容量的空间被一些垃圾文件和没用的缓存信息占据着，将会影响大脑的运行速度和处理指令的准确度。运营工作涉及的内容和范围非常多，哪怕是做一场落地活动，从前期策划到执行，要做的工作和接触的人和事太多了，而这些信息往往又是非常碎片化的，如果没有系统的思维，则非常容易出错。

（4）老板思维。从"资源效率"的视角来审视一切运营管理工作，运营人员需要思考的是如何提高资源的利用率来满足用户的一切需求，从而达到平台利益最大化。作为运营人员，要站在老板的角度去思考问题，主要是要兼顾到产品、技术、供应链，包括各个部门是否做到了极致的配合，资源利用率是否最大化。站在这样的高度，更需要你将前面的流程化思维、极客思维、碎片化整理思维合三为一。

运营思维不是一蹴而就的，在日常运营工作中，运营人员可以刻意让自己在做之前多学习、多思考、多分析，慢慢养成好的习惯。拥有了运营思维的运营人员，无论是做内容运营，还是用户运营、活动运营等不同运营的细分化方向，也不管是做电商、社区、垂直平台或其他项目，只要愿意去学习、思考、分析，便可以在运营这条路上越走越远。

》》》1.2.3 移动电商运营模块

一般而言，运营按照职能划分为内容运营、用户运营、活动运营和产品运营四个模块。

1. 内容运营

内容运营的核心是搭建一个内容的生产和消费的良性循环，持续提升各类跟内容相关的数据，如内容数量、内容浏览量、内容互动数和内容传播数等。因而，在内容运营这个模块下要关注和解决的问题可能包括以下问题中的一个或多个。

- 内容基础属性是什么？需要具备何种调性？内容从哪里来？
- 内容如何组织和展现？
- 如何在已有基础上做出用户更喜欢看的内容？
- 现有的内容如何能够更容易、更高频地被用户所消费？
- 内容生产如何具备持续性？
- 如何更好地引导用户来与内容发生互动甚至传播内容？

2. 用户运营

用户运营的核心是围绕着用户的拉新、留存、活跃、转化等方面展开，持续提升各类跟用户有关的数据，如用户数、活跃用户数、精英用户数、用户停留时间等。互联网企业非常重视用户的开发，通过吸纳用户、引导用户对互联网产品的下载和安装，培养用户的黏性和忠诚度，形成商家独有的用户私域流量资源。所以运营人员进行用户运营要关注的问题可能包括以下问题中的一个或多个。

- 用户从哪里来？如何落实？
- 如何建立和维护跟用户间的关系？
- 如何让留存用户更多？
- 当用户量慢慢多起来，如何增强对整个用户生态的影响力和掌控力？
- 用户如果出现流失怎么办？该如何召回？

3. 活动运营

活动运营的核心是围绕着一个或一系列活动的策划、资源确认、宣传推广、效果评估等流程，做好全流程的项目推进、进度管理和执行落地。一个活动运营，必须事先明确活动的目标，并持续跟踪活动过程中的相关数据，做好活动效果的评估。其实，活动是一种很常见的运营手段，也是一个合格的运营人员必须要掌握和熟练运用的一种手段。往往在我们做内容运营和用户运营的过程中，也必不可少地会涉及很多活动。所以单独把"活动运营"设为一个独立岗位的互联网企业，其实并不是特别多。

一个企业专门设置"活动运营"岗位的典型场景可能有下面两种。

- 企业对"活动"的定位较高，会定期通过一些中、大型的活动来提升某些核心数据指标或宣传企业品牌，而活动策划设计、执行确认等也通常比较复杂，需要专门有人来主控和跟进。
- 企业用户已有一定体量，为了做好用户维系工作，需要定期策划和落地一些活动，又或该项业务本身就需要持续不断的活动来助推。

4. 产品运营

所谓产品运营，就是通过一系列各式各样的运营手段（如活动策划、内外部资源拓展和对接、优化产品方案、内容组织等）去提升某个产品的特定数据指标，如装机量、注册量、用户访问深度、用户访问频次等。所以，一个真正意义上的"产品运营"其实是一个综合能力比较均衡，既熟悉各类运营手段，又熟悉产品，甚至能够自己完成一些产品方案的人。

对于一家互联网企业，设置一个"产品运营"岗位的场景，以下两种情况比较典型。

- 一个比较成熟的产品新上了一个分支功能，在一段时间内需要一个人对接协调各种资源，对该功能相关产品数据负责。
- 一个中早期的互联网企业，不需要将运营划分得那么复杂，需要具备多面手的人才，还能把产品运营起来，所以他就成了"产品运营"。

当然除了以上四大经典岗位，还有新兴的运营岗位，如新媒体运营、渠道运营、微信群/QQ群运营、App应用商店运营、搜索引擎优化（Search Engine Optimization，SEO）与搜索引擎营销（Search Engine Marketing，SEM）等。一些比较大的企业还细分出了更多的运营岗位，如数据运营、社区运营、市场运营、会员运营、产品功能运营等。需要记住的一点是，尽管运营的岗位五花八门，看起来让人眼花缭乱，但是所有这些运营岗位的目的只有一个，就是为了帮助产品（或服务）与用户之间更好地建立关系，这些职能的划分，只不过是我们所需要使用的一些干预手段而已。

作为运营人员，要想在岗位工作上有所突破，就要放眼全局，在做好自己本职工作的前提下，尽量去了解、学习其他领域的工作，提升自己的视野和格局。

1.3 移动电商典型模式

>>> 1.3.1 微商模式

微商是移动社交电商，简单来说，是借助微信、手机QQ等移动社交工具，以及微店等电商平台卖产品；广义来说，是利用手机社交软件和移动互联网进行商品销售的新模式。微商常见的两大模式，分别为代理和分销模式。代理模式就是帮厂商卖货，有一定的门槛。成为微商代理后，可以直接把货卖给终端消费者，也可以招代理赚取产品差价，主要在厂商完整的奖励机制下运行。分销模式是商家直接把产品放到分销平台上，微商代理进行产品的销售，从而享受产品提成，这种微商投入资金少，不用购入大量的产品，资金较安全，没有库存压力，产品由供应商代发。不管是微商代理还是分销模式，都是基于内部激励机制，发动和裂变更多的代理商或分销商帮助推动销售。

1. 微商代理模式

微商代理模式是目前流水量较高的模式，但由于这种代理模式的层层深入，下级的货由上级决定，并非厂家直接出货，中途被某个代理换货的可能性极高。微商代理模式存在缺陷是不争的事实，如果厂家或者上级代理都是依靠鼓励下级囤货作为利润的来源，对于微商这颗"新星"的打击将会是致命的。微商代理模式如图1-10所示。

2. 微商分销模式

微商分销模式基于微信进行推广运营的模式，产品的忠诚度比较高，熟人之间的口碑也比较好，重要的是获客成本低。商家把部分利润让给代理，让他们帮助销售产品，同时在分销平台上招募代理，代理每销售出一笔订单就可以获得佣金，大大提高代理的分销积极性。

由于分销平台入驻的审核过于宽松，这给许多缺乏经验的商家带来非常多的困扰。由于货物直接由代理发给消费者，不经过商家的手，若出现产品质量问题，商家很难跟消费者交代。

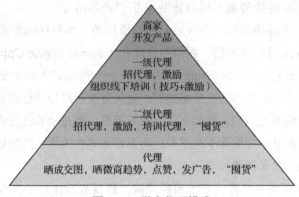

图1-10　微商代理模式

▶▶▶ 1.3.2　货架电商模式

近些年货架电商已经发展得比较成熟，典型代表有天猫、淘宝、京东、唯品会、苏宁易购等。货架电商也称平台电商，其本质逻辑主要以流量思维、转化率思维、交易思维和售后思维为主。在移动互联网环境下，货架电商的平台方、商家、消费者、第三方服务方共同形成了中心化平台的生态系统，在平台规则和机制共同作用下形成了互利多赢、共生共存的多边市场。平台方具有绝对的资源分配权力，如产品排名调整、流量分配、入驻规范和收费标准等；商家通过入驻开店、铺货、营销和服务等活动提高店铺流量和转化，围绕销售额＝访客数×转化率×客单价的运营思维，不断加强店铺自身建设，优化产品供应链体系，提升消费者的整体满意度。平台第三方服务方包括银行、物流、配送、软件服务等，辅助平台提供多元化店铺服务给商家，提高店铺管理的效率和效果。

▶▶▶ 1.3.3　社交电商模式

1. 社交内容电商

社交内容电商是值得深挖的电商模式，它用内容驱动消费者成交，受众立足于共同的兴趣爱好聚合在一起形成社群，通过自己或他人发表高质量的内容吸引海量消费者访问，然后引导消费者进行裂变与成交。该模式的特征是可以通过"网红""关键意见领袖（Key Opinion Leader，KOL）""达人"基于社交工具（微信、微博、直播平台、短视频平台等）生产内容吸引消费者产生消费，解决消费者购物前选择成本高、决策困难等相关痛点，如小红书是比较典型的社交内容电商。

社交内容电商典型的玩法有导购模式，这种模式通常分为平台和个体两种形态。社交内容电商所面向的消费者群体通常具有共同标签，可以有针对性地开展营销，针对共同的痛点和生活场景输出内容，从而激发大家的互动传播，此外消费者因为共同的兴趣爱好或需求集结在一起，通常这些消费者的价值观相近，忠诚度会更高，转化和复购的能力也较强。小红书平台以图文分享为主，整体篇幅较长，热门的评测会分析产品成分、科技含量、体验感、使用场景等，这些优质消费者原创内容可以让消费者更直观地了解产品，整体信服力较强，比一般的广告更有效果，小红书社交内容电商模式如图 1-11 所示。

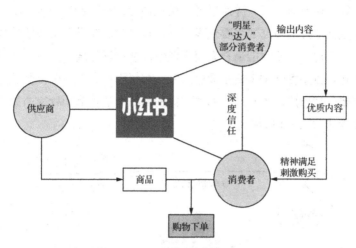

图 1-11　小红书社交内容电商模式

2. 社交零售电商

社交零售电商是以个体自然人为单位，通过社交工具或场景，利用个人社交圈的人脉进行商品交易及提供服务的新型零售模式。这类模式一般整合供应链多元品类及品牌，开发线上分销商城，招募大量个人店主，一件代发。社交零售电商互联网的技术方式升级了传统渠道管理体系，让渠道运营更加灵活、轻便，可以快速实现零售渠道的体量。其主要特征还包括渠道体量庞大、消费场景封闭、消费者黏性高、渠道自带流量、商品流通成本低、渠道准入门槛低但稳定性也相对弱等特点。它并非中心化的零售平台型生意，而是去中心化的零售渠道生意。社交零售的基本营利点是商品的渠道分销利润，这与传统线下实体零售在本质上是一样的，只不过线下是实体店面作为渠道载体，而社交零售是以个体自然人作为渠道载体，且利用互联网技术升级了渠道运营系统，提升了渠道运营效率。云集依靠大流量、大消费者数、大订单量获得话语权，保证商品的高性价比，大量店主通过社交关系扩散商品信息，增加商品曝光流量，终端消费者看到商品信息在云集下单，由云集官方完成配送、售后，订单完成后，店主从云集获得提成收益，如图 1-12 所示。

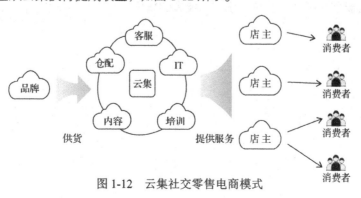

图 1-12　云集社交零售电商模式

3．社交分享电商

社交分享电商主要通过消费者基于微信等社交媒介进行分享，从而达到商品传播的目的，抓住消费者从众、喜欢炫耀等特点，通过激励政策鼓励个人在熟人圈进行商品推广，吸引更多的朋友加入来。社交分享电商典型的玩法就是拼团模式，主要特点是消费者拼团砍价，借助社交力量让消费者下沉，并通过低门槛促销活动来迎合消费者，以此达成销售裂变的目的。拼多多是社交分享电商的主要代表之一，其成功点在于立足微信海量的流量形成低成本消费者裂变，抓住三、四线的消费者对于低价需求的真正痛点，然后找到"爆款"商品来完成销售的闭环。拼多多这种模式是通过大家一起拼团购实惠，以及团长免单等方式引起消费者裂变，主要以需求广、单价低、高性价比的商品为主，借助社交力量进行传播。拼多多社交分享电商模式如图 1-13 所示。

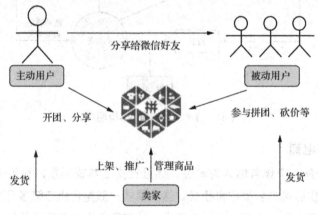

图 1-13　拼多多社交分享电商模式

思考与练习

1．思考传统电商与社交电商的运营模式有何不同。

2．查阅资料，了解企业电商数据运营和用户运营的主要工作内容。

3．设计一张表格，比较传统电商和社交电商的主要区别。

4．比较分析传统电商和社交电商的购物路线图和行为。

5．思考新零售中"人、货、场"三要素的重构。

学习目标

◆ 掌握内容电商的含义。
◆ 掌握内容创作工具的使用。
◆ 掌握内容文案的创作技巧与策略。
◆ 掌握主流新媒体平台的操作技巧。
◆ 掌握新媒体"2+3"运营法则。
◆ 掌握新媒体不同阶段的引流策略。

从零售发展趋势、消费决策机制的变化、新媒体市场的变化、新消费升级品牌的需求来看，通过商品内容化，连接商品性能与用户需求，成为必然的趋势。从市场营销的角度分析，由于用户购物渠道跃迁成本的降低，缺乏互动的新媒体广告投放，很容易被用户快速屏蔽，投放效果无法得到有效的保障。内容电商在此背景下应运而生，它以生动的内容、相对精准的细分渠道投放，打动目标用户，在保证品牌调性传播的同时，获取种子用户以保证市场投入的投资回报率。

2.1　内容运营概述

过去的电商是"物以类聚"，内容电商强调的是"人以群分"。"物以类聚"很好理解，京东网页上商品的设计都是以品类为主，如母婴、家具等；而"人以群分"则发生了很大的变化，过去以商品为出发点做电商，现在的诉求点是人的需求，以人为核心，通过人格化的认同和信任促成商品销售。电商平台已经在改变，电商运营人员和依托于电商平台的内容创作者也要转变思维，尽快转变运营思路。

>>> 2.1.1　内容电商概述

内容电商是指在互联网信息碎片化时代，以内容为纽带触达人群，获得用户，给予消费建议，引导消费的电商。内容价值的引爆，用内容重新定义广告，用内容沉淀消费行为，用内容塑造电商的新生态，无目的、无意识的碎片信息处理，透过优质的内容传播引发用户的兴趣并促使其消费，即内容电商的本质。内容电商提供的内容从某种程度上来说，相比于互联网广告更加客观、公允，也更具备可读性，某些内容电商还成为新产品发布会直播使用的首选。内容电商提供的内容，从归属性看，基本具备独家性质，除了编辑专门采写之外，内容电商还可以聚集某领域的资深用户为其提供内容。对于撰稿者而言，为内容电商撰稿除了获得认同感之外，还可以得到实际的回报，如购物优惠券、某些商品的优先使用权，或者参与销售分成等。

1. 交易型电商与内容型电商

在电商刚诞生的时候，流量入口就是商品本身，消费者的行为表现在有购物需求，然后去淘宝网搜索并购买所需要的产品，消费者需求类型更多地集中在基本的物质需求中，人们普遍接触到的是来自供应端标准化、规模化的商品，更多的话语权在商家手中。因此，谁拥有更多商家的支持，谁就拥有市场。这一环境催生出了淘宝、天猫、京东等一系列电商平台，为消费者提供了可快速对比市面上各个商家的产品价格、质量、服务等信息的平台，能够提高消费者的决策效率，快速达成交易。

电商类型按照消费者的购买决策过程可以划分为交易型电商和内容型电商，如图 2-1 所示。

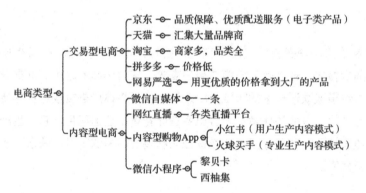

图 2-1　交易型电商和内容型电商

交易型电商主要代表目前主流的平台电商，如京东和天猫等。在交易型电商中，消费者明确知道这里的每一个商品广告信息都带有强烈的推销意识，对其展示的内容都带有怀疑的心态，因此一般都会去评论区求证。在这种环境中，消费者更倾向于选择没有缺点、没有风险的产品。在淘宝搜索结果下，筛选条件"销量"被单独列出，在商品下面有"问大家"和评论分类筛选功能，选择高销量商品、询问已购买的消费者、快速查看商品的整体评价，这些都在帮助消费者规避风险，得到真实的商品信息。这就会导致消费者更加关注商品的缺陷，即使它有十个优点，但只要有一个缺点就会导致消费者把注意力放在这个缺点上，最后去选择一个平平无奇但是"安全"的商品。

随着生活水平的不断提高，人们已经不仅仅局限于消费基本的日常用品，物质上的极大满足凸显精神消费市场的匮乏，人们渴望更美好的生活，内容市场的繁荣也映射出人们对精神建设的强烈需求。各类社交平台推出内容订阅模式，知识分享社区、论坛，以及长、短视频产品层出不穷，内容在不断地被生成、消费，内容与电商的结合就显得尤为自然。把商品包装成人们的精神诉求，满足人们对美好生活的追求，这种把内容与电商结合的销售方式称为内容型电商。

内容型电商主要有玩物志、一条和小红书等内容电商平台，如图2-2所示。在内容型平台上，消费者的潜意识是消费内容，被动地接收平台的所有信息，不带有特定的商品目标信息。当消费者想买辆自行车时，很有可能忽视页面中出现的电动滑板车信息，即使它也适合代步，因为消费者在全心全意地对比每家的自行车价格、质量、参数、评价，很难脱离这种思维惯性去寻找自己从未了解过的新事物。如果消费者正在看一个主播介绍一种商品，那么在消费内容的过程中，消费者不知不觉地接受了这个本不在计划中的商品信息。因此，内容型电商更适合给消费者推荐新奇、具有替代性的商品信息，电商的模式由原来的"搜索—消费"慢慢演变成"先阅读内容—产生信任—消费商品"的购买决策路径。

（a）　　　　　　　　　　（b）　　　　　　　　　　（c）

图2-2　玩物志、一条和小红书的内容电商

在内容型平台上，消费者更多的是在消费一个有趣的视频、一篇游记、一篇资讯，对于信息并没有防范心理。消费者更容易记住的是奇特的、不同寻常的内容，也就更容易关注商品的亮点、奇特属性。如果内容得到了消费者的认可并产生了共鸣，消费者会主动分享转发，使平台获得额外的流量，实现内容与电商的有效融合。以内容为电商流量入口的时代，流量不再完全依靠平台分发，而是通过好的内容引导消费者消费，促成交易。内容电商很显然可以让消费者忘记价格，非常适合用来推广单价偏高、非刚需的商品，而且消费者的黏性会比较高，一旦对某种内容或社区产生感情，就会更加信任。例如，玩物志平台上某商家凭借着文章的内容便轻松地使一款背包销售量超过了2000单，转化率惊人，更吸引了超过6000万人来观看，推荐的相关商品的销售额过亿元，商家在一年中获得了近10亿元的收入，成绩可谓非常耀眼。

在基于电商平台的交易型电商模式下，平台上有大量用心经营的商家经营着非常优质的商品。但在内容电商环境下，商品的属性正在发生变化，消费者消费的不只是商品本身的价值，还包含商品传递出来的情感、态度和知识等内容层面的价值，消费者消费的是商品加内容。在内容电商这种模式下，物以类聚、人以群分，人和内容成为中间层和连接器，商家或其内容合作者通过生产有态度、有温度、有专业性的内容来引导消费者购物。

由于内容电商还是一个新兴事物，不论是基于用户生产内容（User Generated Content，UGC）、基于专业生产内容（Professional Generated Content，PGC）的内容电商模式，还是基于职业生产内容（Occupationally Generated Content，OGC）的内容电商模式，抑或是基于电商平台的内容电商模式，都在不断发展和探索之中。但通过对商业模式的梳理不难看出，它们之间还是有共通性的，如都由内容平台、内容生产者、产品提供方和消费者构成，并且其运作过程其实都涵盖内容生产、内容分发和内容电商变现三个环节。

2. 内容与电商的结合

目前内容与电商结合的形式越来越多，如图文与电商的结合，微信公众号软文与小程序商城的结合，今日头条自媒体文案中的商品功能、抖音短视频与商品橱窗的结合。企业通过为内容用户提供优质的内容资源，如企业通过内容文案的包装，描绘一个场景，或满足用户对美好生活的向往，或者解决一个问题吸引目标用户群体关注阅读，同时自然地开展与内容相关的商品、服务、店铺或品牌的价值输出，实现内容、用户和商品的价值绑定。

（1）垂直化内容与电商结合

作为企业，可以着重思考围绕在企业商品周边的垂直性内容，简单来说就是这类图文和短视频内容能够在有限的时间内，直观地向用户展现商品或品牌的专业性，并通过展现商品的优质性能为潜在用户提供一种便利的生活方式，解决他们在生活中遇到的问题，从而间接地吸引用户产生购买行为。电商商家在做垂直化的短视频内容时，需要给受众提供有价值的信息与帮助，用短视频的方式来解答用户的疑问，时刻考虑如何给受众带去更多的附加价值，这也是抖音、公众号、头条号等新媒体平台需要做内容定位、内容规划和内容创意设计的重要原因。

如某电商企业通过申请蓝V账号，搭建企业抖音宣传平台，并讲解工作与生活中的各种工具的功能，如蔬菜切割、伐木和照明等，通过申请抖音商品橱窗实现内容、用户与商品的自然结合，通过主题化的内容引导用户消费，提高企业网上商品的关注度和销售量。抖音内容与电商的结合如图2-3所示。

（2）场景化内容与电商结合

场景可以有很多种，与用户的交谈，与闺密一起逛街，在厨房做菜的故事，去相亲前进行穿搭的故事等。在越来越场景化的电商时代，由不同商品所组成的不同场景，将成为用户发生各种购买行为的主要载体。更多的商品将通过不同的场景去体现，而不同的场景又能植入不同的商品，场景与商品产生了密不可分的关系，这样也就意味着，电商跟随商品进入了场景化时代。将不同的商品置于不同的场景诉求中，解决了用户在场景化中的痛点与问题，这样用户自然就会在这个场景下产生相关消费行为，这种方式不但可以引起用户在不同场景状态下的共鸣，而且可以促进用户与品牌的关系，提升品牌的销售额与内涵。

 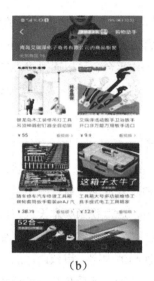 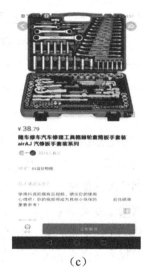

（a）　　　　　　　　（b）　　　　　　　　（c）

图 2-3　抖音内容与电商的结合

　　任何一款商品都是可以进行场景化体验的。我们需要去研究在更多的用户身上所能发生的场景，再将其与更多的商品相结合。模拟出的场景越多，对于商品的开发也就会越成熟，场景的累加会使商品的功能被开发得越完善。如在不同社会交往活动中人们的服饰搭配具有不同的场景，如旅游、居家、运动和商务洽谈等。鹿港大施肉松食品具备不同的消费使用场景，如针对 1 ~ 3 岁婴幼儿家长，可以添加特定的肉松辅食；肠胃不好的人可以食用肉松，以提高肠胃蠕动和消化能力等。

▶▶▶ 2.1.2　内容创作平台

　　内容创作平台主要基于个性化推荐引擎技术，根据用户的兴趣、位置等多个维度进行个性化推荐。推荐的内容不仅包括狭义上的新闻，还包括音乐、电影、游戏、购物等资讯。个性化推荐方式帮助内容生产者在移动互联网上高效率地获得更多的曝光度和关注度。如今日头条 App 会根据用户的阅读习惯、阅读兴趣和地理位置等综合因素，以信息流的形式、综合的推荐算法为用户推送资讯，形成用户独特的个性化标签，便于后续个性化、精准化的信息推送。

　　当前，内容创作平台按照创作的主要内容形式划分为图文和视频类，如比较典型的图文类平台有今日头条、百家号、企鹅号等，典型的视频类平台主要有抖音、快手和小红书等。很多企业和个人通过内容创作平台开展自媒体创业活动，瞄准用户需求生产和提供高质量的内容，通过内容创新吸引更多用户的关注、点赞、评论和转发，树立和提升企业与品牌的形象。

1. 图文类内容创作平台

　　在图文类内容创作平台上，企业在申请了自媒体账号后，通过内容定位、内容规划、内容设计等步骤完成内容创作，通过内容输出聚集精准用户，通过线上、线下活动提高用户的关注度和活跃度，为企业提供用户服务和品牌宣传等，打造企业用户池。很多企业或个人根据自己的资源优势和专业特长，采编或创作自媒体的图文内容，打造人格化 IP，在原创内容的基础上，围绕用户和内容进行系统化、有节奏的开发。再小的个体也有品牌，朋友圈其实也是一个非常典型的内容创作平台，可以通过发朋友圈的内容树立个人形象，打造专业、可信的个人标签，通过点赞、评论等互动形式持续强化标签印象，提高个人 IP 品牌的影响力。

2. 短视频类内容创作平台

2018 年是短视频爆发的风口期，以简短、精练的短视频形式著称的小红书、快手和抖音内容创作平台聚集了大量的用户及移动端流量，吸引了一大批优质的内容创作者和专业机构。个人或企业聚焦某一创作领域，通过视频脚本设计、内容设计、拍摄、后期制作、用户互动等系列工作流程，完成短视频内容的创作生产。内容生产者将短视频提交到短视频平台后，短视频平台会根据规则审核视频的内容，审核通过后的短视频会被推荐到基础流量池，平台根据基础流量池用户的点赞、评论、下载和关注等行为，利用平台算法计算短视频的优质度，并根据优质情况推荐到更大的用户流量池，像滚雪球一样形成更多的短视频曝光度，让更优质的短视频被用户发现。在短视频平台生态不断完善的过程中，拥有粉丝数量较多且粉丝较活跃的短视频抖音账号主体，开始尝试完成流量的转化与变现工作，如开通商品橱窗、抖商小店和抖音直播功能，实现短视频内容与有关商品的完美融合，完成流量导流和订单转化。

▶▶▶ 2.1.3 内容创作工具

内容创作者在创作的过程中，需要借助大量的工具以提高工作效率。内容创作工具主要包括内容创作素材类、内容编辑排版类、热点数据分析类和素材数据转换类，内容创作者可以参考淘大师网站推荐的内容创作系列工具包，如图 2-4 所示。

媒体平台	微信公众号	新浪微博	头条号	百家号	搜狐号	抖音
	快手	小红书	知乎	简书	企鹅号	大鱼号
社群管理	微信	WeTool	微友助手	微小宝	嫩想到	涂色进群宝
	八爪鱼	上线了	花生小店	小鹅通	一起学堂	朋友圈素材
排版及图片	96微信编辑器	135编辑器	365编辑器	新榜编辑器	秀米	Pexels
	花瓣网	千图网	SOOGIF	创客贴	做设计	图怪兽
工具网站	腾讯微校	草料二维码	表单大师	站长之家	新媒体管家	人人秀
	凡科轻站	硕鼠	短视频去水印	巧影	会声会影	爱剪辑
数据分析	百度指数	阿里指数	新榜指数	清博大数据	飞瓜数据	卡思数据
	抖大大数据	TooBigData	罗网			
热点营销	乐观号	百度搜索风云	搜狗热搜榜	热点中心	营销日历	

图 2-4 内容创作系列工具包

1. 内容创作素材类

内容创作者在自媒体内容的创作过程中可以借助互联网上的素材库来完善素材资源。很多网站提供海量高清的素材原图和视频元素，保证素材后期的编辑处理，如图虫网、千图网和摄图网；还有部分网站提供图片在线设计与动图制作的功能，如创客贴和悠悠泡泡。内容创作者在新媒体运营过程中，往往需要结合自身公众号的定位，选择 PGC、OGC 和 UGC方面的内容题材库，并通过运营过程中的不断积累，不断完善内容素材库资源，再以标签收藏在浏览器中，提高后期运营的工作效率，为后期新媒体内容的创作积累丰富的内容素材库。建议内容创作者按照新媒体内容素材模板，做好内容的分类、整理和采集工作，如图 2-5所示。

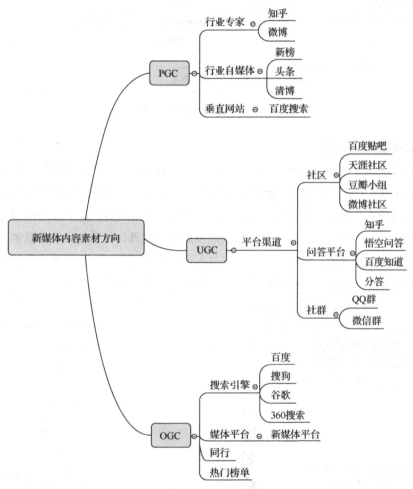

图 2-5　新媒体内容素材库积累模板

2. 内容编辑排版类

内容创作者为了提高内容的可读性，往往采用专业化的排版编辑工具，以提升内容的美观度和专业化水平。如微信公众号编辑采用 i 排版、秀米等专业化的排版工具，通过授权绑定和同步套用多样化模板与风格样式，形成微信推文风格的整齐划一。此外，内容创作人员还借助易企秀、兔展等 H5 设计制作工具完成可视化的图文编辑和用户互动传播。在视频的编辑过程中，创作者常常借助视频剪辑工具完成视频的编辑工作，如猫饼、简影和 **InShot** 等视频处理工具，可大大提高编辑的效率。在新媒体运营过程中，创作者还可以借助很多新媒体工具完成文案内容小样式的设计，通过将第三方工具设计的小样式直接复制到公众号编辑器中，进行文章的内容风格统一、标准化设计和个性化美化。内容创作者可以尝试采取内容样式设计工具，如图 2-6 所示。

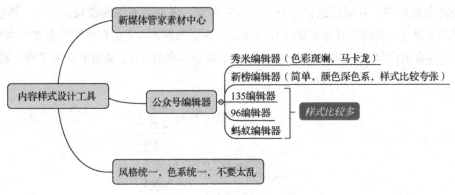

图 2-6　内容样式设计工具

3. 热点数据分析类

内容创作者为了规划内容选题，往往采用与行业相关的互联网热点分析等方面的工具，了解关注的热点和行业发展趋势。西瓜数据是公众号运营及广告投放效果监控的专业工具，提供全网优质公众号查询、监控及诊断等功能，帮助创作者迅速获取公众号的运营数据，以及快速寻找优质公众号。此外还有很多提供热点趋势的工具，如百度风云榜提供各类热点事件与人物，新榜提供微信、微博、头条号等多方面的新榜指数，卡思数据主要提供各个平台红人的热点数据。卡思数据、新榜和西瓜数据热点数据榜单如图 2-7 所示。

图 2-7　卡思数据、新榜和西瓜数据热点数据榜单

4. 素材数据转换类

创作者有时需要进行素材格式转化，如语音转换文字、网站网址转换二维码、长网址生成短网址等。常见的内容创作工具包如图2-8所示。需要说明的是，微信公众号运营人员有时需要引导用户到淘宝天猫店铺等外部链接中去，如微信公众号菜单链接、公众号自动回复链接等。

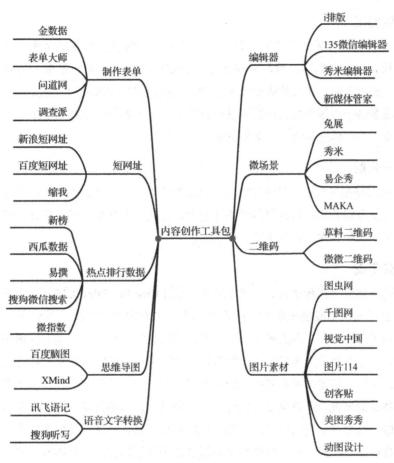

图2-8　常见的内容创作工具包

▶▶▶ 2.1.4　内容变现渠道

有的内容创作者坐拥百万粉丝，更有像罗辑思维这样的"大咖"级自媒体，采取会员收费模式，浏览量更是不用说，这其中的收益令人惊叹。不管是图文类还是短视频类，内容创作者在进行内容规划时都要进行变现渠道设计，主要包括广告收入、付费阅读、线下收益、电商变现等。

1. 广告收入

当内容创作者通过专业化的内容吸引大批读者关注时，广告主会选择人气旺、读者定位准的内容创作平台开展广告投放，通过在微信公众号内容中嵌入广告、今日头条的头条广告、自营广告投放，以及抖音短视频的宣传与植入等形式实现盈利。广告变现可以说是流量变现，以读者的阅读量作为收益多少的标准，阅读量越高，收益就越多。就目前头条号的广告收益而言，基本上是 1000 阅读量能换来 0.1 元的收益，其产出比非常低，所以并不适合作为主要的变现方式。此外，微信公众号粉丝超过 500 人时可以开通广告主功能，可以承接文章底部广告，实现内容变现。

2. 付费阅读

内容知识付费是在近几年才兴盛起来的，如今日头条优质内容的付费专栏，馒头商学院的付费课程，以及小鹅通、喜马拉雅 App 平台的付费阅读收听，是很多内容创作者主要的赢利方式，通过音频、图文和短视频等多种形式提供内容价值输出。使用内容付费这种变现模式，要注重的一点是内容的质量必须有保证，内容质量是直接与读者的订购数量成正比的，如果质量不好，该内容会出现滞销的现象。

3. 线下收益

为什么人人都在写微博、获得注意力、制造影响力？因为注意力和影响力可进行变现。内容创作者在提升知名度、获得更多的关注量后，就有机会参加各种自媒体的培训会、当导师，甚至开始制作脱口秀、开办讲座、出书等。

4. 电商变现

电商变现可以分为两种类型，一是电商代运营（Cost Per Sale，CPS），二是自营电商。电商代运营是指商家把商品放到你（内容创作者）的自媒体上售卖，而你是不需要付出成本的，就相当于提供一个商品的展示架，读者在你这进行了购买，你就能获得相应的收益，从而实现变现。很多商家为了提高短视频直播带货的能力，往往与快手、抖音主播进行分佣形式的合作，这样，新媒体主播就可以借助内容实现变现。而自营电商，顾名思义就是内容创作者进行商品的出售，没有第三方的介入，如爱范儿、网易云音乐等。很多抖音短视频内容的创作主体，通过专业化的知识、有趣的风格吸引读者，通过商品橱窗关联与内容相关的商品，读者在观看短视频时会被引导到交易页面进行购买转化，从而提升内容创作者的商品销量。

2.2　内容文案撰写技巧

在目前的互联网营销环境下，企业的商品宣传和新媒体营销都需要专门的文案策划人员，站在读者的角度完成商品销售文案、营销推广文案的策划与撰写。有人说，文案的策划是与读者心灵对话的过程，是围绕人的本质开展人性探索的过程。文案的力量是巨大的，通过文案的策划与撰写能够让商品与众不同，让营销推广能够针对读者的痛点和人性弱点潜移默化地影响人们的看法与行为。请阅读下面这篇护眼灯的电商文案，判断其是否具有很强的说服力。

"你的孩子从上小学到高考要经历 12 年的寒窗苦读，一款专业的护眼灯将在 4380 个夜晚帮你保护他的眼睛。现在,这盏台灯在本平台首发,我们为你争取到了独家优惠,原价568元,粉丝专享价368元(限时抢购,售完即止)。作为一个'奶爸',我深深明白孩子自己是没办法规划未来的,你现在做的每一个决定都可能会影响他的一生。给孩子买再多的漂亮衣服,不如给他一双明亮的眼睛,快戳下图,马上把这款护眼神器带回家吧!"

文案策划的思路是改变读者的想法和态度,让他们往我们想要的方向改变,达到我们的预设目标。在移动互联时代,文案的设计应该顺应读者的诉求,内容要有趣、有料、有爱、有温度,让读者在海量信息包围的环境下能够被吸引,并愿意关注、接受和信任商家的文案,最终达到文案设计者设定的目标。本部分主要围绕设计具有吸引力的标题、激发购买欲望、赢得读者信任、引导马上下单和新媒体软文策划这五个部分介绍文案撰写的思路和策略。

▶▶▶ 2.2.1 设计具有吸引力的标题

在信息泛滥的时代,一则文案吸引读者注意力的时间只有短短几秒。标题是文案非常重要的组成部分,所以文案的标题必须做到"精彩夺目"才行。标题相当于"相亲"的第一印象,相当于"演讲"的开场白,一个标题决定了文案"80%"的响应结果。多位广告大师都曾表达过这样的观点:"如果给我5个小时写文案,我会花3个小时想标题。"可见文案标题的重要性。微信公众号文案、今日头条等信息流文案标题的吸引力决定了文案的阅读量和转发量,标题应能激发读者的好奇心、造成认知反差、提供内容价值输出、解读当前流行热点等,让读者在心理上感知和预见文案内容与自身有关。总之,读者看你的文章,主要是因为文章中有对自己有用的价值信息;如果你想让读者了解你能提供的价值,可以把读完这篇文章能得到的好处在标题中说清楚,这样读者非常容易判断这文章是不是对自己有用,是不是要点进去看看。

下面介绍几种具有吸引力标题的设计策略。

1. 巧用关键词

在文案标题设计的过程中,有些关键词会产生与众不同的诱惑力,它们都是在反映人们追求快乐、避免痛苦的心理。好的词汇就会产生好的响应率,所以要特别关注各种文章中特殊词汇的运用。文案标题中采用"你""全新""如何""怎样""秘密""曝光""奇迹""证实"等词汇可以拉近与读者之间的距离,激发读者探究文案内容的好奇心,引导读者点击和进一步阅读。如采用提问诱导式"如何"和"怎样"等词汇,采用"证实"和"论证"等公众见证式词汇,采用数字量化说明的说服式词汇,会体现出相对的专业性和权威感。如对数据、攻略等类型的文章来说,数字无疑是最有看点的地方。在标题中采用引导读者马上行动的号召性词汇、特殊符号等,也能大大提高文案的阅读率。有些词汇会让读者产生信任感和好感,如一些地标、名人、每天常见的事物,都能让人有熟悉的感觉,在标题之中融入这些元素,不仅更容易得到读者的认可,而且读者在帮忙进行传播的时候也更容易脱口而出。文案标题中巧用这些特殊的词汇,会增加对读者的吸引力。

广告的商业味比较浓,而新闻则显得更权威、更及时和更有趣。作为文案策划人员,可以穿上记者的"马甲"，把广告"化妆"成新闻，从而激发更多的阅读量。文案标题"硅谷2018年新发明：喝这杯饱含油脂的咖啡，居然能减肥！"就是一种典型的新闻社论标题的撰写模式，标题中"硅谷"二字是特殊的词汇，能够给读者权威可信的感觉；如果品牌不是家喻户晓的，就要想办法"傍大牌"，把新品牌与新闻焦点关联起来，"2018年新发明"这个关键词是比较典型的新闻词汇，反映了标题文案的及时性，加入"全新、新款、引进、上市、宣布、曝光、终于、突破、发现、发明、背后"等词，可让读者产生一种有大事发生的感觉，会大大提高文案标题的点击率。此外，读者还对类似惊喜优惠类的标题感兴趣，如"半价""免费""特价"等词汇，因为读者能从中得到实惠，所以这是很多社交电商内容运营和活动运营的常用方法。

看看下面几个文案标题的例子，注意标题中的特殊词汇。

加拨4个数字，就让你每周的话费节省至少36元！

月薪3000元与30000元文案的区别到底在哪里？

今年3·15晚会上曝光的企业名单，你中招了吗？

2. 好友对话

在新媒体发展时代，文案的写作风格偏向一种非正式的写作，读者更愿意在舒适轻松的氛围中阅读文案。即使与读者隔着一个屏幕的距离，运营人员也要让读者觉得自己就在身边，而且能理解他的感受，这时对话式的标题就能起到这种效果。对话式的标题就像是自问自答，虽然有一种自娱自乐的感觉，但是读者在看到此类标题的时候有代入感，会感同身受。对话式的标题也包括情话、咆哮、对话、质问等，其关键就在于要让读者感同身受，有一种"嗯，没错，我也是这么想的/我也遇见过"的感觉。

很多对话式标题中加入"你"和"我"这类称谓词，迅速让文案与读者建立了利益关联，让读者觉得这篇文案与自己有关。如"只有黑色能显出窈窕身姿？我偏不信"这一口语对话式文案标题，能引发读者的围观和讨论；当读者参与到讨论中时，商家的品牌信息就能被读者注意到并扩散出去。如有两个文案的标题"微信文案大咖战绩辉煌，周六线上授课"与"他写微信软文赚了1173万元，愿意手把手教你文案秘籍——只在这周六"，你更愿意点击哪一个呢？很显然是后者，因为前者采用的是比较正式的标题风格，读者读完后无感；而后者除了采用"数字、秘籍"这些特殊词汇外，更重要的是拉近了与读者之间的距离，采用了与读者对话的表达形式，提升了文案标题的亲和力。

看看下面几个文案标题的例子，注意标题中的语言风格。

马上转到你朋友圈里，大家都会感激你的！

恭喜你！在25岁前看到了这篇最靠谱的眼霜测评！

失眠君，我们分手吧！

3. 实用锦囊

文案标题中经常出现与目标读者利益有关的干货、攻略、指南等相关内容，以利益诱人的方式博取读者的关注点击。在生活和工作中，读者难免会遇到一些问题，如瘦身美白、服装搭配、游戏攻略、升职加薪、赚钱技能等。如"自媒体怎样增粉？运营人员的6种干货策略分享"和"你和老公总是存不下钱？央视理财专家给你 3 个建议"这两个文案标题，给目标读者以圆满解决问题的方案和指导，能够直击很多读者的痛点，号召读者阅读文章内容来获得解决方案。

很多人对于这种类型的文案标题是没有免疫力的，一看到类似标题就会毫不犹豫地选择点击。当广告标题直接指出了读者的烦恼或痛点时，就能迅速吸引读者的注意；接着马上提醒——在内文中给出了解决方案，这时他就会非常想看。文案标题的设计者可以围绕读者的内容需求，创作专家建议、经验分享、操作指南、政策解读等相关内容，让读者与内容文案产生强关联。

看看下面几个文案标题的例子，注意标题中的读者利益诉求。

阳春三月去哪儿？宁波这些爬山游玩攻略可以收藏啦！

一份社交电商行业发展的解读报告让你清晰获取社交电商脉搏！

学会这 4 招，鞋子发黄、有污渍、浸水问题通通不见了！

4. 意外故事

读者都有猎奇心理，一个充满反转、矛盾、爆料和冲突的故事，更容易引起他们的注意。大家最喜欢听到各种真相，人类的求知本能也让大家更喜欢探索未知的秘密。一句话就是一个故事，足以让好奇心过剩的读者欲罢不能。电视剧《潜伏》播出当年，收视火爆，为什么这部剧会吸引众人关注？很大程度上是因为一个接一个的扣人心弦的剧情，因为你总猜不出下一集剧情会走向何方。写文案也是如此，从标题上就埋下伏笔，使读者由于惊讶、猜想而读正文。此类反差性的标题提出一个个问号，具有趣味性、启发性和制造悬念的特点，让读者产生好奇并急切地阅读正文。你给出的解决方式越简单，提出越难的问题、越痛苦的场景，就越能营造出一种巨大的反差，更吸引读者的注意。

看看下面几个文案标题的例子，注意标题中营造出的反差。

只靠公众号，月入 10 万元，他有什么秘诀？

奔驰汽车总监辞职卖烤串，半年月销售额从 6 万元到 30 万元。

我从小口吃，昨晚两万观众听我演讲，持续鼓掌 5 分钟。

5. 文案标题优化

文案标题是文章的眼睛，决定了文章的点击率和阅读量。因此，新媒体人在文案策划时需要在文案的标题上花更多的精力，需要不断地考虑标题的吸引力，从读者的心理和价值的相关角度追求标题的不断优化。人总是关注自己想关注的内容，对任何与自己没有直接利益和生存关系的事情都不太在乎。从文案标题优化的角度，应该围绕能吸引读者注意的相关内容进行分析，可以从生活类、工作类、利益类、标签类和情感类等方面进行关键词的挖掘，也可以从"对比反差"角度入手，刺激读者点击，让读者感觉读了这篇文章将获得意想不到的收获，例如有解决方案和没有解决方案的对比。标题设计可以采取结构式标题，围绕"谁 + 做了什么事情 + 得到什么好处（结果）""提出问题（找出读者痛点）+ 解决方案"等结构化思路开展标题的设计与优化。图 2-9 所示为文案标题的优化。

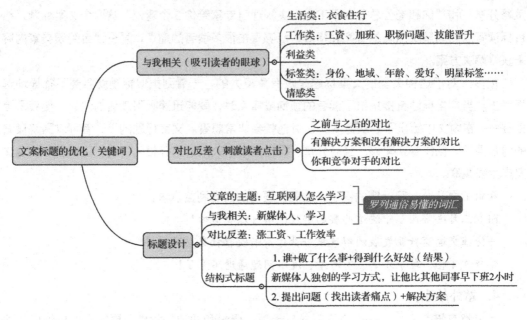

图 2-9　文案标题的优化

▶▶▶ 2.2.2　激发购买欲望

人有时是非理性的，任何欲望的唤起，往往不是理性分析的结果，而是基于情绪的波动。读者之所以产生"迫不及待"想要进行消费的感觉，并不是因为你提供的参数、阐述的优势，而是你的文案激活了他们的某种情绪。欲望是每一个人行动的前提，没有欲望就不会做出行动，读者购买产品的行动也是来自他们的购买欲望，购买欲望是读者下单的前提。人们的消费行为和其他行为一样，不仅受到理性的支配、情感的支配，更受到其欲望的驱使。有人说，人类的历史进程就是由各种欲望主导前进的，这虽然有些夸张，但不可否认欲望的巨大推动作用。

刺激读者的购买欲望，还要懂得恰到好处地迎合读者的某种心理。如很多读者喜欢体现自己尊贵的感觉，商家可以通过强调优先权、金卡、会员卡、享受特殊的服务待遇等来刺激读者的购买欲望。年轻人往往喜欢追求与众不同的东西，以突出个性，流行、时尚、名牌都会刺激他们强烈的购买欲望，因此，要针对他们的需求告知商品的与众不同之处。在消费过程中，人们常常喜欢攀比。其实，攀比心理非常正常，可以从同龄攀比、同级别攀比等角度去寻找读者的攀比切入点，然后从商品的功能和特性、使用者的情况等方面进行介绍和推荐，激发读者心中的购买欲望。

1．感官描述

假设读者正在使用你的产品，描述他的眼睛、鼻子、耳朵、舌头、身体和心里的直接感受。文案设计者可以从读者的角度出发，通过感官的调动，把各种直接感受描述出来，如眼睛看到什么，鼻子闻到什么，耳朵听到什么，舌头尝到什么，身体感受到什么，内心感受到什么。最典型的例子就是美食和景点文案的内容设计，可以描述视觉、嗅觉、听觉、味觉等感官的感受，通过感官刺激让读者如身临其境。

2. 恐惧诉求

恐惧诉求是大众传播中一种常用的战术，通常是运用"敲警钟"的方法唤起人们的危机意识和紧张心理，促使他们的态度和行为向一定的方向变化，这是一种常见的说服方法。恐惧诉求具有双重功效，一是它对事物利害关系的强调可最大限度地唤起人们的注意和重视，促成他们对特定传播内容的接触；二是它所造成的紧迫感可以使人们迅速地采取相应行动。我们撰写文案时应该根据读者的痛点、现实困难等因素，以问题为导向，通过对读者痛点的描述、案例的解析，适度指出当下状态的严重性，强调未来风险的可能性。

分析下面的关于时间管理课程的恐惧诉求文案。

大多数人在工作、生活中经常处于低效状态，你是否也会遇到以下情形：

一天忙忙碌碌，事情依然做不完；

工作、看书时忍不住看手机；

买了很多书，却始终看不完；

熬夜刷手机，白天没精神；

这些问题都源于没有正确的时间管理，你的时间不受你掌控。

上述恐惧诉求文案是不是刺激了很多都市白领的痛点，句句戳心，激活了恐惧感？相信它让很多人感同身受，感觉每句话说的都是自己。另外，让读者觉得在未来会发生糟糕的事情，而你的产品或服务可以帮他们事先规避风险，这也是很多恐惧诉求文案的内容策划思路。"如果乘坐××，可能会遭遇危险，如果你不想冒这个风险，那么就来乘坐更安全的神州专车"，这是神州专车网约车平台针对读者痛点及其可能产生的风险所策划的文案。

3. 认知对比

所谓认知对比，就是一定要对自己的产品有正确的认知，才可以拿竞品来进行对比，这是塑造读者认知的最有效的方式。人类认知原理中有一条"对比原理"，如果两件东西很不一样，我们往往会认为它们之间的差异比实际的更大。很多时候，我们的产品不能完全颠覆市面上的传统产品，但卖点就在于某些方面更好，如吸水性更好、更省电等；通过对传统竞品劣势、自身产品优势及其带来的利益的描述，让读者自然地进行对比，凸显自身产品的优势。读者面对眼花缭乱的产品应该如何选择，成了他们最为头痛的问题。其实头痛的不仅仅是他们，更是企业，要想在众多产品中脱颖而出，还需要依靠认知对比来实现。试着回想一下自己在淘宝购物的时候，商家确实会把同类产品放在一起进行对比，通过产品的外观、材质、安全性能等，凸显自己产品的好。

因为不管是什么样的产品，不管产品具有何种属性，都有相对性。包括价格、质量、效果在内的影响产品的因素，都是相对竞品存在的，没有竞品就没有对比，也就无法选出满意的产品。"货比三家"和读者追求的"性价比"是对认知对比的有效利用。

4. 使用场景

内容文案中经常出现产品的消费使用场景。一般而言，产品的消费使用场景选择的是读者高频出现的典型场景。文案策划者需要把读者的使用场景罗列出来，最好描绘得有声有色，让读者看到文字就想到一幅画面，从而增加他们的幸福感，进而触发其消费动机。文案策划者应洞察目标读者多天的常见行程，设身处地去想他们消费产品的场景，思考他们在工作日、假期、周末等一些具体场景会做什么，然后把这些场景细致化、具体化，再合理运用一些修辞手法，激发读者的购买欲。场景思维可以刺激读者的购买欲，让读者看到文案就想到他一次次使用该产品的幸福感，让产品真正成为他生活中经常用、离不开的好物件。例如，江小白策划的系列场景化营销文案"故事和酒越攒越多，相聚的人越来越少"，告诉读者可以在朋友聚会时喝江小白牌白酒；"走过千山万水，却走不过物是人非"，告诉读者一个人心情不好时可以喝江小白牌白酒。

一个场景对应一类产品，而产品的场景化就是给产品定位，能让读者快速在万千产品中找到你，就像图书馆的图书编码一样，越来越多的品牌给自己的产品加上一个场景，给产品设计上一个独特的编码。当读者遇到消费场景的时候，等于得到一个提示，读者消费你的产品就会变得更容易起来。产品跟生活的场景息息相关，没有场景就不会有消费。针对不同的场景和人群使用不同的文案，你只需找到一个属于产品的自己的场景，就能让产品与读者建立起联系。关联性越强，产品被选择的概率越大。

请阅读和分析如下产品或服务的消费场景。

当你逛街的时候，看今日头条；当你坐地铁人多的时候，看今日头条；当你在机场等行李的时候，看今日头条。

怕上火就喝王老吉。

困了累了请喝东鹏特饮。

5. 顾客证言

顾客证言也就是产品口碑。人们都认为，商家说自己的产品好是自卖自夸，如果顾客说产品好那就是真好。大家平常看到一个想买的东西，一般都会问问朋友有没有用过，效果怎么样，其实不是不认可产品，而是对产品的可靠性心里没底，怕浪费钱。无论你卖的是日用品还是美妆，是课程还是培训班，顾客证言都是一种极其有效的方式；如果你用得好，它将会大大提升你的"推广内容"的阅读量，加强读者的黏性，并提升"产品"的转化率。

在文案内容策划过程中挑选的顾客证言，必须能击中读者的核心需求。如充电宝的核心需求为电量充足，洗碗机的核心需求为洗得干净。我们选的证言要能击中这些核心需求。为了有效采集顾客证言的素材，一般通过免费试用体验的方式获得顾客反馈，顾客会写出让你惊喜的文案。顾客证言可以采取"破解读者焦虑＋树立幸福榜样＋激发向往憧憬"的写作方法，用场景代入感来描述顾客的问题，描绘顾客满足核心诉求后的幸福感，激发顾客的购买欲望。

▶▶▶ 2.2.3 赢得读者信任

要想写出一篇成功的文案，其中很重要的一点就是可信，可信是读者喜欢、点赞、转发、转化购买的前置条件。赢得读者信任的常见方法有用实验结果说话、请权威机构背书、亲身测试等。很多产品文案通过塑造权威在行业中举足轻重的地位、描述权威的高标准，来赢得读者的信任。

赢得读者信任，主要通过名人、实验、数据、专家意见等权威的信任背书，通过"傍大牌"的形式赢得读者的信任，给读者吃颗定心丸。即便读者对你的产品已经非常动心了，但还是会担心产品、服务和隐私的问题，一部分人很容易被说服，也有一部分人很难相信人；这时候需要给出一个零风险承诺保证，或者展示销量，告知已经有很多人购买了，从不同层面说服读者产生信任并开始行动。

文案通过具体的细节描述，能够在很大程度上提高读者的信任感。文案越具体，被验证的成本越低，如通过产品形容词的数字化描述、产品生产过程与原材料挑选过程的具体化描述，不断地把你的卖点具体化、细节化，千万不要让你的卖点听起来很模糊。具体卖点细节的验证过程，如图2-10所示。如果想去验证文案描述的真伪所要付出代价的总和越大，包括投入精力、经济成本，甚至是法律成本等，文案被验证的成本越高，可信度自然就会很低；反之亦然。

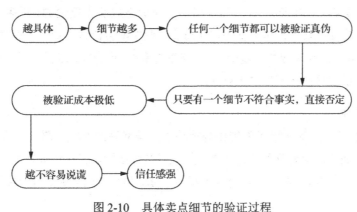

图2-10　具体卖点细节的验证过程

▶▶▶ 2.2.4　引导马上下单

建立信任关系后，此时读者往往会衡量购买产品带来的好处和即将失去金钱的痛苦，读者开始犹豫和考量是否真的需要完成这次购买，并考虑消费是否正当、价格是否合理、有没有优惠等方面的因素。因此，文案策划者应在读者下单的"临门一脚"关键节点上推动读者马上下单。

1. 价格锚点

价格锚点即商品价格的对比标杆。在营销活动中，企业通过各种锚点招数，或者利用对比和暗示来营造幻觉的手段，动摇人们对货币价值的评估。在读者眼里，商品的价值是"相对存在的"，这件商品到底值不值这么多钱，这个定价到底实惠与否，都需要一个可供参照的标准，而价格锚点就是商家设定的参照标准。读者出差住酒店时上网选择付费方案，一个是80元1小时，一个是105元1天，相信绝大部分人会毫不犹豫地选择105元1天的方案；付费后立刻发现，80元唯一存在的价值，就是让人觉得那105元非常划算，80元就是所谓的价格锚点。读者其实并不真的是为商品的成本付费，他是在为产品的价格感知而付费，价格锚点的逻辑就是让读者有一个可对比的价格感知，让读者觉得所购买的产品是非常实惠的，从而引导读者马上下单。

2. 价格分析

文案策划可以围绕读者的心理，帮读者算出每年或几年内你的产品能帮他省多少钱，或者产品平摊到每一天花费多少钱。当读者觉得平均每天的费用很划算的时候，他就有了购买产品的冲动。如某微信公众号卖精华液的软文采用价格分析方法，通过文案帮助读者计算用一年的精华液（产品价格300元/瓶）相当于每天花0.9元钱做一次医美，并描述其他读者使用产品后的变化。上述文案让读者觉得更有说服力，会引导读者马上下单转化。

3. 正当消费

所谓正当消费就是通过文案的内容策划给读者一个说服自己的理由，让读者觉得下单消费可能会给家人带来健康、给子女教育带来更多发展，是追求积极上进的必要行为。请阅读这则护颈枕的文案："我们的一生，三分之一时间是在枕头上度过的，很多成功人士知道，成功的奥秘不只是懂得努力，也包括懂得休息。"此文案会让读者看完以后觉得买护颈枕能带来健康，能给自己的生活增加舒适度，认为健康是最大、最有效的投入，而不是消费奢侈品，引发读者列举出很多理由来不断说服自己。

4. 限时优惠

限时优惠是提高读者进行下单转化的驱动力，是最后的临门一脚。文案创作者通过限时优惠文案的策划，让读者感到"过了这个村就没这个店"，机不可失，时不再来。文案的价格促销策略如果用得好，既可以帮助读者降低成本，又可以让其更快地选择你的产品，"收买"人心。

▶▶▶ 2.2.5　新媒体软文策划

软文策划是很多企业开展新媒体营销的常见方式，能够在读者不太反感的情况下展示企业的产品和服务。新媒体软文既包括图文类的文章，也包括精心策划制作的短视频。新媒体软文策划一般包括撰写软文前的调研分析、软文内容的撰写和制作、软文渠道的选择与投放三个主要流程。通过分阶段软文策划任务分解，提高新媒体软文的营销效果。

1. 软文撰写前的调研分析

撰写软文前，首先要明确软文的主要目的，如吸引关注、宣传曝光和直接销售产品，不同的软文营销目的决定了后期软文策划的路径选择。新媒体软文可能是策划一次公众号的拉新关注、提高微信公众号的关注数量，抑或是提高企业品牌的宣传和曝光度，让广大受众广泛接收企业的软文品牌宣传，也可以是通过软文直接开展产品销售，提升产品的销售转化量。其次，策划人员需要根据营销目标认真分析受众对象，分析受众的特点、需求、痛点和兴趣点，如女性群体较多，可以围绕包装、品牌、价格、功效和便捷性等方面开展读者分析。再次，结合产品或服务优势，提炼和罗列产品的卖点，如健康安全、原材料和工艺流程，并通过形象化的语言表达出来。

2. 软文内容的撰写和制作

软文一般包括吸引读者点击的头部、引入产品介绍和解决读者痛点的腰部、导入产品购买链接的尾部这三个部分。首先，软文头部主要包括标题、封面图和正文开头的第一、二段（或短视频的前 30 秒），通过前面的文案头部设计，激发读者的阅读、观看欲望，提出读者感兴趣的话题；也可以结合植入软文的产品特点和实际情况，围绕热点事件、热点资讯和营销日历进行软文设计，但需注意的是尽量不要蹭负能量、消极灾难、政治敏感类的热点。软文包括干货技巧文、热点资讯文、故事叙事文和话题文，素材可以来源于百度贴吧和知乎等平台。其次，软文腰部应该用事实、论据、观点、案例证明产品的品质，描述读者担心的痛点，把读者担心的问题解决掉，让读者消除疑虑。再次，软文尾部通过导入产品购买链接，引导读者进入购买下单入口，展示产品的折扣优惠信息，给读者进入购买界面的理由，从而进入产品转化页面。新媒体软文策划结构如图 2-11 所示。

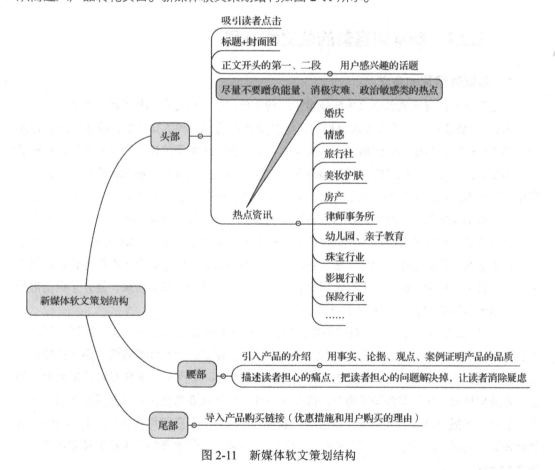

图 2-11　新媒体软文策划结构

3. 软文渠道的选择与投放

策划的软文经过前期的设计和制作后，进入后期的投放阶段。选择的渠道主要包括今日头条和抖音类信息流推广渠道、广点通广告和微信广告等。根据读者群体的不同特征，可以选择精准的投放媒体和投放人群，根据投放效果不断调整投放策略。

2.3 新媒体内容运营

移动互联网环境下人人都是新闻记者，再小的个体都有品牌，各种新媒体平台大量涌现，大量内容被生产和消费，新媒体内容创业者不断涌现。当前新媒体主流典型的平台有图文类和短视频类，包括微信、今日头条、百家号、企鹅号、抖音、小红书等。个人或企业利用现代化移动互联网手段，通过新兴媒体平台进行产品的宣传、推广、营销，策划与品牌相关的优质、高度传播性的内容和线上活动，向用户广泛或者精准地推送消息，提高用户的参与度，提高品牌的知名度，从而充分利用粉丝经济，达到相应的营销目的。

目前新媒体账号的申请门槛普遍较低，申请流程也比较便捷，申请主体包括个人以及企业等各种社会组织。个人或企业选择什么样的新媒体平台进行后期的运营工作，既要考虑平台的流行度，也要考虑平台的主要用户群体，因为不同的新媒体平台在内容领域方面各有特色。

▶▶▶ 2.3.1 新媒体运营的意义和流程

1. 新媒体运营的意义

企业开展新媒体运营的意义主要侧重于品牌宣传、吸引流量和销售产品三个方面。

（1）品牌宣传。企业在发展过程中，为了提升产品和品牌的知名度，改变了以往传统的品牌宣传模式，侧重选取传播广泛的新媒体平台，通过一系列的运营流程和手段，完成品牌的曝光，让更多用户通过口碑相传和分享，实现品牌的广泛宣传。例如，招商银行为了提高留学信用卡的品牌影响力，确立了利用新媒体渠道提升品牌宣传力度的目的，在此基础上确立了运营对象的具体画像，主要包括留学生、留学生家长和准备留学的人群，设计制作了与目标用户群产生情感共鸣的短视频内容，选取了在外留学生与父母互动共同完成番茄炒蛋这一日常温情生活的场景，制作了短视频，并通过微信公众号大号和腾讯视频等新媒体投放平台，让很多在外留学和打拼的小伙伴竞相转发、讨论、评论及口碑传播，提升了招商银行留学信用卡品牌的知名度，如图 2-12 所示。

（2）吸引流量。企业为了获取更多的用户，往往愿意把公域流量转化成私域流量，制作各种有价值的内容资源，引导用户加入个人微信号、微信公众号和微信群，通过抓住用户的利益关联点这一"钩子"，吸引更多用户心甘情愿地加入，为企业聚集私域流量助力。例如，美迪电商培训为了聚集精准用户、提升用户量、为后期业务拓展和电商招生提供帮助，策划了转发海报送培训资源的新媒体活动；很多教师群体为了获取免费培训资源，纷纷参与到转发宣传海报的活动中，短短几天时间内美迪电商通过微信群聚集了大批的精准用户，如图 2-13 所示。

（3）销售产品。很多企业为了加大产品的曝光度，提升产品的销售转化，通过广告文案等新媒体内容形式吸引用户到订单承接平台，如小程序、微商城等交易环节，实现内容转化，真正激发更多用户的消费需求。例如，阿芙精油通过投放免费领取 90mL 正装纯露精油的广告文案，引导用户关注公众号，并推动用户下单，如图 2-14 所示。

图 2-12　招商银行留学生信用卡品牌宣传

图 2-13　美迪电商海报

（a）

（b）

（c）

图 2-14　阿芙精油广告文案

2. 新媒体运营的流程

在企业不同发展阶段或运营活动的过程中，要确定不同的运营目的。一般而言，新媒体运营主要有设定运营目标、用户群体调研、制作受众人群喜欢的内容、选择合适的投放渠道等推广思路。

企业在开展新媒体运营的过程中，应布局企业新媒体运营矩阵，建立私域流量、口碑营销和公域流量获取渠道，实现企业的全媒体运营。其中，私域流量包括微信个人号、微信群、微信公众号和微信小程序，通过建立高频互动、维护用户的微信个人号，做好点对点用户服务和朋友圈运营，塑造和强化私域流量池标签；建立增强用户信任感、提升用户归属感和强社会关系的微信群，不断强化产品品牌和专业化程度；建立提供用户服务、行业资讯和展示对外形象的微信公众号；做好能较好承接用户订单的微信小程序，完成用户下单等的处理。企业新媒体运营推广思路和布局如图 2-15 所示。

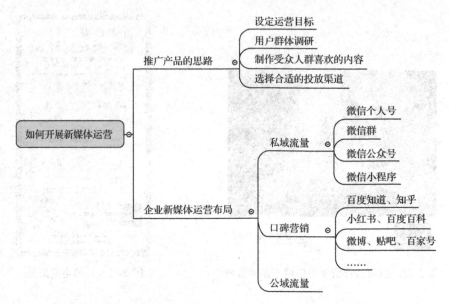

图2-15 企业新媒体运营推广思路和布局

另外，为了吸引互联网上碎片化的流量用户，新媒体布局者还需要不断搭建口碑营销平台，主要包括百度知道、贴吧、知乎、微博等，通过发布具有代表性的内容文档和问答，吸引互联网上的公域流量。

▶▶▶ 2.3.2 新媒体平台简介

企业和个人做新媒体运营，就要涉及选择使用什么平台开通新媒体账号的问题。当前主流的新媒体平台包括微信、社群、抖音等。基于主流新媒体平台的内容分发推荐算法，需要考虑内容特征（如图文、视频、UGC小视频、问答、微头条等）、用户特征（如兴趣标签、职业、年龄、性别、机型等）和环境特征（工作、学习、通勤、旅游等）等因素。平台方鼓励新媒体内容的创作者聚焦内容领域，瞄准用户需求，持续提供内容输出，通过多元化的变现渠道获得收益。新媒体矩阵图如图2-16所示。

1. 微信公众号

微信公众号作为腾讯的重要产品，很多自媒体人和企业在建立公众号初期获得了大批的用户，通过图文和短视频形式开展企业信息的传播，提升用户的关注度、活跃度和参与度，开展线上内容创作、活动策划、线上线下推广等。很多微信公众号聚焦某一内容的垂直领域，为用户解决问题开展持续的内容价值输出，如"网易戏精课""支付宝锦鲤营销"等活动，吸引了大批的用户关注，建立了企业庞大的私域用户池，为移动端店铺导流和广告变现等赢利渠道提供基础。不过，近几年公众号文章点击率降低是令很多运营人员头疼的问题，关于公众号红利期终结的讨论不时出现。根据新榜的统计数据，2018年公众号平均阅读数比2017年下降约33%，已连续第二年呈下滑趋势。部分公众号在惨烈的竞争下开始不注重内容的质量，只顾文章数量和更新频率，导致公众号内容的实用性、质量都严重下降。微信公众号基本知识如图2-17所示。

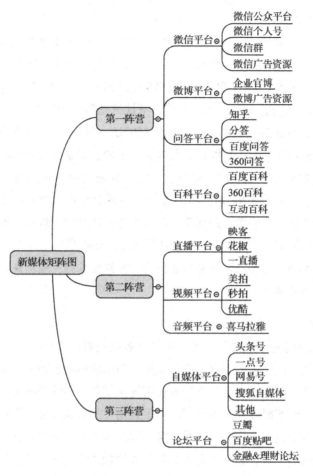

图 2-16　新媒体矩阵图

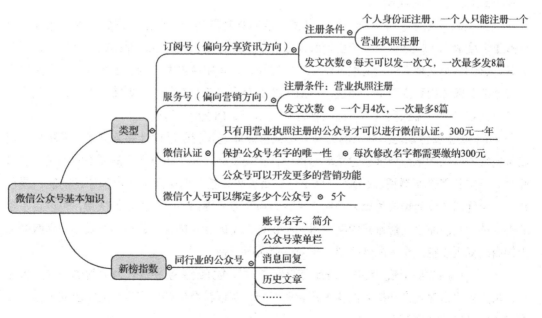

图 2-17　微信公众号基本知识

2. 抖音

抖音作为近两年较火爆的短视频内容创作平台，日活用户数量已达 2.5 亿，不仅是很多企业和个人表达自我、宣传理念、聚集用户的舞台，还成为政务和媒体信息传播的新平台。目前抖音平台聚集了大约 6000 个政务号和 1500 个媒体号，分别发布了近 30 万和 16 万个短视频，如四平警事、我们的天空、人民日报、浙江卫视等抖音账号。很多企业通过蓝 V 申请认证，开展优质视频创作以聚集用户，利用"DOU+ 上热门"工具提高短视频的传播率，开通产品分享、抖音直播电商等功能，实现内容、用户、流量和订单的不断变现。

抖音的流量分配是去中心化的，这种去中心化算法让每个人都有机会爆红。当初次上传抖音短视频时，平台会赠送初始的基础流量，然后平台会根据视频的点赞率、评论率、转发率等表现综合判断该视频的受欢迎程度，如果视频受欢迎程度较高，则进行二次传播，通过智能流量池的多轮推荐，让更多的人看到该短视频。新视频流量分发以"附近"和"关注"渠道为主，再配合用户标签和内容标签智能分发；如果新视频完播率高，互动率高，这个视频才有机会持续加持流量。

3. 今日头条

今日头条（以下简称"头条"）是一款基于数据挖掘技术的个性化推荐引擎产品，它为用户推荐有价值的、个性化的信息，提供连接人与信息的新型服务，是国内移动互联网领域成长最快的产品之一。今日头条号支持 6 种不同类型的主体注册账号，包括个人、企业、自媒体、国家机构、新闻媒体和其他组织。为保证用户的阅读体验，维持平台良好的内容生态，让作者能够全身心地生产更多的优质内容，同时从入口处抵制不良信息的传播，平台为账号申请设置了较高的门槛，如平台会审核申请人的创作能力与资历。为了让受欢迎的内容被更多的用户看到、不受欢迎的内容不占用过多的推荐资源，头条号在推荐文章时，会分批次推荐给对其感兴趣的用户。

头条文章首先会被推荐给一批对其最可能感兴趣的用户（这批用户的阅读标签与文章标签重合度最高），这批用户产生的阅读数据包括点击率、收藏数、评论数、转发数、读完率等，它们将对文章下一次的推荐起到决定性作用，其中点击率占的权重最高。今日头条作为典型的新媒体内容变现引流渠道，目前主要的变现引流主要包括头条特色功能、头条广告引流、文章底部引流和直接卖产品四种方式，如图 2-18 所示。

（1）头条特色功能。商家的运营人员或自媒体创作者通过设计头条自定义菜单栏，把商家的官方网站和电商店铺通过菜单链接设计实现跳转，如头条小店。需要说明的是，目前此功能不支持跳转至微博、QQ、一点资讯、百度等链接。商家还可以申请原创功能，原创是平台为优质创作者推出的重要功能，平台为原创账号提供了较大力度的扶持，也设定了较高的申请门槛。原创功能账号内容获得的不仅是系统的优先推荐，还包括优质创作者服务包中的商业变现扶持、个人品牌打造、一对一服务等权益。

（2）头条广告引流。头条广告是商家将广告位委托给头条平台代为运营的一种广告形式，由头条平台对用户和广告内容进行智能匹配，实现精准推广，广告收益完全属于商家；商家还可以申请投放自营广告。

（3）文章底部引流。有些商家为了提高文章的引流效果，在文末图片中或文章底部放置微信号和联系方式，引导用户进入商家的私域流量池。

（4）直接卖产品。在满足一定条件的头条号发布的文章中，还可以嵌入产品库功能，通过在文章内容中直接插入产品链接，引导用户进店消费。商家也可以通过开通头条小店功能完成产品信息的推广，提升产品的转化率。

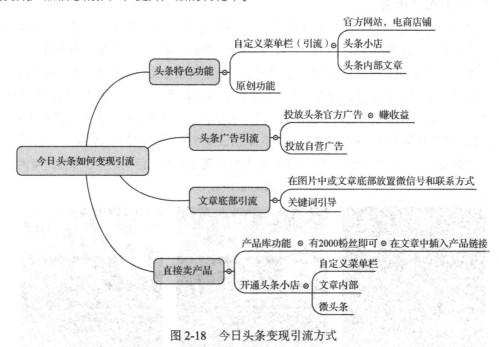

图 2-18　今日头条变现引流方式

2.3.3　新媒体平台账号申请

今日头条、微信公众号和抖音分别适合不同的申请主体。以今日头条和抖音为例，根据申请注册头条号的不同类型，填写不同的资料信息。在申请新媒体平台账号前，应充分准备注册信息。很多企业和社会组织在开展新媒体运营时建立"五官"矩阵，即官微、官方公众号、官网移动端、官网 PC 端和官方视频号；部分运营主体围绕一个新媒体平台，根据细分用户群体开设多个账号。目前新媒体平台有很多，其典型的代表有今日头条、百家号、企鹅号、大鱼号、一点资讯、微信、抖音等。新媒体平台账号的申请比较简单，下面主要针对今日头条、抖音账号的申请过程进行详细讲解。

1．今日头条账号申请

进入今日头条账号注册页后，可选择微信、QQ、邮箱或手机号进行注册，要求一个手机号只能绑定一个头条号。根据注册流程，完成头条号名称、介绍和头像的设置。头条号名称为 2 ~ 10 个中文字符，要求能够清晰、直观地反映头条号的特点；头条号介绍用于描述头条号的定位，将会显示在头条号作者主页；头条号头像的图片素材要求为 200 像素 ×200 像素。账号资料应清晰、直观地反映头条号的特点，并明确发文方向，切勿使用过于宽泛的名称和介绍等。账号注册完成后需要通过头条 App 完成账号实名认证，上传身份证正反面信息，并完成刷脸动作。个人类账号需要申请者在头条后台"账号权限"栏内点击"前往认证"按钮，机构类账号需要申请者在注册页面点击"提交认证"按钮，经过上述两个步骤的简要操作即可完成账号的申请。

2. 抖音账号申请

对抖音账号的申请而言，蓝 V 认证是一个不错的选择。如使用现有抖音账号申请企业认证，意味着抖音账号将绑定为企业身份，账号原先发布的短视频及其他互动内容均需体现企业行为，所以需确保账号信息（头像、名称、介绍）符合企业认证信息。为了避免误将个人抖音账号认证成企业账号，建议注册一个全新的抖音账号用于企业认证。抖音企业认证可引入第三方认证审核账号主体资质的真实性、合法性、有效性，申请企业认证需支付 600元 / 次的认证审核服务费，有效期为一年。蓝 V 认证要求抖音账号信息（头像、名称、介绍）符合企业认证信息，并提交账号信息对应的企业主体营业执照彩色扫描件和加盖公章的认证公函彩色扫描件。抖音蓝 V 认证账号主页如图 2-19 所示。

（a）

（b）

（c）

图 2-19　抖音蓝 V 认证账号主页

▶▶▶ 2.3.4　新媒体平台账号操作

新媒体平台的操作非常简便，主要围绕新媒体的内容、用户和数据等方面开展运营操作，围绕和聚焦账号定位的垂直领域，开展内容规划、选题设计、内容策划与制作和后续数据分析等工作。

1. 今日头条账号操作

今日头条账号操作主要包括内容发布与管理、评论管理、数据分析、账号权益、粉丝管理和号外推广等，内容创作者可以通过后台完成图文、微头条、视频等形式的内容发布，根据内容的推荐、阅读、转发、评论、点赞和收藏等数据情况，调整和优化后续内容选题，同时结合实际需要，可采取付费的形式对发布的内容进行号外付费推广活动，提升内容的曝光度和关注度。今日头条后台主要操作界面如图 2-20 所示。

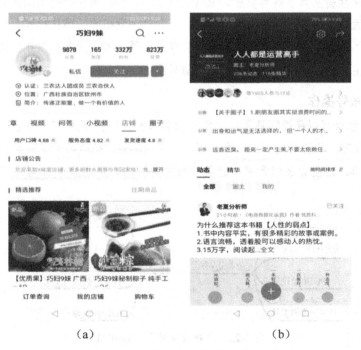

图 2-20　今日头条后台的主要操作界面

部分今日头条账号还开设付费专栏，通过音频和图文形式输出优质的内容，通过试听付费购买等形式实现自媒体的内容创业。今日头条新增"圈子"功能，创作者可通过"圈子"直接在头条 App 内自建粉丝群，与粉丝无障碍交流。另外，创作者还可以通过"付费圈子"获取创作收益。头条小店是为创作者提供的电商变现工具，帮助创作者拓宽内容变现渠道，提升流量的价值。今日头条店铺开通后，可以在头条号、抖音个人主页展示专属的店铺页面，并可通过微头条、视频、文章等多种方式进行产品的展示曝光，用户可以在今日头条、西瓜视频、抖音 App 内获取内容、购买产品，并可以直接转化成为粉丝，帮内容创作者形成完整的流量闭环。今日头条小店和"圈子"功能如图 2-21 所示。

（a）　　　　　　　　　　　　　　　（b）

图 2-21　今日头条小店和"圈子"功能

内容创作者在实际运营过程中还需对运营数据进行分析，主要包括粉丝数据、内容数据和收益数据，实时监测内容投放的效果，以及粉丝的数量、活跃时间、性别、区域等。今日头条图文内容数据如图 2-22 所示。

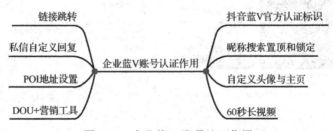

概况　图文分析　微头条分析　问答分析						
7天　14天　30天　2019-01-21—2019-01-31						导出Excel
标题	推荐量	阅读量	评论量	收藏量	转发量	操作
内容电商时代，商品和内容的结合更有温度，更懂你！	2763	33	1	3	9	详细分析
案例：社群运营的4C法则，怎样在熟悉的驾校招生落地？	4306	55	2	3	3	详细分析
猪年到，做社群的121种工具给你们配齐啦	70688	4018	63	1672	272	详细分析
这本书写的是文案？其实是人性，带你了解买买背后隐藏的人性	6653	262	3	20	4	详细分析
写文案标题没卖点去怎么解？文案标题抓人眼球的5个策略脑图！	4425	204	1	8	3	详细分析
正当消费文案描述，引导和推动客户马上下单	2154	72	1	1	0	详细分析
设置价格锚定，让用户觉得买的很便宜	5248	68	1	0	1	详细分析
人性太可怕啦！学会文案销售产品的4个对话式步骤，紧紧抓住用户！	13754	49	1	10	0	详细分析
你胜任新媒体的两大重要岗位吗？	9454	91	1	0	1	详细分析
文案标题不会写？我们总结了6种方法	3276	65	2	1	1	详细分析

图 2-22　今日头条图文内容数据

通过上文数据，可以看出图文内容的推荐量越多，其阅读量、评论量和收藏量等越高，因此内容创作者可以围绕用户需求，策划优质的内容，并设计恰当的标题进行内容发布。

今日头条采用智能算法推荐机制，通过信息流的推荐机制和智能定向完成文章的推荐。但在文章发布后系统需进行一系列的处理过程，包括消重机制、审核机制、特征识别和文章推荐等主要流程，其中，通过消重机制检查文章是否原创等，因此在发布文章前，内容创作者可以借助阿星原创监测软件来检测文章的重复度。

2. 抖音账号操作

企业蓝 V 账号可以获得抖音平台提供的诸多福利，包括蓝 V 官方认证标识、昵称搜索置顶和锁定、自定义头像与主页、60 秒长视频、链接跳转、私信自定义回复、POI 地址设置、DOU+ 营销工具，让企业在抖音平台运营方面更具优势。企业蓝 V 账号认证作用如图 2-23 所示。

链接跳转
私信自定义回复
POI地址设置
DOU+营销工具
企业蓝V账号认证作用
抖音蓝V官方认证标识
昵称搜索置顶和锁定
自定义头像与主页
60秒长视频

图 2-23　企业蓝 V 账号认证作用

（1）抖音蓝V官方认证标识

抖音账号经企业蓝V认证后可彰显企业权威信用背书，可在搜索结果页、个人主页、私信消息页面、粉丝列表和关注列表等页面进行展示，显眼的标识符号给粉丝更多的信任感。

企业蓝V认证过的账号，用户在搜索抖音账号时，一眼就能辨别，彰显官方权威性。

（2）昵称搜索置顶锁定

由于抖音企业昵称不允许重名，企业认证昵称采取先到先得的原则，但也不支持恶意抢注。企业的品牌词、产品词等关键词汇需要通过昵称提前锁定，强化产品和品牌的宣传。

（3）自定义头像与主页

企业可以利用主页头部位置，通过主图让用户进入主页就能知道账号的定位和提供的服务，强化品牌标签。

（4）60秒长视频

一般账号拥有15秒的视频展示时间，蓝V账号可以拥有60秒的长视频展示效果。

（5）链接跳转

企业蓝V认证后，用户通过设置可跳转到用户官网主页，了解更多企业信息，从而实现流量转化，抖音账号主页的官网链接如图2-24所示。

|（a）|（b）|

图2-24　抖音账号主页的官网链接

（6）私信自定义回复

私信自定义回复功能能提高企业与用户的沟通效率，减轻企业号的运营工作量。企业通过自助查询，确保用户获得实时反馈，避免因回复不及时造成用户流失。

（7）POI地址设置

在地理信息系统中，一个企业号信息点（Point of Interest，POI）（也被称为"兴趣点"）可以是一栋房子、一个商铺、一个酒店、一个公交站等。企业蓝V认证成功后，在POI地址页展示对应企业号及店铺基本信息，支持电话呼出，为企业提供信息曝光及流量转化。企业号认领POI需要提交相应资质或信息，并通过认领审核。如认领的地址为企业号对应地址，则需要上传企业号认证时提交的营业执照，如认领的地址为企业下属门店的地址，则需要上

传该门店的营业执照。企业号 POI 地址如图 2-25 所示。

图 2-25　企业号 POI 地址

（8）DOU+ 营销工具

DOU+ 是一款视频加热工具，购买并使用后，可将视频推荐给更多用户，提升视频的播放量与互动量。目前支持系统智能投放、自定义定向投放和达人相似粉丝投放三种定向模式，其中，第一种系统会智能选择可能对该视频感兴趣的用户或潜在粉丝，对其进行视频展现；第二种和第三种需要账号运营人员自主选择可观看视频的用户类型，可以通过用户性别、年龄、所处地域、附近商圈等方式进行定向投放。用户可以充值投放 DOU+ 视频营销推广，根据需要选择投放对象、预计播放量提升目标、投放金额完成视频加热。DOU+ 视频加热营销推广页面如图 2-26 所示。

图 2-26　DOU+ 视频加热营销推广页面

50

▶▶▶ 2.3.5 新媒体内容编辑

新媒体内容编辑包括图文、视频素材的采集编辑，排版力求简洁、美观和整体大方，目的是为了让内容更容易被读者理解和便于阅读借助各种新媒体工具，新媒体运营人员能够提高工作效率。

1. 图文排版设计

图文排版就是组织内容的逻辑顺序，排版布局内容在阅读媒介上的空间位置，使得信息以最佳的表现方式有效地向读者传达。信息量庞大的网站主页应有整齐统一的排版布局，而在一个小小的手机屏幕上的微信图文，也可以通过排版布局，给读者带来良好的阅读体验。

手机屏幕好比是一个衣柜，而图文的内容就是柜子里的衣物。如果一个柜子没有隔板，那么衣物可能就会堆放得相当杂乱。利用隔板划分空间区域，不仅可以将衣物摆放整齐，还可以根据生活习惯将不常用的东西束之高阁，让常用的东西伸手就能拿到，另外还可以随时互换位置。由此看来，布局就如衣柜里的隔板，先是划分出各种大小区域，然后图文内容便可以按照一定的阅读顺序，依次放入到划分出来的大小区域中，也可以随时改变布局置换大小位置。我们把这种灵活编辑的方式归结为结构化编辑方式。

与结构化编辑方式相对应的便是文字化编辑方式，如利用公众号后台编辑器或大家熟悉的 Word 软件进行文字编辑。从文字化编辑方式过渡到秀米的结构化编辑方式，一开始会有点水土不服，例如，第一道难关就是不知道如何添加文字。一般文字化编辑方式是，单击正文区域直接打字；而在秀米编辑器中，即使是文字也要看作是一个模块，所以在排版添加文字时，添加的不只是一段文本，更是一个充满更多编辑可能性的文字模块。秀米的所有模板组件都可以在编辑界面左边的素材区找到。秀米结构化编辑界面如图 2-27 所示。

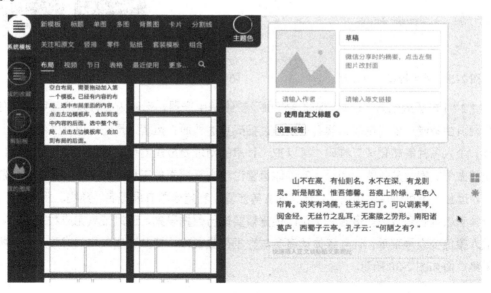

图 2-27　秀米结构化编辑界面

目前以图文为主的典型新媒体平台包括头条号和微信号，在平台编辑发布内容时，可以借助各种图片素材类、后期制作类、排版同步编辑类新媒体工具提高工作效率。当选择使用一款编辑器的时候，尽量保证从一而终，最好是使用同一类型固定的排版，形成自己的风格，加深读者的印象。图片素材类资源包括千图网、拍图网和创客贴等；后期制作包括 Photoshop、美图秀秀、微商水印相机；排版同步类包括秀米、i 排版、新媒体管家等。

（1）秀米编辑器。秀米编辑器提供丰富的付费或免费的可视化文案模板，运营人员可以登录秀米，选择适合的模板风格进行在线编辑处理；编辑完成后的文案可以通过秀米授权实现文案的同步，可同步到微信公众号、头条号和微博等平台。运营人员可以通过秀米平台完成图文编辑与同步操作，大大提高排版的美观度、可读性，同时也能提高工作效率。秀米授权管理页面如图 2-28 所示。

在秀米平台上运营人员可以选择与风格相关的模板，进行可视化编辑，通过替换内容、调整布局等形式完成可视化在线编辑。此外，运营人员还可以选择同步多图文到微信公众号等新媒体平台。秀米图文编辑与发布页面，如图 2-29 所示。

图 2-28　秀米授权管理页面　　　　　图 2-29　秀米图文编辑与发布页面

（2）i 排版编辑器。i 排版编辑器提供了二维码生产器，运营人员可以把互联网上任何一张网页生成唯一的二维码，读者可以通过扫码直达页面；运营人员还可以把文字、图片、音频、个人名片等转化成二维码；可以把一长串的网址变成短网址，便于地址传播；可以把长长的微信文案生成长图。同时，新媒体运营过程中需要表单工具，如麦客、金数据和腾讯问答，运营人员可以通过申请、注册、建立等步骤，利用表单开展报名、预约、登记等工作，提升读者数据管理效率。运营人员可以根据需要进行数据采集，通过工具完成数据表单，可以放入微信公众号菜单，让新媒体读者参与数据采集工作，提升数据采集的成效，金数据表单采集页面如图 2-30 所示。

图 2-30　金数据表单采集页面

（3）新媒体管家。新媒体管家插件跟以往其他的新媒体编辑工具及账号管理不同的是，新媒体管家的图文编辑功能都是针对微信公众平台自带的图文编辑器做的拓展和优化。如果想使用新媒体管家的图文编辑功能，只需要进入微信公众平台的图文编辑页面即可。通过下载插件、打开浏览器拓展安装页面和安装插件三个步骤即可完成新媒体管家浏览器插件的安装。安装成功之后在浏览器的导航栏或搜索栏上会出现蓝色的"**P**"字图标，运营人员可在移动端点击打开新媒体管家插件来发现并使用其他功能。运营人员通过新媒体管家可以实现多个新媒体账号的统一集中管理，可以添加新媒体账号，如公众号、头条号、微博等，通过添加账号和应用拓展新媒体平台后台的编辑能力。图 2-31 所示为新媒体管家页面。

（a）

（b）

图 2-31　新媒体管家页面

2. 图文排版规范

运营人员在具体的排版过程中，应遵循基本的排版规范。排版时，在每篇文章的开头应提醒读者关注账号，在文章最后要附带上公众号的二维码信息，使读者可以通过扫码关注公众号。图文排版基本的格式规范如下。

标题字数： 字数控制在 14 ~ 16 之间，目前长标题越来越多。

字体选择： 字体使用微软雅黑。

字体颜色： 正文字体颜色 4F4F4F，标题色和备注色参考公众号风格。

页边距： 参数为 10 像素，文字均无须首行缩进。

对齐方式： 如果没有特殊排版样式，建议正文部分使用两端对齐方式。

图文封面尺寸： 头图像素设置为 900 像素 ×500 像素，多图文非首图像素设置为 200 像素 ×200 像素，从第 2 张图片开始建议用同一色系。具体的微信公众号图文排版格式参考规范如图 2-32 所示。小黄人科技的微信公众号图文排版如图 2-33 所示。

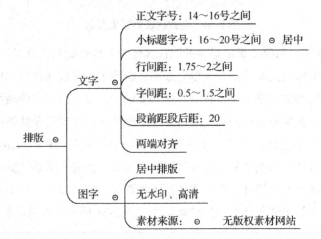

图 2-32　具体的微信公众号图文排版格式参考规范

　　　　（a）　　　　　　　　　　　（b）

图 2-33　小黄人科技的微信公众号图文排版

3. 短视频编排设计

短视频相对于文本更有表达力和说服力，能够激起用户的观看欲望。目前电商短视频应用越来越广泛，如新媒体领域的企业宣传片、产品短视频文案等。短视频的内容主要是通过前期的脚本设计来进行编排的，由于短视频一般播放时长约为 60 秒，因此在脚本设计时应该围绕一个主题设计拍摄框架，提高短视频拍摄的效率，为拍摄做好准备，并且根据短视频脚本原型集思广益，使短视频的互动点和转化点效果最大化，提高短视频的传播效果。

（1）短视频脚本设计

如今抖音平台大部分的视频是通过编写剧本拍摄出来的，而不是自然发生的，这种有剧情设置的视频更吸引用户，所以想让更多人观看短视频，就需要根据平台的内容喜好来制作视频。短视频脚本编排设计由于时间短，内容比较精练，切入过程简短，主题鲜明，能够通过创意和镜头语言吸引用户观看。目前新媒体视频典型平台有小红书、抖音、今日头条等，仔细研究上热门的短视频，不难发现这些短视频在整个内容主题选择、组织编排方面表现卓越。如抖音平台账号应在内容主题选择上进行聚焦和深耕，做好内容的定位，切忌什么都做，现在各个平台都很重视垂直类的内容，什么都做的账号难以在粉丝心中形成独特鲜明的标签。

首先，账号运营人员在内容定位上要选择自己擅长的，这样能够在内容领域实现可持续的产出，要确认短视频内容的输出方向，是做人物搞笑剧情、办公室的日常生活、户外的内容、技能展示，还是情感共鸣等。

其次，内容的垂直化和差异化应该提前定位好，这样便于吸纳精准的用户，能够在用户印象中形成特有的标签。如做电商培训的视频号，可以定位在电商干货分享的内容，分享企业店铺运营的实操案例、困难等，通过每次的个案分享、技能工具分享、电商人才推荐、理论知识普及和行业最新动态分享，让用户能够获得价值，提高用户的黏性。当然，每一个短视频平台面向的用户群是不一样的，在内容选择上要考虑到不同平台的内容选材方向和平台用户爱好。

再次，短视频内容在编排上应该能够让用户一进入视频就能被吸引，如直接抛出话题、构建用户场景，还可以在内容中间部分分享干货，在视频结束部分提出互动点和思考，让用户在短视频观看过程中持续被吸引，提高短视频的播放率、完播率和评论率。

（2）短视频拍摄与后期剪辑

在制作抖音视频的过程中，拍摄的技巧和剪辑的手法都是非常重要的，因为抖音视频的爆红不一定是内容，有可能是视频的剪辑和拍摄做得比较好，这种视频被抖音称为"技术流"。有些短视频是真人出镜的，视频画面的风格保持一致也很重要，如每段短视频的人物服装、道具和场景需要保持一致，在用户心中形成深刻的印象。所以在拍摄视频过程中，要注意场景的搭建、拍摄设备的选择，要注意视频的配乐与内容有契合点。

简单的拍摄场景只需要有两盏灯和一个深色布，如果是固定场景，可以配置两盏灯＋背景纸＋三脚架＋相机或手机即可，非固定的场景只需要灯光明亮即可。另外，如果用手机拍摄，应该选择竖屏全屏拍摄，这样用户观看起来更方便，体验更好。

当前 PC 端和移动端的视频剪辑工具很多，如爱剪辑、快剪辑、PR、猫饼、字说、简影、巧影和 InShot 等，这些工具具备基本的视频字幕、转场和配音功能，操作简单，能够很好地完成短视频的后期制作处理。

2.4 新媒体运营"2+3"法则

现在新媒体越来越火，很多企业和个人想利用新媒体的风口打开新市场，吸引用户，推广品牌和获取效益。企业在最开始做新媒体时，容易犯一个错，即盲目跟风，认为做新媒体就是发布文章和短视频，没有进行很好的定位和规划。在新媒体平台上发布内容，一般都遵循一定的运营规范和法则，本书把这种规范称为新媒体的"2+3"运营法则。新媒体"2+3"法则中的"2"代表新媒体的定位和数据两个方面，"3"具体代表着陆、内容和推广三个方面。新媒体运营的"2+3"法则如图 2-34 所示。

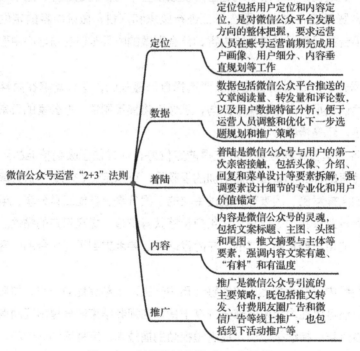

图 2-34　新媒体运营的"2+3"法则

▶▶▶ 2.4.1　新媒体定位

1. 新媒体定位作用

对新媒体进行定位便于运营人员规划内容的创作方向；便于账号积累目标粉丝；便于建立清晰的账号 IP 形象，打造独一无二的品牌。

2. 新媒体平台矩阵

新媒体矩阵是近几年被创造出的新名词，通常表示品牌商家利用多平台、多渠道进行宣传推广的新媒体集群，这种集群往往是以其中一个平台为核心，同时着重把握"双微一抖"——即微信、微博和抖音这三个渠道，辅以其他大小平台各自之长，完美实现营销方式转型。

新媒体矩阵分为协同新媒体矩阵、覆盖新媒体矩阵和联动新媒体矩阵。其中，协同新媒体矩阵是较常见的一种形式，是指通过同一新媒体平台，以多个账号的方式形成矩阵，用于不同用途，同时为主体服务，以适应这一主体针对不同新媒体特性的多种使用方式。如一个企业拥有多个产品线，每个产品线都拥有属于自己的订阅号、服务号或微信群，为用户提供多元化服务媒体。

在新媒体定位过程中，运营人员往往考虑建立新媒体矩阵来部署企业的营销体系。新媒体矩阵的实质就是同时进行多个新媒体平台的运营工作，目的是增大曝光量、提高关注度、引流，而"一个中心、两个臂膀、多平台分发"则是新媒体矩阵的常见形式。

3. 新媒体内容定位

运营人员在开展新媒体定位时，平台内容定位也是一个非常重要的步骤，明确新媒体的内容边界，要明确什么能写，什么不能写，能写的内容要如何去写，然后需要给内容打上风格化的标签，让用户一看到或接触到类似的事物与信息就能联想到其内容与产品，这称为定位和调性。定位完成之后一般不轻易更改，运营人员可以定位内容为核心进行发散；一旦新媒体平台的调性被成功树立起来，就可以在用户心目中牢牢占据一个位置，从而大大降低建立用户认知的成本，有利于实现价值最大化。

微信公众号栏目内容规划是新媒体内容定位的主要工作，运营人员在进行规划时，应考虑企业自身和用户两个角度的需要，从企业角度可以对产品上新、优惠活动、品牌动态等内容进行规划；从用户角度可以围绕用户资讯，聚焦用户生活、情感、工作、兴趣爱好等方面开展内容规划。微信公众号栏目内容规划思路如图 2-35 所示。

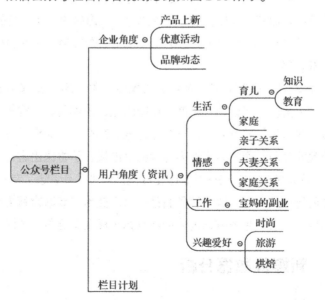

图 2-35　微信公众号栏目内容规划思路

4. 企业新媒体定位

企业要发挥好新媒体的作用，需要做好定位，包括品牌定位、用户定位和产品定位，就是能够聚焦某一方面持续地为用户服务、坚持内容输出，提升产品销量和品牌价值。任何一个用户，他关注一个新媒体号都是有成本的，都是有动机的，所以运营人员必须要有一些充足的理由让用户来关注。

首先，品牌定位是以用户为中心，立足点是内容，做的是流量矩阵，目的是让更多用户了解品牌，如虎嗅、美丽说等。目前品牌方主要通过新闻、故事、观点和"干货"四种类型的内容来吸引用户。不管是传统媒体还是新媒体都需要围绕用户需求做好内容输出，新媒体时代运营人员通过数据能更深层面地了解用户，通过建立不同的新媒体账号开展运营，传播不同类型的内容，通过内容聚焦让品牌用户、供应商、经销商、媒体和公众等不同用户群体了解和认同品牌。

其次，用户定位主要以用户为中心，立足点是产品，以用户矩阵为主，如 App、微博、微信等。

再次，产品定位主要以用户为中心，立足点是产品，主要以淘宝头条、有赞、小程序等为产品矩阵。新媒体平台主要功能是通过内容输出、用户聚集和活动推动等形式，提高用户数量、活跃度和内容转化率，最终为产品售卖提供流量基础。

5. 新媒体定位案例

"丁香医生"是一个健康服务平台，数据显示，2017 年，"丁香医生"微信公众号文章浏览量高达 22 亿，分享次数 2675 万，粉丝数达到 2000 万。

丁香医生新媒体平台兼顾横向和纵向分布，横向分布覆盖微信、微博、知乎、今日头条等，纵向分布如在微信上布局了服务号、订阅号、小程序，在今日头条有头条号、抖音、悟空问答。丁香医生在微信端，拥有主攻母婴的"丁香妈妈"、面向中老年人群的"健康头条"、专注于深度内容的"偶尔治愈"等 10 多个矩阵号。除了微信端，丁香医生在知乎、微博、头条等不同平台均有布局。

不做活动，只靠内容，是目前丁香医生的新媒体思路。除了发挥个人的能力，更重要的是发挥整个团队的力量。为了让内容生产实现团队化、规模化，丁香医生遵循一套可执行的标准，包括排版、字体等，并且要求每一个专业概念都有一个通俗易懂的比喻，内容生产出来后，还有一个验收环节。同时为了提高内容的生产量，丁香医生通过大量的签约作者来保证内容的专业性，这些签约作者往往都是医生和医疗专业人士。除了专业领域的科普作者，丁香医生还引入了同行评议制度，收到稿子后第一时间交给"专家审稿委员会"审核，提高内容的权威和科学性。丁香医生微信端内外的新媒体布局及其定位，如图 2-36 所示。

▶▶▶ 2.4.2 新媒体数据分析

1. 头条号数据分析

企业在新媒体运营过程中产生的数据为企业客户服务、市场营销和新媒体后期运营等方面提供了重要的支撑。一般而言，新媒体平台提供了科学化的数据采集和可视化的报表功能，能够反映新媒体运营的某一时间段内企业新媒体的数据状况，如头条号提供单篇内容平均阅读进度、速度和跳出率等数据，平台还提供可视化报表展示平台内容的推荐、频道和相关阅读等来源数据，分析文章的阅读情况。头条号的推荐量至关重要，关乎内容的曝光度，平台推荐将大大提高新媒体发文的传播成效。头条号单篇内容的阅读数据，如图2-37所示。

矩阵	属性		账号名称	运营对象	目的
微信内矩阵	品牌账号	订阅号	丁香医生	社会各界	媒体传播
			丁香园	医疗行业从业者	知识变现
			丁香妈妈	妈妈群体	媒体传播
			丁香人才	医疗/医药/生物领域求职者	求职招聘
			丁香生活研究所	社会各界	媒体传播
			丁香识	医生	媒体传播
			丁香医学生	高校医学生	媒体传播
			丁香公开课	医学领域工作者或学生	知识变现
		服务号	丁香诊所	社会各界	变现(互联网医院)
			丁香妈妈学园	妈妈群体	知识变现
			丁香大健康	企业或团体	变现(互联网医院)
			丁香头条	社会各界	媒体传播
			来问丁香医生	社会各界	变现(互联网医院)
		订阅号/服务号	精神时间/儿科时间/熊猫血等	各垂直细分领域人群	媒体传播
		小程序	丁香医生	社会各界	变现(互联网医院)
			丁香人才	医疗/医药/生物领域求职者	求职招聘
			丁香好物馆	社会各界	电商平台
			丁香妈妈学园	妈妈群体	知识变现
			丁香实验	医学领域工作者或学生	社区论坛
			丁香医考	医学领域工作者或学生	在线教育
微信外矩阵	品牌账号		微博	社会各界	媒体传播
			知乎	社会各界	媒体传播
			今日头条	社会各界	媒体传播
			抖音	年轻群体	媒体传播
			悟空问答	社会各界	媒体传播
			QQ空间	年轻群体	媒体传播
			一点资讯	社会各界	媒体传播
			B站	年轻群体	媒体传播
			网易公开课	社会各界	媒体传播
			App	社会各界	变现(互联网医院)

图2-36　丁香医生微信端内外的新媒体布局及其定位

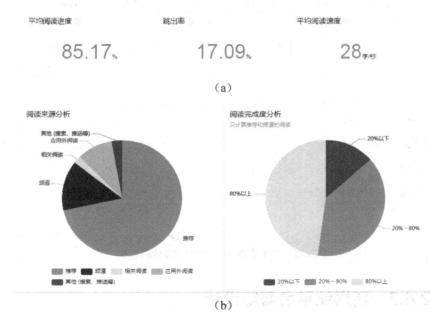

详细分析 / 猪年到，干自媒体，做社群的，121种工具给你们配齐啦

平均阅读进度　　　　　　跳出率　　　　　　平均阅读速度

85.17%　　　　17.09%　　　　28字/秒

（a）

阅读来源分析　　　　　　阅读完成度分析

（b）

图2-37　头条号单篇内容的阅读数据

2. 西瓜数据分析

很多企业新媒体平台采取数据分析工具完成公众号数据分析。利用数据分析工具了解同类公众号的数据，能大大提高运营人员的工作效率。如运营人员可以借助西瓜数据等工具了解同行业、同领域的运营状况，获取竞争对手的推文和数据为自身企业的新媒体运营提供支撑和借鉴。当前微信公众号的新媒体数据分析工具主要有新媒体管家、西瓜数据、清博大数据等。西瓜数据作为一款公众号的管理工具，提供全网优质公众号查询、监控及诊断，覆盖22个垂直行业，是公众号运营及广告投放效果监控的专业工具。运营人员可通过数据工具获取公众号搜索与排行、预估活跃粉丝数、头条平均阅读数等数据，同时也可以获取公众号详情，包括历史推文、近期热门文章及其数据状况等。"丁香医生"公众号的基础数据，如图2-38所示。

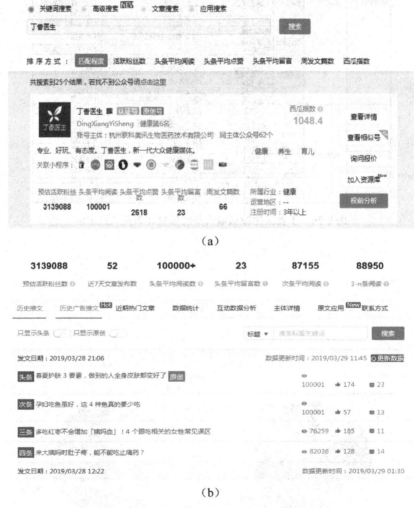

（a）

（b）

图 2-38　"丁香医生"公众号的基础数据

▶▶▶ 2.4.3　新媒体平台着陆设计

新媒体平台着陆是指用户第一次接触新媒体平台能够看到的信息，包括账号名称、账号介绍、头像、关注回复、菜单栏设计等细节内容，好的新媒体账号着陆设计能给用户留下深刻印象，能让用户很快了解新媒体账号的主要功能和运营主体的专业度等。运营人员可以通过优质新媒体账号的细节拆解，借鉴优质账号的经验做法，提升用户的印象分。在新媒体行业，一个好的公众号名字，不仅能吸引用户的注意力，还能引流。如"职场实用心理学"微信公众号每天通过搜索名字的新增关注量就有300，有些账号即使一段时间不发文，也有很多粉丝通过搜索关键词来关注新媒体账号。运营人员可以对优质账号进行不断地拆解，如账号名称与介绍、头像、关注回复、菜单栏的设计，不断优化新媒体平台的细节设计。

1. 账号名称

账号名称是用户了解和识别新媒体平台账号的符号，能够帮助用户快速检索账号、传播平台和宣传品牌的主要元素，因此运营人员应该准确定位好账号的名称。账号名称应尽可能反映账号运营主体的品牌、账号的内容定位等方面要素；账号名称应该具备好读、好听、好拼、好写、好记和好传播的特点，取好名称应该采取一些技巧。

（1）描述具体场景。运营人员应该洞悉新媒体产品的具体使用场景，可以是时间场景、空间场景，也可以是行为场景，如"十点读书""被窝阅读""读首诗再睡觉""深夜发吃""宁波人物""北京吃喝玩乐"，这些名字都有一个非常具体的场景。

（2）强调目标用户。用户定位是什么，哪些人应该关注你，如关注"十点读书"的是爱读书的人，关注"毒舌电影"的是电影爱好者，关注"投资人说"的是投资爱好者和创业者，这些都是围绕目标用户来命名的。

（3）突出功能价值。如"笔记侠"的功能就是分享笔记；顶尖文案的功能就是分享文案，突出的是它的价值。

（4）展示品牌内涵。新媒体账号名称可以通过账号来塑造品牌调性和风格。新媒体账号规划的品牌调性、内涵都可以用一个特别的名字来表达，如"差评""毒舌电影"表达了一种说真话的态度；"虎嗅网"传达的是心有猛虎，细嗅蔷薇。

新媒体账号名字要采用通俗易懂、大众熟知的词汇，如电影、音乐、读书、商务、金融、毒舌等，这些词都是平时使用率非常高的词，使用行业关键词还能自带流量，如搜电影就很容易搜到"毒舌电影"，搜读书就会出现"十点读书"；尽量少用偏僻和较难拼写的词；慎用中英文、汉字、拼音混合。

2. 账号介绍

新媒体账号介绍为用户了解新媒体的发展定位提供了支持，采用一句好的账号介绍让人瞬间增加好感和记忆。用一句非常简单通俗的话来概括其功能和服务最精华的部分，是常使用的方式。如"千聊"和"丁香妈妈"的账号介绍，用户看到账号的介绍能很快了解账号的定位、内容规划和目标用户群体，如图2-39所示。新媒体运营人员在设计新媒体账号介绍时可以围绕账号的内容功能定位、目标用户群体和价值观等方面展开设计，通过简洁的、朗朗上口的语言风格展示账号能为用户提供的价值。

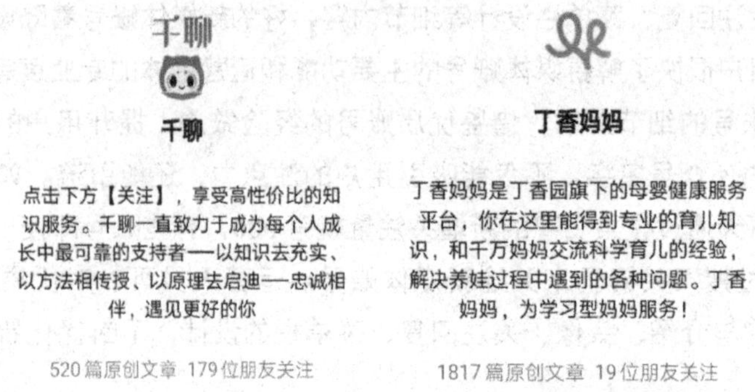

千聊

点击下方【关注】，享受高性价比的知识服务。千聊一直致力于成为每个人成长中最可靠的支持者——以知识去充实、以方法相传授、以原理去启迪——忠诚相伴，遇见更好的你

520篇原创文章 179位朋友关注

（a）

丁香妈妈

丁香妈妈是丁香园旗下的母婴健康服务平台，你在这里能得到专业的育儿知识，和千万妈妈交流科学育儿的经验，解决养娃过程中遇到的各种问题。丁香妈妈，为学习型妈妈服务！

1817篇原创文章 19位朋友关注

（b）

图2-39 "千聊"和"丁香妈妈"的账号介绍

3. 账号头像

新媒体账号头像往往比文字更引人注目，在运营账号时，不妨使用一些有特色、好看、有吸引力的图片，引起他人的注意，更容易获得用户的关注。好头像的第一条准则就是能给人清晰的认知。制作新媒体头像可以突出企业 Logo 或文字图标，并控制大小比例使其既适合资料页面显示，又适合消息列表显示。

4. 关注回复

用户在第一次关注新媒体账号时系统会提示用户关注成功，并显示用户关注成功时运营人员的关注回复信息。关注回复的设计至关重要，不能只是一句简单的"谢谢关注"。作为一个微信公众号运营人员，从用户关注公众号的那个瞬间开始，就得想方设法抓住他们的心，如果用户体验不好，这次互动有可能是你与用户唯一一次也是最后一次的互动，所以用户关注微信公众号后的第一个自动回复显得尤为重要。在设置公众号自动回复前，需要从以下几个方面着手。

简单的账号介绍对许多用户来说，只是一些无感的文字铺陈。想要与用户产生互动，促成交流，可以设置提问功能，一问一答的互动，能增加用户对新媒体账号的认同感。每个新媒体账号都有自己的目标用户，不同目标用户的需求不同，此时，我们需要做一些能区分目标群体的设置，使目标用户快速获取想要的服务，如可以设置关键词回复，推送文章、活动、优惠等消息。此外，新媒体运营人员应该考虑到用户的最迫切的需求，如在用户关注账号后提供干货分享、行业报告等与目标用户产生强关联的"见面礼"，让用户感受到账号运营团队的专业度。关注回复的内容设置，如图2-40所示。

5. 菜单栏设计

菜单栏是新媒体平台的核心功能之一，能丰富新媒体账号的功能。据电商新媒体"大咖"们的观察，商业化越强的账号，菜单栏的启用率越高，功能作用越大。当新媒体账号无法解决粉丝部分需求时，菜单栏就可以发挥作用。不管是微信号、微博还是头条号，作为新媒体账号运营人员，不仅需要在后台的统计栏目下的菜单统计中获取每个一级菜单和子菜单的点击次数和图表，还需要通过拓展第三方应用丰富新媒体平台的功能。

菜单栏在日常运营设置中，通常被分成电商卖货、知识付费、爆文促活、历史文章、商务合作、功能促活和功能引流七种功能。新媒体运营人员利用第三方工具和平台在菜单栏中植入功能，解决粉丝需求。如缝纫之家微信公众号设置"缝友社区"，借鉴和应用第三方粉丝圈（粉丝圈社区提供从创建微信社区、引流涨粉、激发互动到社区电商模式等一整套的解决方案）的社区运营管理工具，通过菜单设置拓展"缝友"之间的交流和分享，提升微信公众号的粉丝活跃度。此外，运营人员通过设置有赞商店菜单，进行粉丝的流量导流、转化和变现，提升店铺的访客数和订单数。缝纫之家新媒体账号的菜单设置，如图 2-41 所示。

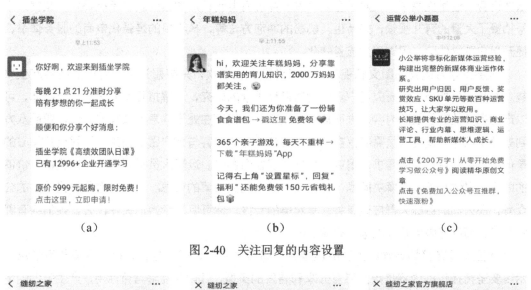

图 2-40　关注回复的内容设置

图 2-41　缝纫之家新媒体账号的菜单设置

值得一提的是，在设置微信公众号自动回复、自定义菜单和拓展账号功能方面，运营人员可以选取"腾讯微校"开展管理，如利用应用广场添加一些精品应用，如公众号日报、早起打卡、微报名、微上墙、微网站、微抽奖和有用的机器人程序，通过不断拓展账号功能，提升公众号的用户服务和管理水平。

▶▶▶ 2.4.4　新媒体平台内容规划

新媒体运营人员应做好账号的内容规划，持续提供具有用户价值、符合用户预期的优质内容。新媒体运营人员经常会遇到这种情况，如果企业没有重大事件发生，就没有内容可写。新媒体平台内容策划的关键是账号的运营目的，运营曝光量是运营参考的指标，而不是运营的目的，只考虑运营数据，而缺乏对运营目的的思考，将导致新媒体运营内容的迷失，虽然运营关注量提高了，但对于企业来说，并没有得到相应的益处。"年糕妈妈"微信公众号拍摄了大量的育儿视频，如新生儿奶粉的冲泡方法等，核心目的是强化电商的服务体系，提升用户购物体验，促进用户流量转化。

新媒体内容运营的图文和视频不可能做到人人喜欢，只要想让用户对你的内容产生兴趣，就必须分析用户和研究用户。通过对目标受众的研究，了解拟开发的潜在受众群体，可以产生更多的有价值的内容，进而提高转化率。我们现在处于信息大爆炸的时代，四面八方到处都是信息，运营人员需要挖空心思让品牌自身的内容与用户密切相关，了解用户关心的是什么，然后将用户的需求、渴望或担忧体现在内容中。运营人员需要思考如何提供有价值的内容，提供帮助用户解决问题、辅助用户做出购买决策的信息。例如，你是做美妆类的公众号，那么你的目标人群应该是关注美妆类的女性，你可以思考她们关注什么，她们会有哪些困惑，而哪些内容是你能够持续输出的。

运营人员在策划新媒体内容时应遵循"四有原则"，即有趣、有料、有情和有热点，始终要坚持提供的内容是用户愿意分享和转发的类型，让内容能够与目标用户产生强烈的情感共鸣，让你的产品、内容、热点三者产生关联。此外，运营人员还要明确内容的推送形式，根据运营团队的实际情况选取图文、短视频或语音的表现形式，明确内容的推送周期和产量，如在微信公众号上每次推送四篇图文，围绕干货、资讯、杂谈和活动来组织内容，同时坚持沿用用户喜欢的人格化角色，包括语言特点、内容风格和价值取向等，避免与同类型账号雷同。

▶▶▶ 2.4.5　新媒体平台推广

有人说"新媒体粉丝数量超过 5000 后再想保持增长，做内容就不如做活动"，实际上，内容可以留住粉丝，可以进行转化和营利，但是只靠内容来推动新媒体运营，成效甚微。当前企业新媒体平台推广的主要策略包括朋友圈推广、社群推广、活动推广和新媒体平台工具推广。

1. 朋友圈推广

一篇微信文章被转发到朋友圈之后，能否被微信好友打开，取决于三个因素：吸引用户眼球的标题、吸引用户注意力的评论和让人信服的转发人背书。朋友圈中，每个用户都是"报刊亭"，每篇文章标题是"报刊封面"，转发评论就是"销售话术"。运营人员进行朋友圈推广时需要考虑人群标签的选择、转发语的撰写、时间筛选和转发文章的筛选，切不可以随手转发。

首先，运营推广人员应选择适合的推送时间。如微信使用高峰期，如可以选择早上 7:30 左右推送。其次，设计好朋友圈转发语。运营人员需要经常转发文章到朋友圈，实现二次传播，这时除了文章标题，能促进二次传播的因素就是转发语了。转发语可以是描述转发内容的独特感受、引用转发文的观点、提出问题引导互动、唤醒好友的相似感受等方面，激发朋友圈好友兴趣和引发好友共鸣，从而提升推广效果。最后，筛选转发人群和转发文章。朋友圈人群是多元化的，具有不同的兴趣领域，因此平时应有意识地为朋友圈好友设定标签，并选择不同的新媒体文案进行推送，提高精准人群的相关内容的送达率。

2. 社群推广

社群是具有相同爱好的人群的聚集区，运营人员应该围绕社群的定位和成员特点，适时适度地转发新媒体内容到社群中。运营人员可以尝试加入相关领域和主题的社群，通过观察社群组织的话题、互动状况，有针对性地开展话题交流，适时选择有关的新媒体内容文案转发到社群，为用户输送价值，引发社群成员的讨论和转发。在推广时，运营人员应充分考虑转发推广的时机和用户感受，不要引来用户的反感和排斥。此外，还可以选择一些 QQ 群和微信群做互推，相信很多人都用过互推的方法，其实就是找粉丝量、阅读量相当的社群，相互推广实现资源互换。

3. 活动推广

当前活动是新媒体平台推广的最有效的方法，包括线上活动和线下活动两种形式。就线下活动而言，最简单的方式就是扫码送礼品，选择人流量大的地方，如大型商店、步行街等，关注微信号或微信活动即可享受优惠。例如，在公共区域，如咖啡厅、餐厅和大型超市，引导用户关注公众号即可使用无线网络的引流方法。就线上活动而言，运营人员做线上活动时，一般会选择好玩有趣的微信活动，如趣味性强的砸金蛋活动、参与性强的萌宝投票线上活动，通过相应的活动工具实现线上推广。"快驴"作为线上活动设计工具，包括砍价、秒杀、集卡、抽奖等活动形式，为新店宣传、老店拉新和接力优惠等场景提供支持，为公众号引流和用户激活提供有效解决方案。

4. 新媒体平台工具推广

新媒体平台一般都提供内容推广的工具，如今日头条的号外推广、抖音的 DOU+ 推广、微信公众号的朋友圈广告等，运营人员通过付费的形式完成广告的投放，提升新媒体平台和文章的曝光度。今日头条号外和抖音 DOU+ 推广主要针对新媒体运营主体，为文章和视频加热，根据运营人员的预算获得预期的阅读量和播放量，而朋友圈广告主要是付费推广微信公众号的形式，采用与用户朋友圈信息流完全一致的经典样式吸引更多的关注，制作简洁，文案、图片、视频、链接灵活自由配置，提供多样的展示形式，满足个性化的创意表达。微信朋友圈广告，如图 2-42 所示。

图 2-42　微信朋友圈广告

▶▶▶ 2.4.6 新媒体引流策略

新媒体平台在运营的不同阶段应该采取不同的引流策略，主要包括种子期、增长期和稳定期三个阶段。

种子期的新媒体平台主要是利用身边已有的资源开展推广工作，如为新搭建的微信公众号制作一张宣传海报，关注公众号回复"电影"即可免费领取18部电影资源，通过微信群、朋友圈的推送，能够用较低成本快速引导周边用户关注公众号，此外还有一些商家通过发放小礼品吸引用户扫码关注成为会员的形式，还有在官网、官微等自有平台和第三方外部平台撰写文章、策划短视频等形式。总之，在新媒体账号运营初期，可以充分利用周边资源，加大账号的曝光度。

增长期阶段的主要任务是裂变种子用户，开发潜在用户。企业在增长期主要采取调动种子用户的力量，帮助企业进行各种形式的宣传，如转发文章送礼品、转发海报集赞、邀请×个好友关注等形式，通过种子用户地不断传播，吸引更多潜在用户的参与和关注，通过运营人员策划的活动把种子用户周边的用户资源吸引过来。

稳定期的主要职责是继续加大曝光度，提高用户的留存量和活跃度，一般而言，在新媒体账号运营的稳定期，很多企业可以通过投放广告，如朋友圈广告、信息流广告等形式，也可以采用活动抽奖和营销活动等方式提高用户的留存量和活跃度。新媒体不同阶段的引流策略，如图2-43所示。

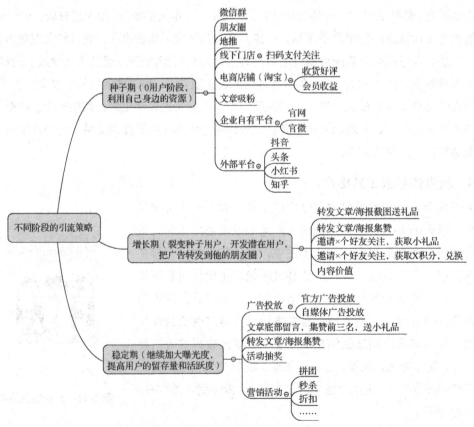

图 2-43　新媒体不同阶段的引流策略

2.5 内容运营案例——"缝纫之家"

据调查,目前我国大约有1000万台家用缝纫机存量用户,很多是具有一定经济基础和时间保障的热衷于缝纫手工的布艺创意玩家,除了要能够便捷购买丰富的缝纫系列配套产品外,绝大部分爱好者需要更多关于手工布艺教学、布艺案例、布艺产品等方面的知识内容,需要更多志同道合的"缝友"开展交流分享活动,迫切需要缝纫设备的更新换代和遍布广泛的维修检测服务。但大多数缝纫机企业只销售单一的缝纫机或配件耗材,只提供机器,不提供周边产品、布艺培训、缝友社区和设备维修等服务,很少有企业能做到"一条龙"服务。而"缝纫之家"正是抓住了缝纫行业发展的瓶颈时期,抢先做到缝纫生态一体化、全面化,抢先占领市场份额。

"缝纫之家"立足于缝纫布艺行业这一小而美的市场,集天猫京东商城、微信公众号、今日头条、有赞微商城和社群社区等传统电商、社交电商和新媒体平台于一身,专门针对家用缝纫机销售、耗材配件周边市场及面向其"缝友"的创意服务项目。

"缝纫之家"通过今日头条、微信公众号和粉丝圈等多种新媒体平台聚集了大量的粉丝,截至2019年10月底,今日头条粉丝近7万人,累计阅读量达230万次,发布图文共310条,粉丝阅读收益占比88%,阅读数约占推荐量的6.7%,每天阅读广告收益近100元。"缝纫之家"头条号基础数据如图2-44所示。微信公众号共聚集粉丝14.8万人,每周的推文阅读总量达2万次,阅读人数近1万人,每天消息发送人数近90人,人均发送消息次数2.8次。"缝纫之家"公众号基础数据如图2-45所示。粉丝圈社区共聚集粉丝7.9万人,总浏览量近820万次,发布的帖子数7500条,运营人员及社区成员通过社区活动发布悬赏问答、缝纫科普、教程图纸和个人作品等,极大地提高了粉丝间的互动分享。"缝纫之家"粉丝圈基础数据如图2-46所示。

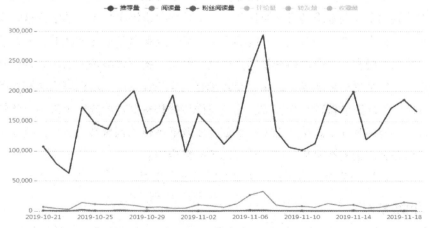

图2-44 "缝纫之家"头条号基础数据

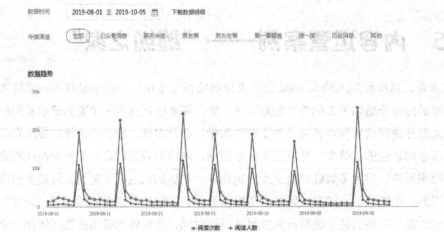

图 2-45 "缝纫之家"公众号基础数据

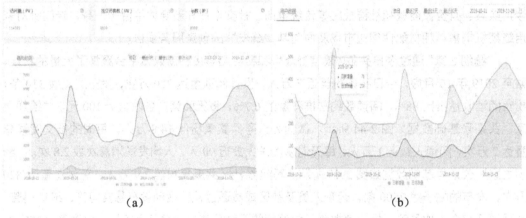

（a）　　　　　　　　　　　　　　（b）

图 2-46 "缝纫之家"粉丝圈基础数据

　　"缝纫之家"在天猫和京东上开设品牌专营店，提供缝纫机及配件等一系列周边商品的销售，构建基础种子用户，并通过策划用户机器配套操作指南、布艺创意服务和视频教学课程，充分调动微信公众服务号、今日头条、知乎和抖音等平台用户的活跃度，实现广大布艺爱好者和"缝友"的用户裂变。"缝纫之家"微信服务号定期推送优质文案、教学视频和营销活动吸引"缝友"，通过抖音直播开展缝纫教学、案例讲解等方面的培训，打造庞大的精准用户池，持续提供缝纫操作指南、布艺创意制作和线下玩家培训等内容和服务，并依托社群、社区、论坛充分调动用户，实现用户口碑传播和裂变，形成一个去中心化的移动电商平台，进一步提高其在电商平台上的耗材配件以及缝纫机的销售量，实现"缝纫之家"创业项目用户留存和流量的私有化，提升项目的核心竞争力。

　　"缝纫之家"的新媒体平台推广主要有以下三个步骤。

1．内容策划

　　"缝纫之家"定位为用户身边的缝纫专家，一直专注于缝纫用户的后续服务和缝纫文化推广工作，通过对"缝纫之家"新媒体矩阵平台用户的细致调查，得出不同"缝友"的内容需求主要包括缝纫科普、缝纫案例、缝纫作品、缝纫求助咨询等方面，如图 2-47、图 2-48 所示。因此，作为"缝友"的聚集地，缝纫之家通过策划不同缝纫创意进行价值输出，让"缝友"通过学习、分享、互动和培训了解缝纫创意作品的设计制作，形成创意作品设计教学案例。此外，"缝纫之家"还创作了大量的布艺视频教程资料，通过抖音、今日头条等平台进行发布，更直观地帮助新媒体用户获取缝纫资料。

1. 新手入门 | 底线缠绕、断线怎么办？双针如何使用？一看就懂！
2. 缝纫特惠来袭！双11让你尽享低价~
11月06日

1.【变废为宝】花点心思，让家中的瓶瓶罐罐来个大变身吧！
2.【"双十一"】提前开抢！缝纫之家带给你不一样的"双十一"！购物狂欢，尽情囤货~
11月01日

1. 超详细 | 手把手教你如何锁边、如何更换压脚、如何锁扣眼
2.【宁波国际博览会】缝纫之家，将在第23届宁波国际服装服饰博览会上亮相了！
10月25日

1. 超详细 | 手把手教你如何锁边、如何更换压脚、如何锁扣眼
2.【宁波国际博览会】缝纫之家，将在第23届宁波国际服装服饰博览会上亮相了！
3.【创意收纳】旧物件巧变收纳，给生活增添一点美丽~
4.【变废为宝】花点心思，让家中的瓶瓶罐罐来个大变身吧！
10月22日

1. 缝纫入门 | 缝纫机线迹要怎么搞？缝纫术语都是啥意思？一看就懂！
2. 倒计时4天 | 缝纫之家，将在第23届宁波国际服装服饰博览会上亮相了！
3. 拼布欣赏 | 享誉世界的拼布作家，热爱手作生活的她，创造独特的齐藤拼布风格
4. 帆布包制作 | 日系单肩休闲包，尽显秋日的优雅，一起来学习吧
2018年10月16日

图 2-47 "缝纫之家"微信公众号的内容

分享十个缝纫实用小技巧！学会了胜过好老师！（上）
推荐 112.8万 · 阅读 11.4万 · 评论 84 · 链接点击 109 · 转发 1132 · 收藏 3828
置顶 标题1 已发表 原创 已投头条广告
2019-09-21 20:00

缝纫实用小技巧！缝纫就是那么简单！轻松易上手
推荐 3644 · 阅读 115 · 评论 0 · 链接点击 0 · 转发 1 · 收藏 6
标题2 已发表 原创 已投头条广告
2019-09-21 20:00

刺绣：中国女性深闺里的结晶
推荐 2809 · 阅读 54 · 评论 0 · 链接点击 1 · 转发 0 · 收藏 1
标题1 已发表 原创 已投头条广告
2019-11-20 12:00

分享九款刺绣头发实例，带给你不一样的视觉体验
推荐 230 · 阅读 12 · 评论 0 · 链接点击 0 · 转发 0 · 收藏 0
标题2 已发表 原创 已投头条广告
2019-11-20 12:00

图 2-48 "缝纫之家"头条号的内容

2. 内容组织

"缝纫之家"团队专门选派业务骨干成立内容运营团队，负责新媒体矩阵平台的内容策划、设计、制作、发布和账号管理等工作，邀请布艺大师开展抖音直播和线下培训班，通

过悬赏征稿等形式吸引资深缝纫玩家分享布艺创意和布艺案例，借助粉丝力量拓展新媒体平台的内容创作形式，形成了内部员工创作、布艺大师讲授、玩家悬赏征稿等多渠道内容创作机制，并且通过图文、短视频、线下培训、线上直播等形式完成缝纫布艺内容的传播。

3. 内容推广

为了提升新媒体平台和内容的曝光量，提升"缝纫之家"品牌的知名度，企业团队积极投入一定量的广告推广费用尝试新媒体的推广工作，主要包括头条号和抖音的信息流广告，以及电商店铺推广、头条文章推广和抖音号推广等巨量引擎广告，部分巨量引擎广告如图 2-49 所示。

图 2-49　部分巨量引擎广告

思考与练习

1．选取某微信公众号，拆解微信公众号账号名称、账号介绍、账号头像、关注回复的设计；并选取其中一篇 10 万 +（阅读量超过 10 万）代表性推文，围绕标题设计、排版风格、着陆页设计等方面开展案例研究。

2．注册完成今日头条账号，聚焦某一内容领域，开展今日头条账号设置和特权申请，策划图文和短视频的推送文案，完成今日头条文章的推广和数据分析工作。

3．下载短视频编辑工具，如简影、巧影和 InShot 等，选择上述工具进行学习，完成自拍视频的剪辑和美化工作，并上传到抖音和今日头条等新媒体平台。

4．简要分析今日头条、抖音等平台的信息推送机制。

5．简要规划不同发展阶段的微信公众号引流策略。

运营 移动电商活动

第 3 章

 学习目标

◆ 掌握电商活动运营的主要流程。
◆ 掌握企业活动运营的主要类型。
◆ 掌握典型的活动运营实施工具。
◆ 掌握活动礼品的主要类型。
◆ 掌握微信个人号、微信群和微信公众号的用户三位一体策略。

活动运营是指通过组织活动在短期内快速提升相关指标的运营手段。具体来说，活动运营指针对不同性质、不同目的的活动进行的运营工作，活动运营具有目的性强、短、平、快等特点。作为电商运营人员，活动运营是经常要采用的方法。

3.1 活动运营概述

活动作为企业推动信息扩散、吸引用户注意力常采取的策略，是一个合格的运营人员必须要掌握和熟练运用的手段，可以说，没有活动就没有运营。其实在内容运营和用户运营的过程中，也必不可少地会涉及很多活动，每次活动运营都会有一个明确的目标，如提高曝光度、增加粉丝量和提高销售额等。活动又是一个万能载体，可以为企业的产品设计、推广、营销及服务等环节提供路径支持。在微信朋友圈中经常有不少网友转发一些海报、文字和推文等，借此来获得公众号或社群的福利，此举即是活动运营最终要达到的目的，即通过利益驱动用户转发，吸引更多用户传播，实现获取用户、流量转化等绩效指标，最终卖出产品。

▶▶▶ 3.1.1 活动运营的商业价值

活动运营是近年来十分流行的一种公关传播与市场推广手段，集新闻效应、广告效应、公共关系、形象传播、用户关系于一体，并为新产品推介、品牌展示创造机会，形成一种快速提升品牌知名度与美誉度的运营手段。活动是电商重要的组成部分，一个活动，如果做得足够好，能够满足用户的需求；如果做得不好，于用户而言，像强制推送的广告。如用户在网上商城买了一台笔记本电脑，商家给用户推送的是其他品牌的笔记本电脑，这对于用户来说就是广告；而如果商家推送的是笔记本电脑的配套用品，如鼠标垫、耳机、散热器等，正好是用户需要的，这就是服务。

在电商运营工作中之所以要重视活动运营，是因为活动运营具有"快速提升运营效果"的作用，如微博运营、微信公众号运营、产品数据分析等日常工作，可以使企业新媒体稳定运行，而阶段性地开展企业活动运营，可以使运营效果在某个时期内快速提升。一个好的活动不仅能够吸引用户的注意力，还能够传递出品牌的核心价值，进而提升品牌的影响力和用户的忠诚度。

首先，企业通过办活动可以带来新用户，活动是拉新的重要手段之一，尤其是对于新店铺，往往通过这样的方式来吸引大量的用户。其次，通过活动（如折扣、秒杀等）可以清理产品库存。再次，通过活动来打击竞争对手。最后，通过活动来回馈用户，让用户感受到企业的个性化的关爱，同时企业也可以通过活动让更多的用户留存下来。

▶▶▶ 3.1.2 活动运营的主要类型

1. 品牌曝光类活动

品牌曝光类活动顾名思义是以增加品牌曝光度、提升用户的品牌熟悉度为目的的活动。这类活动适合新品牌上线，或者品牌已有一定的知名度，需要再次唤醒用户的阶段，活动形式可以采用事件营销、硬广投入等方式。这些活动的共同点是虽然没有直接进行大量的转化变现，但在微博、朋友圈等社交平台掀起了一阵转发的风潮，在短时间内形成了病毒营销态势，使品牌迅速被人熟知。

2. 拉新类活动

拉新类活动主要是以提升新用户注册量、激活率、关注率为目的，此类活动较常见的有 App 的下载和推广。从时间上来看，拉新类活动分为短期营销活动和长期的常规化活动。短期营销活动利用短时间精心策划的营销型事件，在 2～3 天迅速进行病毒营销并大量拉新，如天天 P 图的"PK 武媚娘""我的小学生毕业照"等系列活动，以及火爆朋友圈的"柏拉图性格分析法"等。长期的常规化活动常见于某些 App 针对新用户所发起的活动，用老带新、新用户专享福利等形式进行拉新，如网易海淘针对新用户的专享特价、美团的新用户一分专享特价、饿了么的新用户立减 15 元等。

3. 促活类活动

促销类活动是以唤起沉睡用户、提升用户活跃度，从而减少用户流失率为目的的活动。例如，同城 App、地方公共号、同城社群也采用一些线下聚会、同城派对等线下活动形式将用户的"弱关系"转化为"强关系"；电商、生活类的 App 也会采用一些每日签到、助力优惠券、积分商城的形式，提升用户的内容打开率，培养用户的忠实度。

4. 引流类活动

引流类活动是从线上、线下用户池导流到另一个新用户池的活动形式，从大类别来说也算是拉新类活动的一种。这种线上的活动形式很多，凡是在其他平台发布的带有企业

Logo、名称的活动形式，都属于引流活动，常见于横幅广告或其他商业合作活动等；另一种是微商、线下实体门店喜欢用的一种活动形式：借助朋友圈、微博等免费社交工具以"底价巨惠""到店免费领取小礼物"等契机，引导用户进入店铺，并引导其进行消费。

5. 转化变现类活动

转化变现类活动是以增加销量、促进变现为目的的活动，活动文案也是简单直接，常见于电商类的 App，像天猫"双 11"、京东"6·18"、唯品会"双 10 电商节"等都属于这种活动形式。

》》》 3.1.3　活动运营的基本原则

企业在开展活动运营过程中，需要遵循的原则是流程要简单、内容有创意。

首先，活动流程要简单化，不是指简化活动本身的流程，而是需要从用户的角度考虑用户参与的时候是否便捷，否则复杂的活动流程设计将提高用户参与的门槛。例如，用户分享一次活动内容就可以获得一个优惠码，这个优惠码在使用的时候，需要操作简单，尽量避免增加用户的操作步骤。

其次，有创意的内容能够提高用户关注度，并能迅速引起用户传播裂变和转化成交，在一定程度上能激活并唤醒用户，优化用户的结构。对于运营人员来说，在本身对业务深刻理解的基础上，需要具备一定的创意能力，不需要天马行空的创意能力，而是能有效解决问题的创意能力，而这个层面的创意能力是可以通过拆解、练习、学习和评估的过程掌握的。

》》》 3.1.4　活动运营的主要流程

一般而言，一个完整的活动运营流程包括活动策划、活动执行和活动收尾 3 个主要阶段，如图 3-1 所示。活动结束后，作为活动运营的负责人还需要组织有关活动人员进行活动复盘，总结活动经验，分析并提出活动的优化建议，为后续活动运营积累更多经验。

图 3-1　活动运营的主要流程

但对于一个具体的电商活动而言，策划和制作一场活动大致需要经历 10 个步骤，主要包括活动目的、活动形式、活动诱饵、活动主题、活动筹备、物料准备、宣传渠道推广、活动上线前测试、活动监测与活动复盘，运营人员应该在活动目的的指引下，不断优化活动要素，提升活动效果，如图 3-2 所示。

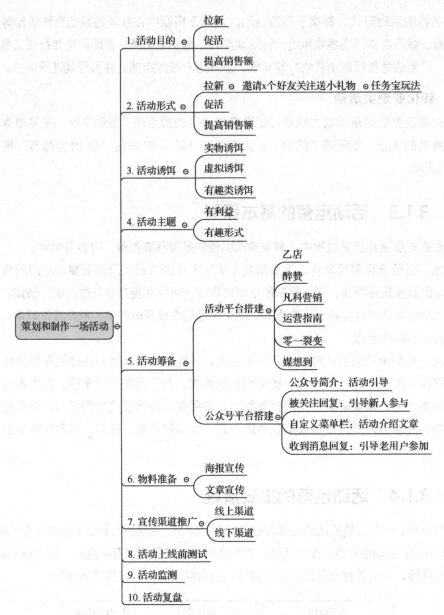

图 3-2　策划和制作一场活动的 10 个步骤

 ### 3.1.5　活动运营的主要误区

1. 奖品不行，活动就不行

奖品本身其实只是一种激励手段，奖品对用户没有吸引力就认为活动结果肯定不好，这种观点相对太局限。所以不要因为奖品本身限制了自己的创意，我们可以因地制宜地从其他角度考虑。用户参与活动除了获得活动奖品外，可能是因为活动本身的互动玩法、活动的文案、活动的一句口号。总之，吸引用户参与活动的因素是多方面的，不仅仅体现在外在的物质表现上，还体现在活动好玩、有趣等方面。

2. 活动开始了就不能再进行调整

活动已经开始了，但是预感到可能会有问题发生，已上线的流程部分可能无法立即调整。但是我们可以采用迂回调整战术，如临时建个社群，补充说明漏洞或向用户补发措施。无论是线上活动还是线下活动，活动运行的路径可能与策划阶段存在较大的差异，特别是在线上活动运营过程中，活动的数据指标能够清晰反映活动的状况，活动运营人员能够通过数据分析前期在活动策划、中期在活动执行等方面的问题，能够很快做出活动调整方案，为实现活动最终目标提供新的路径。

3. 不能出现对活动的误判

对活动效果的误判或许是每个运营人员都会经历的情况，重要的是要总结，尽最大努力减少误判，或者找到减少误判的方法，如活动测试和用户研究等。

3.2 活动运营策划

首先，运营人员在进行活动运营策划时，需要确定活动目标，围绕目标再深入思考和策划活动时间、形式、推广宣传渠道等。其次，确定活动目标后，进入活动策划阶段，活动策划包括长期活动策划和短期活动策划，活动时间的长短影响着活动的资源配置和投入。再次，需要分析用户心理、进行活动运营定位、准备活动资源、在活动过程在中控制活动风险。最后，公布活动结果和进行活动运营复盘。

3.2.1 确定活动目标

不确定活动目标，在操作过程中便会盲目，最后会陷入一种为了做活动而做活动的状态。运营人员往往是出于某个目的来策划活动，要围绕目标深入思考活动的时间、形式、推广宣传渠道等，活动目标是活动目的的数据化呈现。每一个活动都不单纯，都是一次潜移默化的对用户内心认知的改造。不同的活动目的，可以将其细化到具体的活动目标上。例如，网易考拉海购每年都会参与"双11大促""年中大促""春节大促"，此类活动目标十分明确——提高销售额，策划活动时创意和价值点要体现在"产品"与"销售"的转化上。

活动运营的目标结果主要表现为拉新、促活、转化和品牌宣传等方面，一切活动都应该是围绕内容和用户来进行的，常见活动目标包括增加付费人数、提高营收、拉新。

以增加付费人数为例，可以按照付费人数 =DAU（日活）× 付费转化率计算，如果要增加付费人数的话，可以从两方向着手：第一种，付费转化率不变，提升产品DAU；第二种，产品DAU不变，提升付费转化率。针对不同用户类型，采取的方式不一样，后续推广过程中采取的宣传推广方式也不一样。换言之，运营人员提出付费人数这个指标时，还要具体细化到增加新用户付费人数还是老用户付费人数，不同的用户类型，采取的活动手段和方案也不同。

如果要提高营收，根据营收 = 付费人数 ×ARPU（每用户平均收入）=（DAU× 付费转化

第 3 章 移动电商活动运营

率）×ARPU 的公式计算，要提高营收，可以提升用户的 ARPU 值或增加付费人数。如果采取前者，要看面向的用户群体是大 R（高消费用户群体）还是小 R（低消费用户群体）。不同消费群体，消费能力不同，采取的活动方案也不同。

如果目标是拉新，在产品方案上需要偏向能够带来新用户的方式，在推广上，需要拓展新的渠道，从新的渠道着手。

所以在活动开始前一定要明确活动目标，千万不能为了做活动而做活动。活动运营的目标设定如图 3-3 所示。

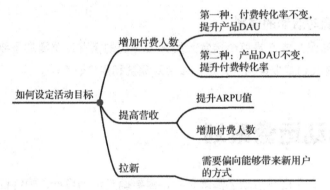

图 3-3　活动运营的目标设定

在移动互联网时代，企业的用户主要包括新用户、活跃用户、瞌睡用户（不活跃用户）和流失用户四种类型。针对新用户，企业通过设置活动提升新用户的活跃度；针对活跃用户，提升付费转化；针对瞌睡用户，可以设置促销、红包等不同形式的唤醒功能；而针对流失用户，尽量做到不打扰用户，可在每年重大活动时尝试召回。根据不同的活动目的，可以得出相应的业务逻辑，如活动是为了吸引新用户，可以通过外部渠道，吸引更多用户参与，如下载 App、注册用户、关注订阅公众号等，通过以老带新的形式吸引更多用户拼团。不同活动目的的业务逻辑图如图 3-4 所示。

	在某渠道举行活动	用户参与活动	符合活动目标的结果出现
拉新	外部渠道	吸引参与活动	注册/关注/订阅
促活	内部渠道	吸引参与活动	特定的活跃行为
成交	外/内部渠道	吸引参与活动	下单/付费/填写信息
传播	外/内部渠道	吸引参与活动	转发/分享/传播

图 3-4　不同活动目的的业务逻辑图

▶▶▶ 3.2.2　策划活动方案

活动策划包括长期活动策划和短期活动策划，活动时间长短影响着活动的资源配置和投入。活动运营人员经常会把创意看作活动的灵魂，认为新价值的提炼是活动能真正引爆的关键点。新世相刷屏级活动"4 小时逃离北上广"之所以会成功，不仅仅只是因为活动方想出了"你报名，我就送你一张飞到远方的机票"的活动创意，"送机票"只是一个噱头，其背后真正打动人心的，是对当代年轻人工作、生活状态的洞察，这才使得"逃离北上广"活动取得成功。

在活动策划过程中，每个活动设计人员、方案策划者，应该设身处地地站在用户角度思考，要尽量减少用户的思考成本，能够从用户角度思考活动流程能否走通，以及活动流程中是否出现影响用户参与热情、影响活动效果的环节。在运营中常常需要概括人性中突出的几个特性，包括喜新奇、爱赞美、盲跟风、享专属、好争强、贪便宜等，洞察人性就是要在活动运营中将人性的特点与活动的每一个环节进行巧妙的结合，如春风化雨，润物无声，从而挖掘出每场活动自身的特点，激发其生命力，让结果事半功倍。

1. 活动六个关键法则

徐志斌的《社交红利》这本书提到了一场优秀的活动具备六个关键法则，即免费、简单、有趣、透明、可累积和可兑现。

（1）免费

免费指活动门槛要降低为零，覆盖所有的用户群体，包括不需要用户付费，整个活动不需要其他额外条件或要求，参与门槛越低，覆盖人群越大。免费这种形式在活动运营中较常见，活动运营方既可以提供用户喜欢的免费的信息和服务，如旅游攻略、课程讲稿、实施案例等资料，也可以提供免费试用产品的机会，包括免费试用、赠送、试吃等内容，这样可以有效培养用户关注活动的习惯，是活动积累人气和流量的有效途径之一。在 2013 年春节期间，加多宝在北京西单大悦城放置自动贩卖机，只要往来的购物者大喊"过年来罐加多宝"，声音足够大，贩卖机就会自动掉下来一罐。这个好玩又免费的小活动吸引商场内穿梭往来的用户不断参与。随着活动热度的提升，这个活动又不断被大家发布到微博中，引起了更多的关注。

（2）简单

活动玩法一定要简单易懂，在活动操作上尽量简单便捷，减少用户操作成本。从用户进入活动页面，到活动参与完成，根据漏斗原则，每一步都会产生约 50% 的流失。因此，活动的操作步骤应该尽可能简化，最好不要让用户去选择到哪个页面，而是直接引导用户持续参与。另外，活动整体的流程设计，也要尽可能流畅化，减少用户在每个环节的流失。作为运营人员，始终牢记活动目的是让更多的用户能参加，方案太过于复杂，反而不利于用户参加。活动的参与规则要尽量简单，用户不需要花费太多的时间，就知道去做什么，就能获得什么。把核心信息放在页面最显著的位置，尽量减少用户的思考成本和阅读时间。

（3）有趣

活动一定要有趣，不枯燥，才能吸引更多的用户参与。用户觉得好玩，才会自发地传播，带来更多用户量。活动运营人员依赖媒体的力量和用户的口碑，让产品或服务成为用户谈论的话题，通过鼓励用户提供正面的话题，以达到活动的效果。企业要想做好运营，就必须做好传播，有趣、好玩、有温度的创意和文案能够提高用户关注度，将自身产品和服务信息传播到尽可能远的地方，让更多的人知道。如 YY 七周年活动结合了当时的热点综艺节目《中国好声音》，并以此为灵感做了"谁为我转身"的一个小游戏，采用用户竞猜的形式，猜每一轮哪位导师会转身，猜对的话，用户可以获得金币，输了则失去押注的金币。在竞猜游戏里，活动方充分利用了用户的心理特点，用户在竞猜的过程中享受到了快感。

（4）透明

在活动过程中，一定要注意透明、公正。有可能的情况下，企业在活动的不同阶段可以通过多个渠道公布活动结果和状态，让用户了解活动状态。

（5）可累积

运营人员在活动中设计一些利益累积的方式，可充分调动用户的积极性，但这种累积要有一定的上限，而非无限制。活动运营人员可以通过补贴、奖励等形式让利于用户，降低其获得产品或服务的成本。如江小白开展了"有奖征集表达瓶故事"的活动，鼓励用户讲述由语录而想起的自己或身边人的故事，活动奖品为江小白"重庆味道"套装，这个活动一经推出便引发了人们的参与热情。

（6）可兑现

兑现主要是指运营人员对用户在活动过程中的表现进行激励。在兑现的设计上，我们要注意奖励设计的普适性和差异性，普适性指所有的用户均能获得奖励，差异性指不同用户获得的奖励不同。趣玩网曾分享过一个活动策划案例，趣玩网创办早期，为了获得更多注册用户，策划了用户注册有奖的活动，只要是在网站新注册的用户就可以填入自己的地址、邮编及其他联系方式，获得抽奖的机会。趣玩网本身是做创意家居用品的网站，小礼品准备得非常有创意，许多用户一开始抱着试试看的态度参与，没有想到真能收到小礼品，一下子激发了用户参与的热情。如果用户注册后又再邀请了新的好友进来，还能获得抽奖机会，最多累计三次。前面被激发热情的用户开始充当扩散者，链式反应在不断地进行下去。

2. 活动策划的三场会

活动策划方案需明确活动目的、形式、流程等，是一场活动中最重要的一个阶段。正因如此，团队成员、上级领导也都会各抒己见，活动运营负责人则需要不断修改策划方案。为了确定活动运营方案，运营负责人需组织好三场会，迅速收集意见，使得活动方案尽早确立，避免方案多次修改。

（1）组织团队成员收集创意点

活动方案策划中应进行创意点的收集整理，并挑选出有实用性的观点，一则可以集思广益，二则在此基础上优化的策划方案也利于统一内部意见。建议活动的组织者会前整理好活动目的、活动流程、活动人员等活动方案的几大关键项，会议中引导大家进行关键项的轮流讨论，同时做好每一项的引导、总结和记录，提高会议效率和质量。

（2）组织团队成员测试完善方案

收集了第一场活动的关键点之后，需要对团队成员提出的思维点进行进一步的思考斟酌，在此基础上完成详细的活动方案。在评判创意点是否合理的时候，可站在用户的角度用"情景代入法"进行活动场景模拟和测试，以此判断创意点的合理性。详细版的方案完成后，可以邀请上级领导、团队成员参与方案测试与完善会议，优化补充活动的方案点，确定方案活动流程和主题基调。

（3）组织团队成员落实执行方案

在第二场会议的基础上，整理出和团队成员擅长点一致的人员分工细分表，并邀请上级领导、团队成员进行第三次会议，为保证人员分工的权威性、后期团队成员执行的时效性，最好让上级领导直接进行具体任务的划分，即使不能做到这一点，也需上级领导赋权并进行任务细分，会议的时候上级领导在场。活动运营人员在分工清晰明确的基础上，一定要做到各司其职，专注做好每个人专属的工作，项目到点，责任到人，切不可相互混淆岗位职责，这样操作使活动现场井然有序，按部就班，权责分明，责任明确，出了问题也便于及时解决。

3. 制定活动策划方案的步骤

在做活动方案的时候，一定要有做加法的思维，力求把能想到的全部都考虑进去，如活动背景、活动目的、活动地点、活动时间、活动环节、人员组成、活动经费等几大要素是必不可少的，同时需要考虑方案细节的可执行性。在制订活动策划方案的过程中，应该具备项目管理的思维，采用思维导图、甘特图和 Excel 等多种项目管理工具辅助设计，制订人员分工安排、任务分解、进度控制、资源配置等方面的实施细节，为后续活动执行提供行动方向和依据。

在移动互联网时代，用户作为企业的私域流量资源，越来越受企业的重视，精准的用户数是很多互联网企业重要的业绩指标，企业通过老用户邀请新用户的活动运营案例非常普遍，如朋友圈常见的邀请三个用户获得电商培训资料活动。企业在进行活动策划时，需要考虑用户群体特征、分享激励、分享工具、包装传播和渠道研究。

（1）用户群体特征

发动用户来实现数据增长，优先需要去思考这些用户是谁、他们在哪、有哪些特征、目前有哪些方式能够和他们链接，通过消费者画像了解用户的主要特点。对于以老带新的活动运营，特别要找准老用户这一种子用户，界定什么样的用户是老用户，如至少重复购买过两次的用户、在 App 的社区中较活跃的用户或经常分享平台相关内容到社交 App 的用户等。不管是运营还是产品，最终目的都是为用户服务，而为用户服务其实是指为核心用户服务。运营人员的工作就是找到这批用户，并且通过一些运营的方法，将他们留在这里，以促进用户增长。

（2）分享激励

洞察用户为何要帮运营人员达成运营目的，分析其人性心理，活动满足他们的分享需求、好奇心，还是满足他们的逐利心理。有了老用户目标人群，我们需要创造传播诱饵，拿什么驱使老用户为我们带来新用户，利益奖励是最万能的方法，而奖励的核心就是让推荐人和被推荐人（老用户和新用户）获得收益，如新老用户同等奖励等。

（3）分享工具

运营人员要选择进度可视化和个性化的分享工具，如任务宝、活动盒子等。活动运营工具的最大价值在于降低用户参与成本，帮助他们更好地邀请好友加入活动。作为运营人员，需要能够很直观地监控活动的整个流程和数据，及时调整活动策略，并给用户提供便捷化的参与环境。

（4）包装传播

对用户来说，将活动链接分享到社交媒体，其实是消耗他们个人品牌的，为了减少用户的抵触心理，需要把整个活动进行包装，如公益、情怀等。以老带新是连接老用户与其好友之间的熟人社交传播，所以传播的内容越有话题性，越容易得到用户的自发传播。

（5）渠道研究

大部分用户邀请用户的活动流量来源于社交媒体，运营人员需要去分析不同社交媒体渠道的特性，如朋友圈跟 QQ 空间的用户区别，决定了分享文案的差异化。针对朋友圈来说，让用户分享到朋友圈的信息，采用图片形式的转化率应该会比图文形式高。

3.2.3 用户心理分析

在活动 1.0 时代，普遍认为用户是唯利是图的，在活动 2.0 时代，转变成用户并非唯利是图，他们想要的不是便宜，而是占到便宜的感觉。在做活动运营或者做营销活动的时候，吸引新用户、提升老用户的活跃度及提高品牌的曝光度是较普遍的目的，大家关心的问题是"怎么做才能让更多的人参与活动"。我们都知道用户参与活动的流程主要包括：第一眼看到你的活动，看到周围的人都在参与，自己也想参与和参与后愿意分享传播，如图 3-5 所示。在做活动时，如果希望尽可能地了解用户的心理，可以通过分解活动的 4 个心路历程，然后去思考用户在做每一个选择时的心理。

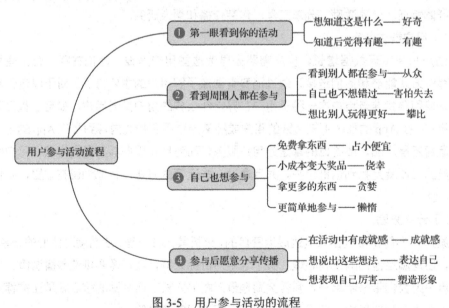

图 3-5　用户参与活动的流程

1. 第一眼看到你的活动

一般来说，无论是线上的活动还是线下的活动，只有你的活动能在第一时间吸引住用户，用户才会产生接下去的行为，从而参与到你的活动中来。

（1）好奇心理

在第一眼看到你的活动后，很多用户被你的活动吸引，就是因为他们想知道你要做什么。而你要做的就是在文案中或者活动现场制造一定的神秘感，让用户有一种很想知道的冲动。活动运营人员主要可以通过文案、图片、具体的物体来引起用户的好奇。很多时候人们刷知乎并不是为了找答案，而是想看看这个问题背后到底有哪些回答，想知道问题答案的心理实质上就是一种好奇心理。

（2）有趣好玩

如果是用户知道的一些东西，已经无法引起用户好奇的情况下，直接让用户产生觉得活动很有趣的心理，也能在短时间内吸引大量用户。如 Faceu 激萌通过调动用户使用产品后觉得有趣的心理来提高用户分享及使用的频率，从而带来巨大的用户量和较高的用户黏性。

2. 看到周围的人都在参与

当用户已经在第一眼被你的活动吸引了之后，用户就会有一种想参与进来的冲动，但是人们总是害怕风险，大部分人会选择观望，先看看别人怎么玩的，然后再决定要不要自己也参与进来。

（1）从众心理

从众心理是应用得比较广泛的用户心理，如果你让用户觉得有很多人都参与到了这个活动中来，那么用户就更容易参与到活动中来，因为用户希望自己和大家是一样的。"明星偶像""自己想成为的人""自己周围的朋友"都可能成为从众对象。当你周围的很多朋友都在说海底捞的服务多么好的时候，如果你连一次都没有去过，你就有可能产生一种从众心理，希望自己和朋友一样，都是追赶上了火锅潮流的人，而不希望自己和大家不一样。

（2）害怕失去

想让用户尽快参与到活动中来，就要让用户感受到这种机会的难得。一方面，通过设置一定的准入门槛来提高用户参与的难度，从而让能够参与到这个活动中的用户珍惜这次机会。另一方面，让用户感受到如果不赶紧参与就会错过机会，从而让用户产生害怕失去的心理。小米手机当初这么火爆是因为它利用了饥饿营销，让用户感觉小米手机的数量是很有限的，让用户产生不希望错过机会的心理，这种心理本质上就是一种害怕失去的心理，所以用户才会积极参与。

（3）攀比心理

由于有很多用户同时参与到活动中来，所以用户会希望看看其他参与者是什么情况，从而就会引起攀比心理，攀比的对象主要是和你一起参与到活动中的人。如支付宝账单、微信红包账单每到过年的时候都会在朋友圈刷屏。

3. 自己也想参与

（1）占小便宜

当用户观察完别人参与的情况，知道活动具体细节后，就会有一种自己也想参与的冲动。企业的一项活动很普通，但是有免费的东西送，很多人总想过去看看，因为人们总是希望天上能够掉馅饼的，对于免费的东西，人们总是难以克制自己占小便宜的心理，需要注意的是，所送的奖品要与产品本身相关。如果一家做互联网金融的企业，送理财红包就比送电影票更能促进用户的转化，如采用直接免费送、买了就送和买后加钱送等策略。

（2）侥幸心理

人性中存在着一种侥幸的心理，很多抽奖活动就是利用了这种侥幸心理，设置一个大奖，只需参与者付出几乎为零的投入，就有机会获得奖品。

（3）贪婪心理

当用户比较轻易地获得了某种物质奖励或某种地位象征标志的时候，会想获得更多。在营销和运营中，通过阶段性地满足用户，给用户奖励，能够提高用户的黏性。对于用户的持续满足主要包括物质上的满足和心理上的满足。

（4）懒惰心理

当用户已经有意愿参与你的活动后，运营人员要做的就是让用户最简单地参与，最简单地实现期望。所以在设计活动规则的时候，要满足人性中的懒惰心理，活动规则要尽可能简单以及利于理解。

4．参与后愿意分享传播

很多人喜欢把一些自己参与的活动分享到朋友圈，除了记录自己的日常生活之外，很重要的原因就是用户在表达自己是一个什么样的人，并且希望在朋友心中营造某些形象。用户在参与活动之后，之所以会进行分享，达到以老带新及品牌传播的效果，运营人员需要给用户一个愿意分享的理由。

（1）成就感

当用户在活动中获得了比较好的结果，用户就会获得一种成就感，因为这可以证明他比同时参与这个活动的其他人都要优秀，这时用户就有可能将结果分享给朋友。

（2）表达自己

人们总是希望能够表达自己，让别人看到自己，如正面的感恩、同情和正义等，负面的愤怒、吐槽等。如果你的活动能够让用户主动去表达情绪，并且给用户适当的反馈，那么就更容易让用户参与进来，同时将好的内容传播出去。

（3）塑造形象

用户表达自己的原因，是希望证明自己是一个具备怎样形象的人，当你的活动能够赋予用户这种个人形象和地位的时候，用户的分享就无疑是在帮你做免费的传播。

▶▶▶ 3.2.4　活动运营定位

1．活动基调定位

活动基调主要是指你想用什么基调的内容去吸引用户，是打情感牌、打有趣牌、打亲情牌、打利益牌，还是采取别的方式，这和产品本身的属性及定位的用户属性都有关系。

2．活动内容定位

你想通过你的内容传达一个什么样的信息给用户是很重要的，因为形式和基调是辅助的，最核心的还是内容本身，一个直击用户内心需求的内容才是最容易被用户记住的。

3. 活动形式定位

你是要做一场线下的促销活动，还是通过线上的形式与用户产生一次互动来让用户生产内容，又或者是通过视频来吸引用户的注意，形式的选择最核心的要点就是第一眼就吸引住用户。超市做促销活动特别受欢迎，因为在超市这种购物场景下，用户有时候并不知道什么产品是自己不需要的，便宜的产品就很容易吸引用户的注意，只要简单的"半价"两个字，就能轻松地吸引到用户，这就是用最有效的形式，把握到了该场景下用户的心理。

▶▶▶ 3.2.5 准备活动资源

在活动运营中通常需要以下三种资源，分别是活动预算、推广资源和人力资源。活动预算的多少决定了活动开展的力度；推广资源指的通常是内部推广资源，如 App 的开机画面、弹窗、Banner、路演 PPT、新媒体平台和各大广告位等；人力资源通常指的是设计师、前后端工程师、测试工程师和运营人员自己。

活动策划完成后，就可以开始制订活动资源计划。活动资源包括多个方面，涉及企业跨部门的合作与资源整合，活动运营前期准备主要包括洞察用户需求、确立活动主题、明确活动对象、挖掘活动卖点、设计活动规则、选取活动产品、活动预算及效果预估、筛选宣传渠道等方面。

1. 洞察用户需求

了解用户需求是活动策划的第一步，我们要清楚用户现阶段的需求是什么，为什么会有这些需求，并一一进行罗列分析。活动运营人员要做的工作是分析用什么方式可以满足用户的需求，包括分析用户当前的心理诉求，分析用户当前的物质需求；通过调查竞争对手的情况，了解当前他们的营销策略，来洞察用户需求，让用户觉得满意，从而形成良好的口碑，让用户变成平台的推广者。

2. 确立活动主题

活动主题一般是根据全年度活动计划来定的，如根据全年的传统节假日、行业自创节日等来进行规划，运营人员可以借助新媒体管家的营销日历工具来完成营销策划，如图 3-6 所示。活动主题一般不宜过长，要言简意赅、突出关联性、具备一定的独特性。活动主题还要配副标题或核心卖点，以衬托主题的鲜明性，让参与活动的用户在很短的时间里清楚活动的核心卖点。

3. 明确活动对象

活动对象指的是这次活动是针对新用户还是老用户进行的，一般来说，针对新用户的活动要大一些，成本相对也会高；针对老用户，活动目的主要是维持老用户的活跃性，以及促进二次购买和转化，成本会适当控制。如针对新用户，可以策划注册即送新手礼包、抵扣券、打折券、现金红包等活动；针对老用户，可以策划购物送积分、包邮卡、优惠券、抽奖名额等活动。

图 3-6　新媒体管家的营销日历

4. 挖掘活动卖点

卖点是活动的核心，也是决定活动宣传力度和效果的重要因素，因此运营人员要加强对活动易传播卖点的构思。折扣免费等促销是较简单，也较吸引用户的一种活动形式，吸引用户购买更多的产品，甚至购买原本不在购物清单内的产品，将大大提高活动的收益，但这必须建立在合适的成本范围内，切记做任何活动不以高补贴为目的，要做到活动分享者和被分享者都能获得利益，这样才能形成传播效应，参与的人才会越来越多，同时将分享者和被分享者间接转化成自己的会员。如京东推出的"瓜分京东豆，抵现金"活动，拼多多推出的"免费拼单"活动等，在做活动分享的同时，间接获取了大量的用户，从而实现了用户分享裂变。

活动卖点的吸引力是活动转化的催化剂，一般的表现形式为买即送、全场几折起、买多少送多少、限额免单、限额抽大奖、秒杀等，不论哪种形式，最终离不开可控的成本原则，将成本的性价比最大化，但又不失去吸引力。如果所有商家都在"双 11"做促销活动，那么这个时候的活动也不过就是打价格战而已。所有人都在说要占领用户心智，占据用户时间，如果想要策划差异化的"双 11"活动，就要避开大众争夺的价格区域，突出自身优势。

5. 设计活动规则

活动规则主要是针对活动的一些细节加以说明和约束，让用户提前知晓活动的玩法，明确哪些产品是活动范围内的、是否设置消费额度门槛、是否对奖励名额有限制、是否要对参与活动的用户设置参与门槛、用户的中奖概率设置等问题。事先的用户活动规则告知能提升活动的透明性和用户的期望值，以免活动结束后产生不必要的误会。

6. 选取活动产品

活动运营中本着受众广、接受度强、易传播的选取标准，既可以选取 1 ~ 2 款低成本、0 营利的爆款产品，又可以以引导二次转化、保持少量利润空间、成本高低搭配组合的选取标准，选取次爆款的产品。

7. 活动预算和效果预估

活动预算主要包括活动产品成本、活动奖励成本、活动分享和宣传成本、活动策划和前期准备成本等方面，活动前应该大致估算活动运营的主要费用。但有些活动可以通过与商家合作，由商家提供奖品，也可以通过别出心裁的创意吸引用户，如引爆朋友圈的"1元购画"的公益活动。此外，需要付出成本的活动要跟活动目标相结合，如果目标不涉及利润，则需要了解企业要求的人均成本的范围；如果活动目标是拉新，则预算＝人均成本×目标拉新数；如果目标涉及利润，则需要考量的因素更多，还需了解产品的成本和企业规定的毛利率。

8. 筛选宣传渠道

是否采用宣传渠道，取决于活动的规模大小，同时也要考虑活动发起企业的预算情况。当然免费渠道推广是首选，自媒体平台、微信公众号、微信群、短信、行业论坛等推广方式是当前性价比较高的选择。预算不足的情况下，可以尝试通过搜索关键词、信息流、"大V"等付费渠道做品牌广告。除了产品本身承载的平台外，目前比较常见的非付费渠道推广的方式就是资源互推。如果是通过微信公众号互推，则需要筛选跟活动相关性较强的公众号，再与对方负责人洽谈互推资源的相关工作，约定好上线时间、互换的用户流量以及不够量时如何补足等相关事项。需要注意的是，要能够有效地监控每个互推渠道的数据，这样才能在后期核算流量时做到有理有据。

线上活动的爆发时间很短，大概一两天，但为了这短暂的爆发，要有活动前期的预热和后期的收尾。活动预热非常重要，这关系到活动能否迎来爆发点，以及爆发点维持时间的长短。较简单的预热方式就是告知，如哪天上线什么活动；更复杂的方式不只是告知，而是通过创意、噱头等元素，吸引用户感兴趣并关注，有时还投入推广资源，扩大受众范围。

9. 上线物料准备

上线物料准备包括以内容传播为主的活动海报、路演PPT、短视频和新媒体文案，还包括为了配合活动运营设计制作的活动页面。为了有效提升活动效果，活动运营方应在活动上线前组织技术和策划等相关人员，准备活动传播的广告、文案、图片、海报、活动H5，添加着陆页UI图、Banner、着陆页链接、活动页面和数据监测代码，策划编辑好正式短信、自媒体推文、论坛推文、微信朋友圈转发图文和正式官方微信群宣传图文，为活动的预热提供传播素材和活动载体，并安排策划和技术人员对活动的页面设计、活动流程不断进行测试，保证活动的正常进行。下面简要介绍活动海报、短视频和活动页面的准备。

（1）活动海报

活动海报是生活中常见的载体，电影首映、新产品宣传海报、店铺促销等各式各样的海报活跃在线上线下，独特的富有创意的海报在第一时间俘获用户眼球，引起强大的视觉冲击和围观效应，能够带动相关产品和服务的销售。因此，为了提高活动海报的传播效果，准备活动海报时应充分考虑突出宣传主题，如在2016年天猫"双11"期间，每个商家海报的核心主题都是"猫＋品牌"；此外，为了在众多的海报中脱颖而出，活动海报设计应该抓住用户眼球，加大活动的卖点宣传，并在视觉上做足文章，让用户很快被吸引并产生传播的行为。

（2）短视频

相比海报图片，短视频是更生动、更能吸引用户关注、更受用户喜爱的活动宣传载体，能够让用户直观了解企业品牌价值，诱导用户转发。有些企业为了提升用户参与度，通过讲故事的短视频影响用户，引发用户产生共鸣，最终提升活动在用户群体中的人气。

（3）活动页面

活动一般都有一连串的操作行为，每一个操作之后应该给用户一个反馈，如数字"+1"或进度条走了一步等可视化标识，以告知用户操作成功且已被记录，这是一种精神激励。活动页面需要打造出人气爆棚的氛围，符合人的喜欢热闹的心理，所以很多活动页面会在头部展现已有多少人参与的数字，并且数字会不断刷新，吸引更多人来围观活动。

10. 礼品准备

"我想要的不是便宜，而是占到便宜的感觉"，这是很多参与企业活动的用户的心理。活动运营还需要准备礼品，礼品作为提升用户活动参与动力的主要原因，主要包括实物类、虚拟类和有趣类三种形式，如图3-7所示。不管是线上还是线下，优惠券、兑换码都是天然提升转化率和引流的好工具，如果活动预算不足，或者是第一次做活动，想测试粉丝参与度，虚拟礼品是较适合的类型。在活动页面要把用户的收益放在明显的位置，优先级最高，因为页面的受众是用户，这样做符合用户利己的心理。

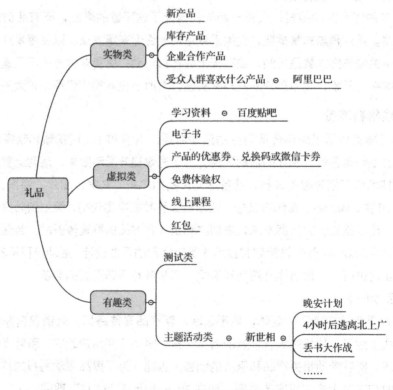

图3-7　三种礼品形式

（1）实物类礼品

实物类礼品主要包括企业新产品、库存产品、合作产品等。企业选用企业新产品作为礼品，通过活动设计提升企业粉丝运营的成效，还可以提升企业产品的知名度，让更多的用户了解到新产品的上市情况，对于新产品的市场预热和宣传提供有力保障。此外，企业还可以根据产品库存情况，消化库存产品。有些企业还考虑到粉丝的现实需求，通过阿里巴巴采购批发平台定制个性化的礼品，价格实惠，性价比高。

（2）虚拟类产品

虚拟类产品包括的范围更广泛，如干货类的电子书、线上课程、产品的优惠券等，这类礼品最大特点是不需要借助物流，自动完成虚拟礼品的发放。

干货类的电子书或线上课程。根据企业行业定位，可以汇总整理一些干货类电子书、线上课程等作为礼品，用户完成邀请好友等任务即可得到，系统自动发放奖品。一些培训机构常采用此方法快速提升粉丝关注度。此类活动不仅可以降低门槛，提升粉丝参与的积极性，而且流程自动化，成本较低。

产品的优惠券、兑换码或微信卡券。根据产品成本进行核算，并发放有吸引力的优惠券，毕竟用户会有"手头有优惠券，花掉才不吃亏"的心态，即使产品不是迫切需要的，用户也有可能冲动消费。

免费体验权。免费体验权对于服务类的商家或新店开业类的商家来说，是非常好用的。如某儿童游乐园新店开业，在活动预热中，把免费体验权作为礼品来吸引"宝妈"们的参与，到店之后进行二次转化，引导充值或购买其他项目。免费类的东西传播速度很快，在活动预热中，不仅可以快速进行品牌传播，而且可以很方便地进行二次转化。

红包。活动想要快速涨粉，红包毫无疑问是非常有效的一种方式。不过红包礼品使用的时候要慎重，它吸引来的用户可能不太精准，成本也比较高。用少量且金额比较小的红包作为引子，搭配一些跟品牌相关的其他礼品，这样可以毫不费力地把活动传播出去。除了虚拟礼品外，商家可以挑选成本与售价相差悬殊的产品、库存尾货和企业新品等实物礼品，通过线上活动页面和线下门店等载体，分发实物礼品，提升品牌形象，唤醒用户关注，促进产品转化。

（3）有趣类礼品

有趣类礼品在朋友圈较为多见，如广泛流传在朋友圈的测试类、主题活动类礼品，有趣类礼品主要利用用户的心理，通过提升用户的参与感，发动更多人参与，提升活动的流行度。

⟫⟫⟫ 3.2.6 控制活动风险

活动运营过程中应关注活动的有关数据，通过线上活动页面的数据监测，及时了解活动运营的质量。当活动效果不明显时，运营人员应提取活动每个环节的数据，确定是哪个活动环节出现问题，快速优化这一环节。如果是活动导流过少，那就需要争取更多的推广资源，优化活动运营的内容文案，并延长活动在线时间；如果导流足够，但是进入活动页面的用户过少，则需要区分到底是导流质量不佳还是导流的相关性不强；如果进入活动页面的用户不少，但是参与活动的人数过少，则需要考虑活动门槛是否过高，活动流程是否过于复杂，活动参与规则是否不清晰等；如果活动涉及流水，还需要考虑用户下单情况；如果订购转化率过低，有可能是因为活动虽然能够吸引用户参与，却无法促动用户付费等。

总之，活动上线后，运营人员应对各种活动效果进行数据化分析，考虑整个活动流程中的活动流量、活动参与、活动订单等数据，诊断活动的问题，优化活动在内容传播、用户参与过程等方面的细节，不断提升活动效果。此外，在活动运营过程中运营人员需要结合产品本身，以技术手段进行相关的风险监控，避免造成不必要的损失。此外，作为活动运营人员，应该按实时的和单位时间的（一般按天）两种情况进行数据监测，要对数据波动情况有心理预期，紧密关注会出现用户反馈的所有平台，如用户群、贴吧、微博、朋友圈等，及时发现问题并进行纠正。

▶▶▶ 3.2.7 公布活动结果

1. 告知全部活动受众用户

如果活动上线是面向全体用户的，那么公布结果时也要展现给全体用户；如果当初只展现给部分用户，那公布结果也同样只面向这批人，公布活动结果的受众用户要和活动上线时的受众用户一致。

2. 给用户反馈的渠道

在活动结果页面，给用户提供一个申诉和询问的渠道，以开放的态度面对后续可能出现的问题。这就像电商的售后人员一样，即使出现较难处理的情况，运营人员也不能回避，因为这本身就是运营人员的职责之一。

3. 尽量做到完全透明和公正公布结果

严格按照活动规则去执行和公布，不要有任何歧义和隐瞒，这关系着企业和产品在用户心中的信用。有可能的话，活动结束应列出每一位获奖用户的 ID、成绩和奖项，甚至可以列出所有参与用户的成绩。

▶▶▶ 3.2.8 活动运营复盘

复盘这个概念最早来源于棋界，是围棋中的一种学习方法，指的是在下完一盘棋之后，要重新摆一遍，进行过程的分析和推演。活动效果如何、遇到什么问题、要注意什么，都要通过复盘来解决，如果不复盘，有可能重复之前的错误，也不能很好借鉴和积累经验。每一次运营实践都是非常全面的尝试，会有系统数据和交易结果，也有用户反馈、市场竞争情况，这些都是非常值得挖掘的材料，运营人员通过活动运营复盘能够看到自身的不足、用户的喜好、对手的情况等非常有价值的材料。

一般活动运营复盘包括五个步骤，即背景再现、目标回顾、效果评估、原因分析及经验总结。在活动结束后的最短时间内开复盘会议，这样很多活动执行细节和用户反馈都历历在目，复盘结果的可靠性比较高。

1. 背景再现

活动背景是活动运营的出发点，也是企业开展活动运营的总体目标，是企业在现实经营过程中的现实状况，活动运营在很多时候都是基于这一背景提出的。如作业帮是一款学习软件，提供拍照搜题等功能，但由于回答成本高，所以高中数学类的问题解决率相对较低，希望通过活动提高这类问题的解决率，这种就是开展活动运营的现实背景。

2. 目标回顾

目标回顾，顾名思义就是看预先定义的目标是否实现。例如，在电商类活动中，就需要重点回顾活动的整体情况，如 KPI 绩效完成情况、访客数、客单价和毛利等。活动情况包括新用户来源、老用户复购、预热收藏、购物车、优惠券使用情况等；类目情况包括各类目完成度、流量、客单价以及转化情况。运营人员还需回顾活动的参与人数，分析用户已完成的指定行为与页面交互情况，如报名、问卷调研、投票、分享、下单和预约等，通过活动用户参与情况回顾活动对用户的吸引程度。

3. 效果评估

把与活动目标相关的数据结果呈现在复盘会议中，对获取的数据结果进行简单处理，如通过活动，用户增长了 5000 人，那么用户增长的时间段分布是怎样的，用户增长最多的时间点有哪些事件发生；同时也可以把宣传资源投放的时刻对应的增长变化呈现出来，看是否有哪些部分没有执行到位。在复盘时把与活动目标相关的数据结果呈现出来，通过数据来分析活动是否成功，如你的目标是为公众号引流，活动投入多少经费，最终成功引流人数是多少等。

4. 原因分析

活动运营后目标与结果存在较大的差异，分析产生差异的主要原因，不管是活动结果超过活动目标还是没有达到目标，都要进行分析和总结，并需要分析活动形式是否吸引用户，活动内容文案是否能吸引用户的关注和转发，活动前期的预热宣传渠道是否足够精准。活动参与者彼此坦诚剖析，既不推卸责任，也不妄自菲薄，而是尽可能公正地分析活动运营过程中的问题。

5. 经验总结

复盘的核心目的在于从行动中学到经验教训，并将其付诸后续的改进过程中。因此，确定导致行动成败的关键原因，找出解决方案是整个复盘过程中最重要的步骤，除了解决当下已找出的问题，还需要防患于未然。

作业帮软件为了提高高中数学一小时答题率，通过活动激励答题教师参与答题活动，其活动复盘纲要如表 3-1 所示。

表 3-1　高中数学一小时答题率提升活动复盘纲要

序号	复盘节点	描述与分析
1	背景再现	作业帮是一款学习软件，可提供拍照搜题等功能，由于回答成本高，所以高中数学类的问题解决率相对较低，希望通过活动提高这类问题的解决率

序号	复盘节点	描述与分析
2	目标回顾	高中数学问题的 1 小时解决率是 90%，初中数学是 98%。期望通过活动将高中数学问题的 1 小时解决率提升至 95%，与初中数学相近
3	效果评估	活动结束后，高中数学问题的 1 小时解决率提升至 95%，达到活动预期
4	原因分析	为了提升高中数学问题的 1 小时解决率，策略是引入答题老师，以及将已有激励杠杆向高中数学倾斜
5	经验总结	总结活动策划与执行方面的优缺点，并将其分别列出

3.3　活动运营——微信用户三位一体策略

微信主要包括个人号、微信群、微信公众号、微信小程序和微信企业号五种产品形式。在庞大的微信流量中，商家运营人员将微信这庞大的用户流量引入到自己的用户流量池里进行转化，结合微信营销工具和技巧，灵活地进行微信营销，挖掘微信精准用户流量。私域流量是商家宝贵的财富，商家在运行过程中，为了提高私域流量池的建设质量，一般围绕流量渠道分析、运营转化和私域流量池建立三个主要步骤，在运营人员不断的努力下，实现公域流量向私域流量的不断转化。

3.3.1　流量渠道分析

在移动互联网环境下，流量越来越碎片化，分布也越来越广泛。商家流量来源渠道有很多种类型，主要包括免费型、投放型、电商型和线下来源四种流量矩阵，为了建立多渠道的流量通道，很多商家建立多平台的流量引流机制，不同渠道获取的流量成本和用户质量是不一样的。其一，商家建立具有公域流量特点的头条号、抖音、小红书、知乎等免费型流量矩阵，开通典型自媒体平台账号，根据目标用户特点，通过问答、微头条、论坛等形式吸引精准用户。其二，商家利用付费形式开展百度搜索投放、广点通投放、微信"大 V"投放等形式，建立投放型流量矩阵，获取更大范围用户的关注和曝光。其三，很多商家借助本身的淘宝、天猫和拼多多等电商平台，建立电商型流量矩阵，通过自然搜索和付费营销推广形式聚集潜在用户，这也是传统电商常见的一种吸引流量的方式。其四，很多商家通过线下门店和社区的地推、会议宣传等形式，建立线下来源流量矩阵，加大消费场景、使用场景的引流工作。流量来源渠道分析如图 3-8 所示。

3.3.2　运营转化

商家通过不同渠道的流量获取，抓取了大批的用户群体，这只是获得流量的基础条件，后期还需要通过运营，提升用户的活跃度和转化率等质量指标，从而进一步精准化细分用户。商家运营人员主要通过平台矩阵、内容矩阵和会员体系开展运营转化工作，不断培育用户的品牌忠诚度、产品认可度，促进更多用户进入商家的微信号和社群等私域用户空间，加大商家与用户的紧密互动。用户的运营转化如图3-9所示。

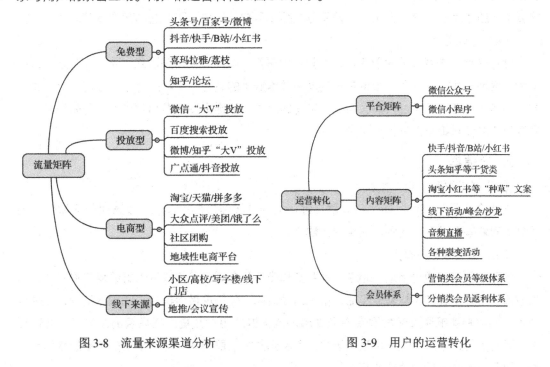

图 3-8　流量来源渠道分析　　　　图 3-9　用户的运营转化

>>> 3.3.3　私域流量池建立

商家通过前期公域流量获取和精细化用户运营，筛选了一批精准化的用户群体。商家可以通过以下几种活动形式将用户留存到微信私域流量池。

1. 微信个人号

（1）形象包装

微信个人号作为微信营销最直接的用户流量储备渠道，借助朋友圈、微信群等渠道推广产品、维护用户，做好流量转化的前期准备。微信个人号推广主要依赖于朋友圈，如果朋友圈动态设限，触达用户少，很难做到高效流量转化。因此，微信个人号的运营人员应该做好微信个人号的系列包装工作，如头像、昵称、签名、朋友圈封面等细节。

（2）聚集用户

运营人员可通过手机通讯录添加功能主动添加熟悉用户；还可通过微信群的裂变流量引导方式，快速加微信个人号好友；还可通过用户资料库，利用手机号码导入真实用户微信号，聚集微信个人号的初始种子用户；同时，为了方便管理用户，运营人员还需要通过用户分类管理和备注，把微信个人号用户进行细化分类，主要包括意向用户、成交用户、复购用户和无意向用户等，通过标签管理细分用户资料。

（3）朋友圈运营

运营人员在后期的微信个人号运营过程中，还要加强朋友圈的营销工作，需要注意的是，朋友圈除了工作、产品、活动等内容外，还需要发布一些个人生活方面的内容，让微信用户切实感受到运营人员的真实存在。为了提升微信个人号在朋友圈的辨识度，在微信朋友圈还需要不断通过发布信息、评论、点赞等形式强化用户的印象，不断塑造用户便签。

（4）活动营销

活动是朋友圈营销的主要手段，如常见的集赞、转发、扫码等形式。通过朋友圈海报、文章转发等形式，提升朋友圈用户对活动和微信账号的关注，不断强化账号在用户心中的印象。很多活动营销是通过扫码、回复关键词的形式，筛选更多精准用户进入不同微信群，为后续用户的精耕细作提供基础用户。

2. 微信群

（1）微信群种子用户拉新

微信个人号用户可以通过带有群二维码的朋友圈海报形式，也可以通过个人微信号的关键词回复等形式吸纳更多新的用户进群。

（2）微信群用户裂变

运营人员可以通过借助八爪鱼、进群宝和爆汁裂变等工具完成微信群的用户裂变功能，如邀请3个好友进群参与领取奖品，依托活动载体不断拓展微信群用户的触达范围，让微信个人号的用户能够通过转发裂变等形式增加微信群的用户数量。在后续的微信群运营过程中，运营人员还可以通过各种活动形式，不断细分微信群用户，分化出更多精准的微信用户群，便于商家开展更加精准的营销。

（3）微信群维护

通过前期的用户拉新、用户裂变等环节，微信群的用户池已经初步建立起来，运营人员后续应该在提升用户活跃度、响应用户价值诉求等方面做好用户服务工作，不断提升用户的活跃度和参与度。如新媒体学习交流群和商家产品群，可以采取图3-10所示的微信群用户维护方法，通过有计划、规律性的活动形式，如每天发红包、定期天气预报、早晚资讯、成员轮流分享等形式的活动，提升微信群用户的留存率。

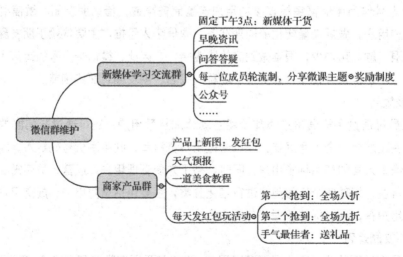

图3-10 微信群用户维护方法

3. 微信公众号

微信公众号主要有订阅号和服务号两种形式，影响微信公众号引流的关键因素主要有内容营销、裂变规则及推广渠道。其中，内容营销是微信公众号引流的核心，不管是产品硬广宣传信息，还是活动优惠广告，以内容形式承载推广信息，能有效触达微信用户，并吸引其关注。

微信公众号可以定期举办引流活动，通过选取合适的活动奖励，如可以在关注回复中让微信公众号用户添加个人微信号，还可以在关注回复中添加"参与这场活动，领取奖励"的活动说明，微信个人号、微信群和微信公众号的用户三位一体策略如图 3-11 所示。

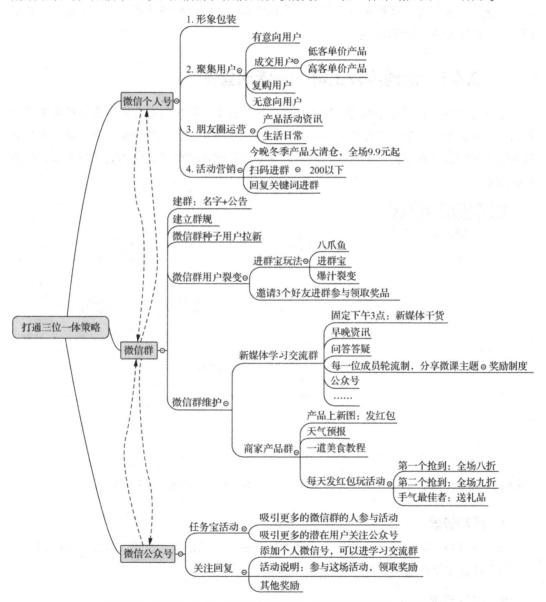

图 3-11　微信个人号、微信群和微信公众号的用户三位一体策略

3.4 活动运营工具与案例分析

活动运营离不开工具的支撑，如常用的活动盒子和媒想到等代表性工具。活动盒子是一款基于用户数据分析的精准、高效、点对点的活动运营工具，主要提供活动创建、奖品创建、用户分析、定向推送、推荐引擎等功能和技术，帮助运营人员全面分析用户行为数据，提高活动营销价值，实现活动运营的数据化、精准化、自动化和服务化。企业能够通过举办一次次的活动，记录用户在每个活动环节中的行为，为用户打上更加个性化的属性标签，如年龄阶段、喜好、性别等。运营人员在创建活动和奖品时，通过标签分析用户，实现用户数据细分，达到精准的点对点营销。

▶▶▶ 3.4.1 活动运营工具——活动盒子

活动盒子主要包括活动管理、奖品管理、用户分析、数据概况和营销工具箱等主要功能板块，活动盒子的功能模块如图 3-12 所示。按照创建奖品、创建活动、发布活动和数据报表等业务操作流程对公众号活动和应用内活动进行创建和管理。活动盒子新手指南如图 3-13 所示。

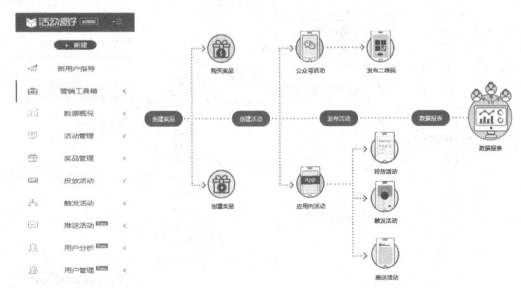

图 3-12 活动盒子的功能模块　　　　　　图 3-13 活动盒子新手指南

1. 活动管理

活动盒子的"活动管理"板块为运营人员提供了一站创建、发布、触发活动的途径，方便商家在活动运营过程中对活动的统一管理。

2. 奖品管理

活动盒子的"奖品管理"板块为运营人员提供了两种新建奖品的途径，一种是创建自己的活动奖品资源，如优惠券、流量包、实物；另一种是购买活动盒子平台方的奖品资源，如优惠券、流量包、实物及微信红包，商家自主管理奖品资源的库存。

3. 用户分析

活动盒子的"用户分析"板块为运营人员提供分析用户数据的途径，让运营人员更懂用户，预测用户的潜在营销价值。

4. 数据概况

活动盒子的"数据概况"板块为运营人员提供完整的数据概况分析。运营人员可通过这个板块了解每个活动的运营状况，如今日新增访问人数、历史累计访问人数、正在创建的活动和历史创建活动等。通过数据概况栏目直接查看活动奖品使用详情，为商家在运营与策划活动时提供数据参考，降低活动潜在风险。

5. 营销工具箱

活动盒子的"营销工具箱"功能提供了简单易用的落地页生成功能和落地页数据统计分析功能。

▶▶▶ 3.4.2　活动盒子的应用

按照活动盒子的业务操作流程，下面以某线下连锁培训机构的一次微信公众号的拉新活动为例，依托活动盒子的线上活动管理工具，简要介绍活动盒子的线上管理和活动运营流程。

1. 活动背景

宁波某少儿英语培训机构为了宣传其培训品牌，在传统宣传效果不够明显、宣传成本居高不下，以及各个培训项目线下招生效果不够理想的背景下，企业计划依托微信公众号，开展一次"抽奖领创意小汽车玩具"的活动，以提升品牌曝光度，并提升微信公众号的粉丝数量。

2. 活动目标

本次活动培训机构计划投入预算 8000 元，开展时间为 7 天，计划选择 100 个价值30 元左右的创意小汽车玩具作为奖品，目标是在一周时间内吸引新的较为精准的粉丝10000 名。

3. 活动策划

通过活动盒子发布"抽奖领创意小汽车玩具"活动；通过微信公众号菜单设置参加活动链接，让微信公众号粉丝转发活动页面到其朋友圈并将朋友圈截图上传到微信后台，即可完成抽奖、晒图等活动任务；并通过老用户带新用户开展拉新活动，要求新老用户中奖后的15 天内到指定门店领取玩具。

4. 活动投放

活动投放和上线设置需要利用活动盒子的智能化管理工具完成。主要包括新建奖品、新建活动、活动发布和数据分析四个步骤。

（1）新建奖品

活动应提前准备好创意小汽车玩具，通过新建奖品完成奖品的上传。活动盒子的奖品包括优惠券、实物和微信红包三种类型，企业可以根据实际需要设置不同的奖品类型，也可以自行在活动盒子平台上购买虚拟礼品。奖品设置如图 3-14 所示。

图 3-14　奖品设置

（2）新建活动

根据活动运营的需要，运营人员可以选择活动盒子提供的不同的营销玩法，如幸运翻牌、答题、大抽奖和大转盘等玩法。培训机构在玩法选择时尽量选择有趣好玩、易分享传播的玩法，并尽量在活动选择过程中能够体现培训机构的业务主题。营销玩法如图 3-15 所示。

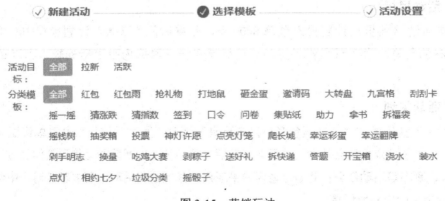

图 3-15　营销玩法

运营人员根据活动效果的需要，对活动的内容、奖品、拉新进行设置，并备注相应信息。内容设置页面如图 3-16 所示，拉新设置页面如图 3-17 所示。

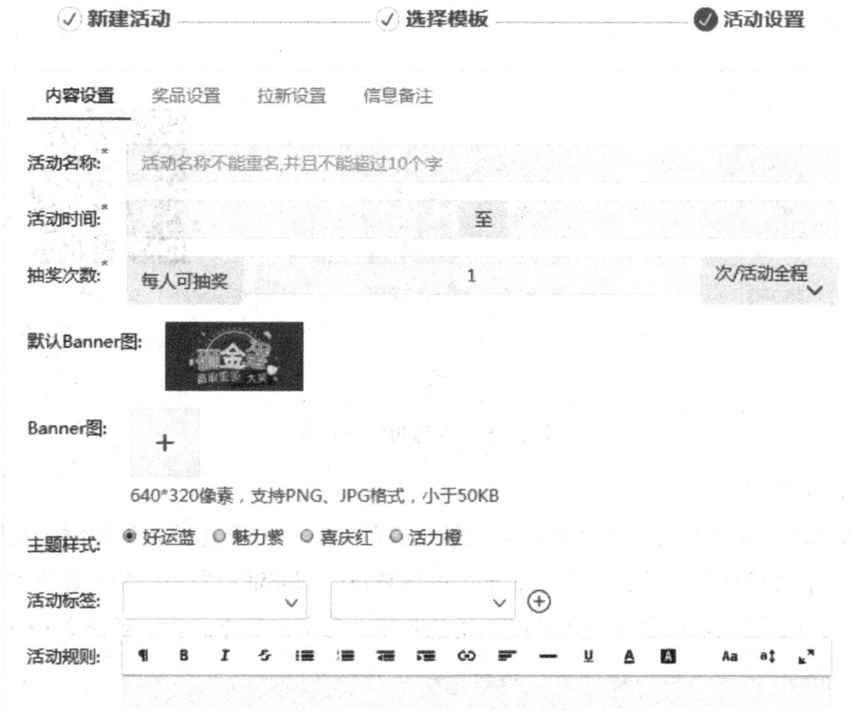

图 3-16 内容设置页面

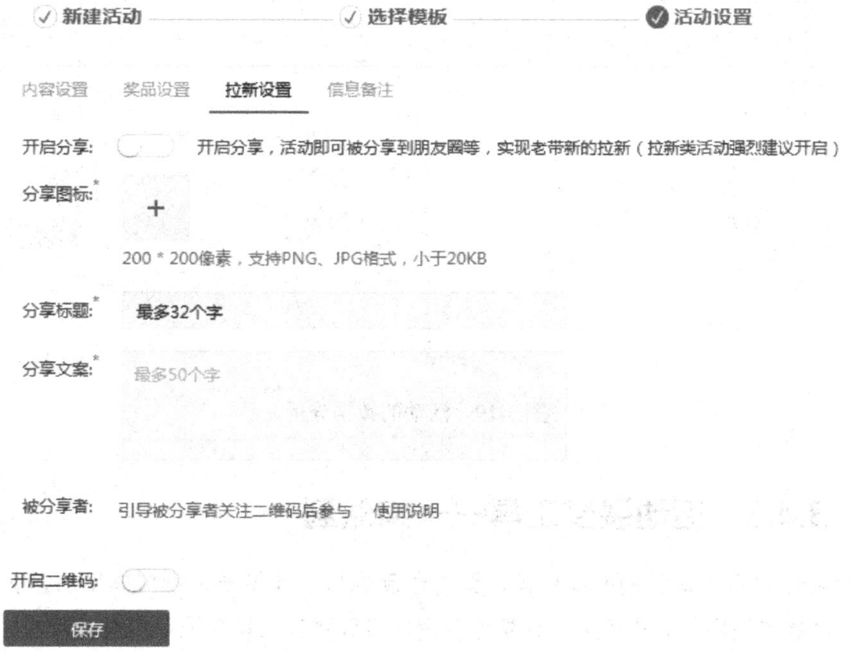

图 3-17 拉新设置页面

（3）活动发布

活动设置完成后，可以根据活动应用场景选择活动发布方式。活动的应用场景，如图3-18所示。

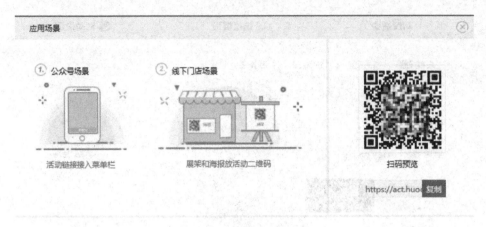

图 3-18　活动的应用场景

（4）数据分析

活动运行一段时间后，活动盒子会记录关键的数据，主要包括活动数据、用户数据、奖品数据等，便于运营人员评估活动效果，进行复盘，调整活动方案。依托提供的数据可视化面板，活动运营人员能很直观地评估活动的效果。活动的数据分析，如图 3-19 所示。

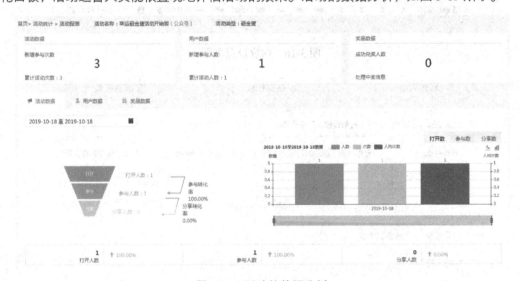

图 3-19　活动的数据分析

▶▶▶ 3.4.3　活动裂变工具——媒想到

媒想到作为新媒体营销增长引擎，致力于新媒体粉丝增长，低成本解决营销难题。运营人员通过媒想到平台的任务宝、分享宝、消息宝等营销工具实现用户有效运营。

任务宝是基于微信朋友圈传播营销，促活老用户、增加新用户的一款工具。它采取的是奖励式任务分享机制，如在公众号上发布活动，用户生成专属海报去完成拉新任务，促成用户自主为公众号进行传播和引流。任务宝支持认证服务号和认证订阅号使用，主要使用场景为公众号裂变涨粉、活动促销发放礼品和获取流量等，管理精准用户。下面以任务宝公众号粉丝裂变活动为例，介绍粉丝裂变过程。

1. 公众号授权

利用媒想到任务宝可以对公众号进行授权。按照操作流程实现账号授权，在移动端登录媒想到平台，选择需要授权的公众号，默认选择所有权限（若不授权所有权限，会影响部分功能的使用，建议全部授权），点击"授权"按钮即可。授权成功后，后台会显示该公众号的信息，如图3-20所示。注意本操作选用"作为电商"公众号作为演示案例。

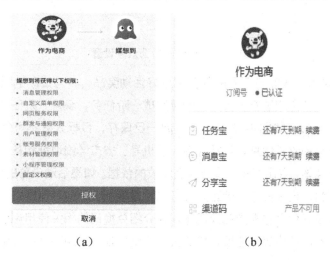

（a）　　　　　　　　　（b）

图3-20　公众号账号授权

2. 新建任务宝活动

按照活动设置、参与公众号设置、奖励设置、海报设置、进度消息设置等流程完成活动的创建过程，如创建"领取新媒营销培训资源"的活动。

① 活动设置需要运营人员确定活动时间等内容，并设置好防刷检测，如图3-21所示。

图3-21　任务宝活动创建流程与设置

② 参与公众号设置包括风控阈值和流量分配的设置。活动创建过程中，设置风控阈值意味着当公众号的新增粉丝超过风控阈值时，该公众号不再参与此活动，即新关注的粉丝不再导流到该公众号；不设置阈值则代表不限制人数。活动的参与粉丝将按照此处设置的比例进行流量分配，流量比例在 1 ~ 100 之间进行分配，如图 3-22 所示。

公众号	类型	风控阈值 ⑦		流量分配 ⑦	占比
作为电商	订阅号	60	新增粉丝	100	100%

图 3-22　活动涨粉公众号设置

③ 奖励设置是为粉丝完成不同的任务配置好活动奖品，参与活动的粉丝将自己的专属海报分享给好友，成功完成拉新任务后，即可完成一阶任务，获得一阶任务完成奖励。活动一阶、二阶任务的设置，如图 3-23 所示。活动一旦保存，目标人数不可修改。若奖品是实物，则需要填写粉丝的收货信息，包括姓名、手机号、省市详细地址和备注等，后期运营人员可查看表单填写详情，导出表单，作为奖品发放的依据。如果活动设置的奖品为虚拟商品，如课程培训电子资料、代金券等，运营人员可以设置电子资源的存储链接位置和提取码，如网盘链接，也可以设置代金券提货兑换码等，并介绍兑换码的相关使用说明。运营人员可以根据任务宝中的"新建兑换码"选项，按照模板设置好唯一兑换码，在奖励设置阶段填好关联表单内容，如图 3-24 所示。

（a）　　　　　　　　　　（b）　　　　　　　　　　（c）

图 3-23　活动一阶、二阶任务的设置

（a）　　　　　　　　　　（b）　　　　　　　　　　（c）

图 3-24　虚拟奖品的表单填写页面

④ 海报设置是指对自动生成的宣传海报的信息进行设置。运营人员可以设计好海报图片（建议尺寸选用1080像素×1920像素），设置好海报中的头像、昵称和邀请方式，设计好宣传海报的外观。可通过公众号的关键词回复的方式自动生成海报；并设置让粉丝回复的关键词，如新媒体；设置好活动规则描述，插入一阶任务和二阶任务奖品的剩余库存，让粉丝了解活动的进展，便于激发粉丝进一步通过海报宣传裂变更多新的粉丝关注公众号，如图3-25所示。

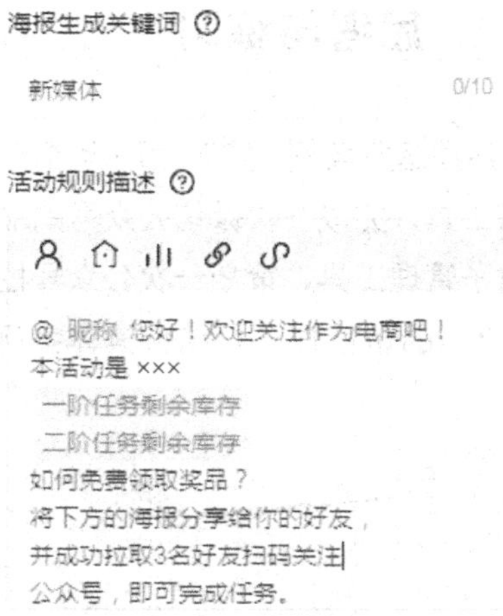

图 3-25　活动海报生成与设置

⑤ 消息设置是用于活动过程中向参与粉丝推送活动进展，包括任务完成进度，如已完成多少任务量，还剩余多少任务量没有完成，如图3-26所示。

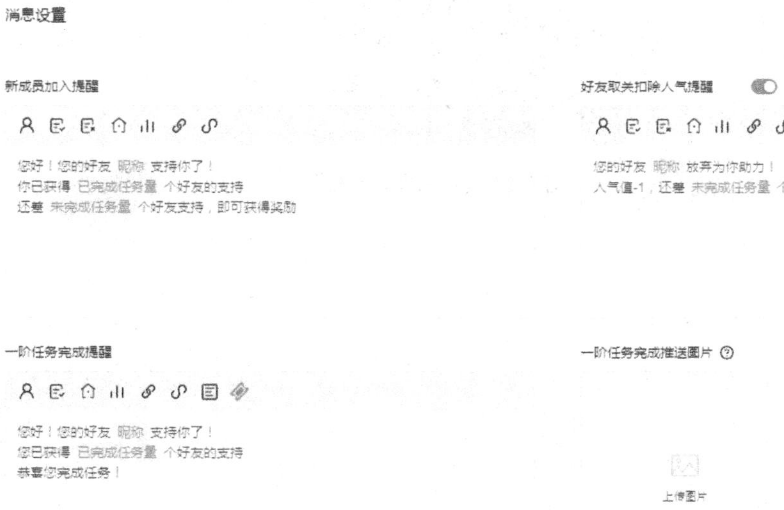

图 3-26　活动消息提醒设置

3. 活动宣传与用户裂变

活动设置和建立后，运营人员可以进入微信公众号，输入关键词生成活动宣传海报，通过推送海报到微信朋友圈、微信群等渠道，吸纳初始的种子用户，让种子用户参与活动，启动用户的裂变过程，让更多的用户通过宣传裂变，吸引更多的用户关注。需要注意的是，活动上传的海报是吸引用户参与活动非常重要的因素，无论用户在哪个渠道宣传，活动海报都应该很清晰地展示用户所能获得的价值、活动参与规则等内容，让用户很清楚地了解活动的参与规则和流程。

思考与练习

1．选取一个你最熟悉的活动运营案例，按照活动运营流程，拆解活动的整个流程。

2．选择媒想到活动运营工具，完成一次微信公众号的涨粉活动。

3．利用媒想到或活动盒子管理工具，策划一次公众号拉新活动。

4．请仔细分析图 3-27 所示的鱼塘理论，结合具体案例阐述其中蕴含的用户运营法则。

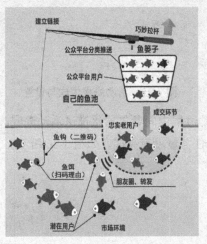

图 3-27　鱼塘理论示意图

第4章

学习目标

◆ 掌握社群的定义、类型和 4C 法则。

◆ 了解社群对企业的主要价值。

◆ 掌握社群的主要构成要素。

◆ 掌握社群裂变管理工具。

4.1 社群运营概述

社群作为流量运营和变现的风口，它的门槛低，接地气，更人性化，是很多个人 IP（一般指个人品牌）及创业者尝试的首选。社群运营人员主要负责管理社群，制定群内规则，维护社群交流环境，组织群员活动，策划活动等。现在社群运营很受关注，如何打造社群运营成为众人比较关心的事情。做好社群，首先需要建立一套有效的群规则，以及高效的群组管理机制，所有的交流、活动都必须在规则内，否则群很容易变质，导致解散；其次要培养一批意见领袖，能够很好地引导其他社群成员交流，活跃社群氛围，以实现社群运营的目的。

▶▶▶ 4.1.1 社群概述

1. 社群定义

蜜蜂有自己的蜂群，蚂蚁有自己的蚁群，这些群体存在的目的是觅食、筑巢、繁衍。人类也有属于自己的群体，这一群人有着相同的兴趣、共同的利益，称之为社群。社群简单来说就是一个群，但是社群需要有自己的表现形式，要有社交关系链，不仅只是拉一个群，而是基于一个点将大家聚合在一起，这样的群就是社群。古玩圈建立起古玩爱好者的圈子，豆瓣建立起电影爱好者的圈子，做电商也应该建立自己的圈子，目的是学知识、共享资源、销售产品。每个人都有自己的社群，除了家人和朋友群以外，还有同事群、行业交流群、营销群和陌生人群等。

社群这个概念早就存在，但是它真正产生商业价值是近几年的事。随着移动互联网的迅速崛起，人们之间相互沟通的成本开始极速下降，这就使得人际关系的范围得到了大幅度的扩展。即使是在没有互联网的时候，社群底层的关系链也是存在的，家庭之间是血缘关系，企业内部是职场合同契约关系，同学之间是校园关系，游泳健身班是基于兴趣的社交关系。罗辑思维定位为读书求知类社群，最开始做一些社群活动，录制一些适合"80后""90后"的节目，二三十岁的年轻人恰好是渴望获取新知识的年纪，凭着这一点吸引了一批年轻的粉丝，就冲着"有种、有料、有趣"的特色内容，粉丝也愿意买单。因为是读书人的圈子，所以罗辑思维开始卖各种书，再后来拓展到礼品、美食等。

2. 社群4C法则

《引爆社群》里，谈到一个4C法则，即在合适的场景（Context）下，针对特定的社群（Community），通过有传播力的内容（Content）或话题，沿着社群网络结构进行人与人的连接，进而快速扩散和传播（Connection），最终获得商业价值。

首先，场景能让营销信息更加有效地深入人心。移动互联网时代场景的意义更为明显，用户在任意的时间、地点都能构成一个特定的场景。如在消费场景中，用户需求更为集中，用户情绪更容易被调动，更容易进行批量营销。

其次，内容是一切营销传播的本质。社群营销从分享、协同、给予用户答案的角度向用户传递信息（传统营销则是通过影响用户思考、视角、听觉来硬性传递信息），把产品和品牌通过不同形式把故事讲出来，呈现方式变为漫画、白皮书、"病毒"视频，内容更能冲击到用户的内心，并影响营销的广度和深度。

再次，营销要精准，就必须深入目标用户的社群，营销进入窄众时代，精准传播，尽量少影响不相关的用户，针对特定社群，需要考虑社群结构、社群特点、节点扩散的动力、个体传播的效果。

最后，社群核心是在"关系"链，而"关系"是一个软性量度，真正问题是如何用社群把"关系"深度往前推进。"关系"并非是针对用户一对一开展营销，社群发起者和管理者通过拿捏社群节点和关系链路、人与人之间的传播效率和信息渗透率，直达核心，减少扰民的无效广播模式。

▶▶▶ 4.1.2 社群价值

互联网的出现改变了人与人的链接方式，互联网时代下的一大商业显著特征已从物以类聚走向人以群分。而随着链接的不断打通，会产生很多无效的链接，这种过渡的链接最后造成信息的负担，而社群的出现就是为了让链接更加高效、有深度。

社群构建了一个能让用户重复购买和裂变的商业模式，企业能够充分发挥社群裂变的功能，强化社群成员转化与重复购买，直接在社交工具端实现引流、转化、复购与口碑传播的自循环的闭环。企业能够通过社群，将企业不同用户群体，如经销商、分销商、零售商和消费群体聚集起来，针对不同社群定位，开展在线培训、经验分享、销售提升、客服服务和品牌宣传等活动，可以通过常见的社交工具，改进传统门店的经营理念和获客方式。企业利用移动互联网，依托社群与用户建立起直接高频的互动，从而促进用户重复购买，最大限度发挥用户价值，为单客经济背景下传统门店新零售提供重要支撑。

1. 建立企业用户池

电商、百度搜索、广告等传统渠道的流量红利已经一去不复返，而社群是企业与用户沟通的直接路径。通过构建社群打造圈层，让用户与用户、用户与企业之间保持着极强的黏性。微信公众号、朋友圈、抖音、微博、会员制等都是常见的企业用户池，用户池是企业竞争力的表现，用户池的建立为企业输送免费流量，并且企业通过社群运营、培育和管理，能够很好地维系与用户的关系，裂变更多用户群体，激发更多用户需求，提升用户信任和满意度，让用户与企业始终保持一种高频互动关系。

2. 实施企业精准营销

企业通过社群的定位，挖掘更多精准用户进入到企业营销的视野，便于企业开展全方位的营销活动。企业在进行传统营销时经常遇到效果难监测、投入成本过大、营销目标群体定位不准的痛点，但通过社群营销能够做到有的放矢，大大提高企业营销的投入产出比，提升企业营销成效。

3. 刺激企业产品销售

企业的社群定位和建立目的都会考虑社群在企业产品销售等变现渠道方面的规划，无论是有共同兴趣的学习群，还是从个人目的出发的运动减肥群，它们的组成都是因为有一个共同的价值观，并通过共同的价值观和每天社群营销活动的带动，激发人们产生购买产品的冲动。有些社群会根据产品的社交属性，如客单价不高和复购率高的特点，通过解决用户问题、打消用户疑虑、凸显产品卖点与功能、发布典型用户证言等持续的内容输出，提升社群专业度和用户信任度，刺激用户消费下单和分销转化。部分社群更多以活动折扣、优惠券等方式存在，这类社群目前做得较好的就是实体店和"一千米周边用户"的结合，如水果店，有很强的地域性，其产品也是属于高频刚需类，可以通过优惠和折扣的方式给实体店引流，或者借助外卖平台，实现商业闭环。

4. 宣传企业品牌形象

社群是企业与用户互动的载体，也是企业品牌宣传的阵地，企业社群中的干货分享、活动策划、产品宣传带给用户的感受体验，有助于提升用户的归属感，自然而然让用户对社群管理者、社群中的产品提高信任度，对品牌产生好感，当企业的产品出现负面消息时，还能利用社群进行有效公关。

>>> 4.1.3 社群类型

社群有多种类型，如以邻里关系为纽带的小区群，以同学关系为纽带的同学群，以爱好为纽带的兴趣群（如足球群、篮球群、旅游群等），以会议为纽带的会议群，以科研主题为纽带的科研群，以培训学习为纽带的讨论群，以亲子为纽带的妈妈群，以地理位置为纽带的同城群等；当然，按不同的工具，社群可分为 QQ 群、微信群、论坛、微博、博客等。在社群建立之初就要明确社群的主要类型，这不但有利于规划社群的发展方向，还能保证社群聚焦在一个点上纵深发展。社群的类型主要有产品型社群、知识型社群和兴趣型社群。

1. 产品型社群

产品型社群是直接以产品为导向，通过对产品的不断更新来变现。好的产品自带流量，产品的本质即连接的中介，人们因产品而聚合在一起。雕爷牛腩、锤子手机等都是依托产品形成圈子，再从圈子延伸出更多的价值。这种颠覆传统渠道的方式，能利用线上影响力，激发社群成员参与活动，带来产品的销售转化。虽然目前知识内容是和社群经济结合得最紧密的产品变现方式，但也有很多实体型产品在和社群模式相结合，并且也取得了显著的成果，如罗辑思维销售实体书，吴晓波频道销售吴酒等，证明了实体产品可以和社群模式完美结合，并且形成商业化变现。

好的产品能直接通过口碑吸引用户，而社群就是承载用户的载体。产品能直接面对用户，省掉传统渠道的层层中间商，降低成本，而且企业能第一时间接收用户的反馈而进行产品改良，增加用户黏性。以产品为核心形成的社群圈子，用户积极性高，更愿意参与各式各样的促销活动，从而创造出销售奇迹。

2. 知识型社群

现阶段的头部社群几乎都是知识型社群，如樊登读书会、黑马会、吴晓波读书会等，都是以优质内容为引流或变现手段形成自己的社群圈子，其核心价值是提高成员的技能水平和知识素养。这类社群的优势在于产品比较轻，变现的方式比较明晰，市面上的辅助工具也比较全面，当然前提是自己能生产内容，或者能链接到提供内容的人。目前市面上的产品型社群运营机制主要以"内容＋服务"为核心，其中以内容为中心，然后用自身行动和服务去引导用户行动，激发用户之间进行互动，从而增加社群生命周期，创造更高的利益价值。知识型社群通过直接收取会员费达到变现的方式，如樊登读书会、混沌大学等，他们通过打造有价值的知识内容，通过包年的方式收取用户的会员费，实现社群模式的第一层商业化变现。知识型社群只需要极少部分核心用户贡献内容，绝大部分用户浏览消费即可，在知识型社群中，用户评论和互动行为都相对较少。

3. 兴趣型社群

兴趣型社群是指基于兴趣图谱创建的社群，因为需求的个性化和兴趣的多元化，兴趣社群的种类繁多，并各有不同。很多人进入兴趣型社群可能是寻求与自己兴趣相关的讨论组，也可能出于群内的兴趣达人，也可能想提升个人兴趣、拓展个人人脉。很多健身社群、运动社群、书法社群、摄影社群和"吃货"社群，通过线下活动聚集了一批强关系的社群成员，一般由影响力较大的达人搭建社群，社群中分享各种知识技巧，发布与兴趣相关的产品信息，线下开展聚会和比赛等社群活动，提升社群成员的归属感和凝聚力。企业除了利用社群销售自家产品外，还可以合作销售其他产品，通过社群引流到电商销售平台。兴趣型社群一般互动性较强，高度依赖成员之间的互动、讨论、交流等，对内容的依赖相对较少。

▶▶▶ 4.1.4 社群构成要素

社群构成要素主要包括共同爱好、社群结构、内部输出和社群运营。

1. 共同爱好

共同爱好是一个社群发展的起点、社群成立的前提条件。移动互联网时代，物以类聚，人以群分，通常这群人都会有共同的价值观标签。在做社群产品定位的过程中，"同好"越精准越好，如果范围太大，很容易导致人群定位不清晰。生活工作中碰到的读书群、商家群、减肥群都是基于共同爱好聚集起来的，大家志趣相投，拥有共同的兴趣话题，成员之间有共同目标和持续的相互交往，如汽车"发烧友"可以加入"汽车圈子"，数码产品"发烧友"可以加入"数码圈子"等，从营销角度来讲，这样就极易形成一个定向准确的广告投放受众人群，更易实现营销效果。

2. 社群结构

一个社群会有不同层级，有社群的发起者或管理者、热心的贡献者、普通参与者，有些社群组织清晰，层级较为细分。不同层级的成员，承担着不同的责任与权力，需要不断地引导社群底层的人们向上一级走，形成正向内部的循环，这种驱动可以让社群持续运转和可复制。社群中包括社群组织者、求助者、围观潜水者、意见领袖和挑战者等，社群刚开始的时候没有组织者，运营人员就是组织者；后来没人发言，运营人员就充当了意见领袖的角色，激发用户讨论；后来发现很多人发言，但是大家意见都一致，此时运营人员可以担任挑战者提出反对意见；后期发现讨论很热烈，各种观点意见都有，那么运营人员就可以转变为一名围观者。社群组织结构如图4-1所示。

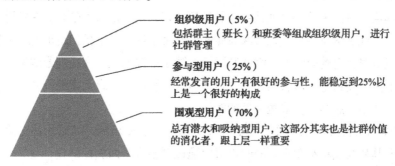

图 4-1 社群组织结构

社群作为一个网络虚拟化的社交组织，没有规矩不成方圆，需要建立社群管理规范，如加入原则、交流规范、激励机制、交流平台等方面，没有规范的社群管理，社群终将走向衰亡。因此在制定社群规范时，既要考虑负责管理和审核工作的人员加入，也要对社群成员的交流发言规范提出要求和规范措施，这些细节的社群管理规范将大大提高社群成员之间的沟通效率，维护社群管理的内部秩序。社群行为规范越简单，效果越好，如要求太多、难度太高，会直接影响社群成员的积极性，可能导致社群成员选择退群。

一个优质社群离不开三个要素，即好的激励制度、内容创造者、优质的社群管理者。其中，给社群成员的激励应该是实实在在的，而不是几句感谢的客套话。社群需要针对内容创造者、社群管理者、活动发起者、其他社群成员建立一个价值闭环，给做出贡献的人足够诱惑的激励，让大家有互动、做出贡献的积极性。

3. 内部输出

一个社群想要有更多的生命力，必然需要更多参与者在社群中进行交流，产生新的有价值的产品或思想，才能继续吸引更多的人加入其中，持续的价值输出，才是社群持续发展的根源。社群的文化就是"人人都是人人的老师"，社群存在的一个很重要的意义就是要把有价值的东西传递出去。

社群内容输出一般分社群分享和社群互动两种形式。社群分享可以选取社群成员参与，也可以邀请本领域"大咖"进入社群分享，通过社群前期预热和通告，提前让社群成员了解社群分享的时间、主题和形式。社群互动主要是在主持人的引导下，围绕某一主题开展讨论，社群核心成员与一般成员以互动讨论的形式进行内容输出，社群话题主持人要带领和鼓励社群成员分享讨论，提高社群成员的活跃度，引导话题讨论互动的流程。

4. 社群运营

社群建立后需要用心运营，刚刚建立的社群就像是刚刚起步的企业，社群成员的活跃度和组织归属感、社群的整体氛围决定着社群运营的成效。为了提高社群运营的成效，社群管理者（后面用"群主"表示）应该在日常的社群运营中做好以下几个方面的运营工作。

（1）降低沟通成本。如果在一个500人的社群里，社群成员的个人信息没有被采集，昵称填写非常随意，这将给社群成员在后续沟通过程中添加不少麻烦。在社群运营过程中，群主应该针对每一位进社群成员填写详细的个人信息，如行业、职位、个人擅长领域和个人爱好。其实很多群主没有将进社群成员信息共享，而只是占为己有。在社群运营初期，群主最好可以将成员信息共享，让大家彼此能够产生了解，便于找到正确的人去解决问题。社群成员可以针对完整的问题及方案展开讨论，防止话题偏题，提高沟通效率。在话题讨论结束之后，群主负责将整个解决问题的过程进行提炼整理，再跟大家进行共享，避免大家为了看信息要不断地"爬楼"，浪费大量的时间。

（2）执行激励机制。在社群运营过程中，可执行激励机制，如每周评选最佳分享的前几名，并给予其物质及精神激励，同时也可以通过群基金（如入社群成员会员付费、日常社群成员的奖励打赏等）来解决激励资金来源问题，让社群成员养成爱分享的习惯和氛围。

（3）不断吸引优秀社群成员。社群的核心价值在于社群成员的质量，以及他们对分享的主动积极性。一个新话题砸到社群以后需要冷启动，启动这些话题就需要有"很有想法"或"很有影响力"的意见领袖，引导和激发成员们的讨论。因此，在社群运营过程中应该吸纳和邀请本社群领域具有影响力和实践经验的社群成员加入，不仅能让社群成员拓展人脉圈子，也可以通过"大咖"内容输出提升社群成员的归属感，让社群更具吸引力。如职业院校电子商务专业建设群可以邀请院校专业带头人分享本校专业建设经验，社交电商商家群可以邀请有影响力的商家分享经营经验等。

（4）有效利用社群管理工具。如果社群管理者同时管理多个社群，纯手工操作将大大加大管理者的负担，而使用高效社群管理工具将大大提高社群管理的效率。如目前常用的进店宝、WeTool和紫豆助手等社群管理工具，具有欢迎新人、自动踢人和群统计等功能。WeTool社群管理工具的功能表和主要功能说明分别如图4-2和图4-3所示。

图 4-2　WeTool 社群管理工具功能表

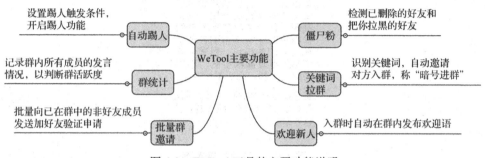

图 4-3　WeTool 工具的主要功能说明

紫豆助手主要裂变流程，如图 4-4 所示。

图 4-4　紫豆助手主要裂变流程

（5）营造社群的良好归属感。仪式感、参与感和组织感是获得归属感的必要条件。在社群中我们一样需要创造仪式感，如常见的创造仪式感的方式有修改群名片、进行自我介绍、发红包等手段，创造仪式感的目的是为了让社群成员能够"精神上的融入"。越是强大的社群，就越是重视各种仪式的执行，而经历过仪式的社群成员，往往更具有凝聚力，活跃的意愿和配合活动的动力都更强。有些社群要求社群成员在自我介绍后提出一个"有指向性"的问题，这种玩法的好处是其他成员回答了新成员的问题后能给予新成员很好的融入感，还可以为新成员完成"修改群名片""自我介绍""提出问题"等行动提供模板，社群仪式感案例如图 4-5 所示。

小米企业经常提到参与感，目的就是让大家参与讨论，实现自我存在感，因此在话题的选择上要更"普适"一些，即话题的参与门槛低，培养更多用户的参与感。

此外，组织感的一个重要应用就是"话题价值"，成员们之所以留在社群主要是因为内容有价值，因此，社群需要筛选和组织优质的话题，并干预和阻止那些零散、恶劣、过于娱乐性、跟社群"指向性"无关的话题；组织感的另一个重要应用就是"领袖价值"，新成员加入社群的目的也可能是为了做一个"有价值的人"，因此，群主介绍群内关键意见领袖身份时的表述也是不容忽视的。

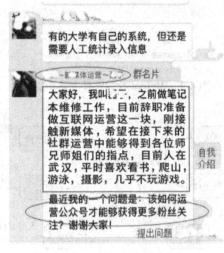

图 4-5　社群仪式感案例

4.2　企业社群构建与运营

>>> 4.2.1　社群发展定位

定位是一个社群发展的指挥棒，也是社群建立的第一步。很多社群运营人员反映在社群创立之初面临不知如何下手，不知应该怎样去运营自己的社群的问题，而这种现象出现的本质是社群运营人员没有找准自己社群的定位，没能明确自己社群的类型。在选择定位的时候，需要思考做这个社群到底是为了什么，社群定位越细越好，越广泛则越不能深入，并且随着社群的发展壮大，自己的能力满足不了新加入社群成员的需要的时候，这个社群对社群成员的吸引力就会越来越低。

社群的定位是连接产品和用户之间的纽带，社群运营人员需要了解用户都是什么类型的人群，然后对这些人进行精准定位，才能对社群进行精准定位。定位社群的服务对象时要注意，重视细分市场，建立细分社群，服务做到小而美，在简单的框架下，提供给用户的应该是小而美的便利化服务；要少而精，着眼于目标人群，提升内容的专业程度，不要把产品和服务做得又大又乱。在运营社群之前，一定要把握住垂直化发展的原则，只有在一个领域深耕，才能让更多人对社群保持黏性、产生更强烈的归属感。

不管你的社群定位是在卖知识、卖产品，还是卖服务，做好了社群定位，就有了正确的发展方向，才能让自己安心后续工作，不至于后续努力白费。所以建立社群前就要问问自己，想要建立什么类型的社群，人数规模是多少，在哪些渠道建立，想要解决哪些问题，建立什么样的社群规则等。

1. 社群价值定位

社群是围绕一个目标价值点集聚的结果，有一个凝结核非常重要。在建立一个社群前，应该有清晰的定位，有时候虽然是相同的行业，但具体领域不尽相同，这时候准确的定位就很重要了。对社群进行定位要明确自己的能力优势、资源优势，同时结合自己的人际圈子、社会趋势里价值观的重合点决定定位，保证社群自身发展动力，结合人际圈力量和资源，保证社群冷启动时的种子用户数量，结合发展趋势保证社群的发展前景。一般在对社群进行定位时应该能够清晰回答以下几个问题。

为什么要建群？（建社群目的）

我们为一群什么样的用户服务？（社群成员定位）

他们都有哪些需求？（社群成员需求）

从哪里挖掘这些用户？（社群成员来源和渠道）

可以为他们提供什么价值？（内容输出）

这些人为什么会选择我们？（社群价值）

社群最终要成为变现的一种手段，说白了就是要把用户围起来，建立用户蓄水池，通过经营用户，捕捉用户的消费习惯、消费路径来打造竞争壁垒，实现精准营销。

社群价值定位主要包括以下几个方面。

（1）内容服务

社群通过核心内容输出来提升用户的黏性，提供优质内容是社群的首要功能，既包括精准的专业内容，也包括用户分享或产生的相关内容。社群输出的方式多种多样，可以通过公众号、微博、微信、QQ群，也可以通过线下活动面对面进行，包括邀请名师开设讲座。好的用户因为内容而聚集，好的内容因为分享而传播，好的社群因为传播而裂变。内容是能够不断再生的，一次优质分享能够激发社群成员的大量反馈，从而形成二次开发，也推动参与分享的成员进行传播。

（2）交流体验

即时通信是互联网最基础的功能，各类社交工具帮助人们点对点进行图文、音视频的交流，打破空间限制。社群基于人而建立，交流是社群价值的加速器，也是社群成员的黏合剂，通过交流找到志同道合的人，通过交流找到一起合作的伙伴，通过交流表现自己，通过交流认识更多有意思的人。社交是关系的存续基础，密切有效的交流有利于人们建立强关系，让人们不再各自为政，而是团结起来，量变引起质变。

（3）资源配置

社群可以理解为圈子，因为是圈子，所以成员的兴趣定位是非常明确的，他们在加入时就因各种准入机制进行合理分流。相同兴趣的人，总带有相似或相关的背景和资源，能够产生更多话题，能够获得更多资源配置的机会，每个社群成员都是一个小的资源池，当大家汇聚到一起，就成了一片湖。社群提供的一定是高精度、高价值的人脉圈子，物以类聚、人以群分，社群为资源做好了筛选工作。

（4）多元服务

社群基于群体基础，满足成员各项需求，提供多种服务，成员是社群产品的共同缔造者和传播者，而不仅仅是用户。人的需求是多方面的，交友、学习、旅游，涉及生活的方方面面。移动互联网技术使得虚拟社群和线下真实社群相互交融，社群变得无时无刻无处不在，社交变得更加实时化、本地化。社群拥有极大的爆发力和潜能，在以人为本的互联网时代，将会引领新的商业方向。

我们都知道，互联网时代要小步快跑，快速迭代，社群定位要随着社群的发展而发展，社群名称也有需要随之更改的时候，但是一定不能频繁更改，如果没有不得已的原因，就最好不要改。社群定位和社群名称一定要吻合，要让人一目了然。方法多种多样，但名字一定要得体实用，可以用一些常用的方法，可以是非常直观的，让人瞬间能明白的。如"同城读书会""上海车友会"等，这些名称同质化非常严重，在社群发展初始阶段因为简单易懂，就容易留住用户，现阶段最好加上一个独特的前缀，提高社群的辨识度。

2. 社群建群和用户加群动机定位

在社群的运营过程中就需要思考社群的长期收益和短期收益，根据社群建群动机和用户加群动机（见图 4-6 和图 4-7）设定好群内各个时期的福利，和社群成员一同成长。这些福利可能是让他们分享产品获得收益、获取强大的资源，也可能是让他们觉得收获了很多知识、获得了持续性的成长，甚至是认识了一个好朋友、找到同类人的归属感。

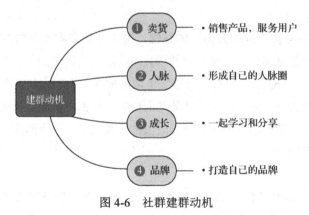

图 4-6　社群建群动机

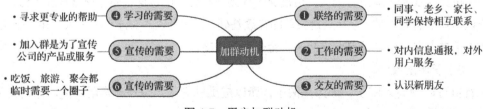

图 4-7　用户加群动机

3. 消费者群体定位

交互设计之父 Alan Cooper 最早提出消费者画像的概念。消费者画像是从真实的消费者行为中抽象出来的典型消费者模型，企业通过收集与分析消费者的社会属性、生活习惯、消费行为的主要信息之后，完整描述产品（或服务）的目标消费者特征，为企业中所有与消费者有关的决策过程提供信息基础，指导企业的产品服务研发和市场营销。消费者画像包括显性画像和隐性画像，显性画像即消费者群体可视化的特征描述，如目标消费者的年龄、性别、职业、地域、兴趣爱好等特征；隐性画像包括消费者内在的深层次的特征描述，包含了消费者的产品使用目的、消费者偏好、消费者需求、产品的使用场景、产品的使用频次等。

数据是构建消费者画像的核心，消费者画像的核心在于给消费者"打标签"，每一个标签通常是人为规定的特征标志，用高度精练的特征描述一类人，如年龄、性别、兴趣偏好等，不同的标签通过结构化的数据体系整合，就可组合出不同的消费者画像。消费者画像的描绘需要时间的积累，画像越清晰，越饱满，对消费者精细化营销就越有效，就像"盲人摸象"一样，每次摸出来的特征都要标记，通过反复多次、不同维度地去"摸"，那么这头"大象"才能更准确、更完整。

当我们知道消费者的成交记录，通过成交记录数据可以很容易给消费者打上标签。例如，A 消费者是经常买连衣裙的，而且多数是新品，B 消费者喜欢买职业类型的衣服，那么当有新品连衣裙上市，就可以将新品连衣裙通过社交媒体推送给 A 消费者，那么这种精准营销有很强的针对性，转化率自然就很高。如果有职业类的服装上市，商家可以将上市消息推送给 B 消费者。

▶▶▶ 4.2.2 社群规则设定

社群规则包括群公约和群礼仪，主要是在活跃度和诱发刷屏两者之间寻求平衡点，很多人认为社群运营管理是从建立社群规则开始的，特别是在移动端，群的活跃度太高会带来强烈的刷屏感，使得社群成员的手机使用体验下降。一个几百人的群，如果没有一个良好的社群规则来规范交流秩序，就会乱糟糟。运营好社群首先要建立一套有效的社群规则，所有的交流活动都必须在规则内，不遵守规则的行为要及时处理，否则群很容易变质，导致解散；其次要培养一批意见领袖，能够很好地引导其他群员交流，以实现群组官方的运营目的。

为了加强社群的有效管理，一般要制定大家都能接受的规则，包括命名规则、交流规则、任务规则和奖惩规则等，通过社群规则模板、群主提醒等形式完成，以及结合自己社群的特点用恰当的方式进行引导。

1. 命名规则

社群成员的命名规则能够帮助社群成员之间加强了解和连接。新入群的成员按照规则命名自己的昵称，如城市＋真实姓名＋从事行业等，可增强其归属感，让新人觉得社群很正式，并方便后续的社群管理。很多社群为了强化社群成员之间的了解，要求每一位成员进群后，按照一定的格式介绍自身情况，并分发到社群，便于社群成员之间相互加好友和进一步的后续沟通。社群的定位就决定了社群取名的方向，社群名称不能完全跟定位无关，可以是大家共同语言中的特别词语，吸引精准成员，也可以是直白式表达，让人一目了然。

社群名称尽量要简单好记，朗朗上口，这样传播的难度就会低很多。如果你的名称复杂且超过八个字，首先用户很难了解社群定位，其次他在给别人介绍的时候也很难把名称说对，这样给用户的第一印象就不好。当然，如果你的长句非常押韵或者为人熟知，就不用考虑字数的问题了。好的社群名称就是要让人一眼看明白是干什么的，然后迅速印入脑海。

在社群名称的构建中，适于传播非常关键，既能建立社群品牌故事和品牌文化，又提供了社群用户交流和分享的需求，成为共同认同的品牌要素。大多数用户对生硬的名称非常反感，好玩、有趣、奇特的名称本来就有极强的传播属性，当名称都成了用户的议论焦点，传播就会变得很简单。如美食社群，如果起名叫"妈妈的厨房"可能就没什么新意，如果叫"黑暗料理联盟"就能吸引更多人的关注。

2. 交流规则

交流规则与社群调性挂钩，先进行尝试，逐步形成确定规则。如规定的禁言时间、入群要自我介绍、日常交流话题不得偏离主题、发言字数、不得发广告、可以质疑但给出合理理由、不得人身攻击等。对于个别存在问题的人，运营人员还要一对一单独沟通，以保证社群的良好氛围。

3. 任务规则

现在很多社群为了激活社群活跃度，大多采取了打卡模式，比较常见的是早起打卡、任务打卡。在社群早期打卡是为了激活社群，建立圈子互相激励、相互督促彼此。作为社群的运营人员，要起到带头作用，保质保量打卡，成员看到运营人员的坚持，就会有加入的动力，一件事情坚持久了，就会成为习惯和标志，如罗辑思维的60秒语音。要发挥社群成员的主观能动性，只有鼓励和气氛还远远不够，还要有竞争的气氛，给积极参与的人更多的权限或更高的奖励，提高成员忠诚度的同时还完成了多榜样的建立。群体投票、红包奖励、精神奖励会促使更多的人加入打卡、分享和内容观点讨论等活动，通过建立一系列的社群任务，让完成社群任务的成员能够享受到荣誉、影响力和实惠。

4. 奖惩规则

奖励机制的模式可以有很多，如物质奖励，提供产品赠予奖励、产品试用奖励，甚至现金奖励；也可以是精神奖励，如贴吧置顶说明、颁发荣誉奖章，或在产品界面中写明奖励；甚至可以是"实地奖励"，如小米论坛的精英用户，可以直接走进小米企业，或是优先参加"米粉节"，成为社群中的明星。奖励可以设置求助奖、传播奖、分享奖、商业奖和建议奖等形式，在社群运营中设置不同的规则，提升社群的活跃度，加强品牌传播与社群拉新力度，进一步提升社群成员的归属感和成就感。

无论哪一种奖励机制，遵循的第一原则应当是为社群贡献力量，也许社群成员并不瞩目，提出的建议只是页面的一个精准调整，但只要取得了非常好的效果，受到社群成员的一致好评，那么他就可以赢得奖励。物质奖励和精神荣耀相结合，这样才能激活每一个社群用户的进取心，促使社群爆发更大的活跃度。

　　如霸王课社群的霸主晋级机制，社群分为事业合伙人、初级霸主、中级霸主、高级霸主、无敌霸主五个层级，每个层级都有相应的达到标准，社群成员很清楚自己处于什么层级，离下个层级还需要做些什么，这样自己在社群中的控制感就会很强，也更有持续活跃的动力。

　　此外，对于违反任务规则和交流规则的社群成员实施惩罚机制，包括犯规踢出、积分淘汰和成果淘汰。有些社群为了提高社群的交流效率，设定了人员定额的规则，如本群社群成员限制在 50 人，对于活跃度不高、积分不够的社群成员进行定期淘汰，不断提升社群的活跃度和质量。新陈代谢是生命体的一个重要标志，对于社群来说，需要用"淘汰和流通"的机制来延续生命力，这种机制也是一种规则，如社群群内限定人数 66 人，如果人数达到70 人，设定长时间潜水、发放广告、不修改群名片等剔除标准，剔除 4 人。

▶▶▶ 4.2.3　社群运营规范

1．社群成员聚集

　　社群搭建起来之后，接下来的工作便是聚集社群成员，如何把该聚集的人聚集进来，可通过以下六个渠道聚集社群成员。

　　官网：从官网引导入群。

　　微信：从微信公众平台引导入群，或者微信朋友圈海报引导入群。

　　微博：从微博平台引导入群。

　　线下：在线下活动中，直接引导用户加群。

　　短信：在平台发给用户的短信中，附带社群邀请链接。

　　老带新：激励社群成员介绍新成员加入社群。

　　社群成员的聚集需要瞄准相对精准的社群成员展开，有些社群通过吸引比较知名的"网红达人"、意见领袖，并使其作为社群的种子用户，让种子用户通过分享、传播和裂变等形式聚集更多的社群成员加入社群。如"缝纫之家"公众号通过缝友社区（采用第三方粉丝圈工具）栏目，完成社群成员聚集、互助、打卡、邀请和排名等活动，聚集了一大批活跃的社群成员，缝纫之家社群如图 4-8 所示。

　　例如，朋友圈经常看到的摄影课程学习海报，通过朋友圈诱饵海报面向种子用户进行推广，吸引种子用户进入社群，并通过社群内的自动化提醒话术，促使社群成员完成海报转发任务，驱动社群成员利用社交关系带新用户进群，并循环这一过程获得免费进入社群学习有关课程的机会。免费课程海报引导进群，如图 4-9 所示。

移动电商运营（慕课版）

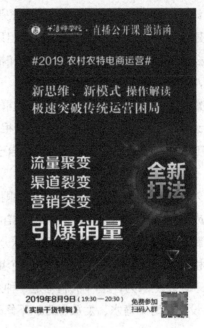

图 4-8　缝纫之家社群　　　　图 4-9　免费课程海报引导进群

2. 内容输出

社群的输出内容本质上是我们要打造的一个互联网产品。互联网产品就要分析用户是谁、受众是谁、他们有什么需求，并且要及时得到反馈，这也是社群能够高效及时做出优质内容的方法论。做社群内容也跟做产品一样，首先要给这个产品一个基调，不能把输出的内容做成百科全书式的杂货铺，而要把这个产品当作一个整体来做，整个产品应该始终围绕在社群的核心价值点上。社群内容也需要像互联网产品那样去运营和传播，在互联网时代下内容传播的重要性一点都不亚于生产，因为运营和传播是把好的产品输送到更多人面前，从而把更多的认同社群价值观的人吸引过来。

社群成员加入社群是为了获取知识提升自身技能的，所以社群要有针对性地为大家提供有价值的内容，优质内容才是社群的核心，如果输出的内容毫无价值，只会造成社群成员的不断流失，让你的社群之路寸步难行。社群的内容输出是社群成员聚集加入的重要的因素之一，优质的社群内容会提高社群成员的活跃度。社群运营人员可在社群内分享各类趣闻、趣图、短视频及其他优质内容，分享平台微信公众号文章，亦可邀请行业大咖前来做在线分享，引导社群成员通过讨论和互动等形式开展内容输出。社群在不断的发展运营过程中，需要通过问卷调查等形式进行意见征集和反馈，不断围绕社群的内容主题定位，挖掘社群成员的内容需求，提高社群内容输出的整体质量。

社群本身的内容输出是有限的，需要通过社群嘉宾分享机制、社群成员 UGC 机制来形成社群内容的生产机制。如直播作为社群内容生产的重要利器，能很好地为用户提供选择，也就是说社群成员在看直播前就会了解直播的主题内容，他可选择参与或不参与，这样就能做到用户的精准选择，从而保证社群的用户质量。除了直播形式，社群还可以把优质内容沉淀下来，供用户随时重复利用，并且还可以将沉淀内容再加工，然后放到各社交媒体进行传播，这样又会带来很多精准的用户。

一般而言，最开始社群内容运营主要是以 PGC 形式为主，由社群运营人员负责内容的高效产出，主要维持内容的深度，引导社群成员主动进行内容产出；中后期是以社群成员的 UGC 形式为主，主要维持内容的广度，贡献社群的流量和参与度，培养用户习惯。

3. 促进社群活跃度

社群活跃度是衡量一个社群持续健康发展的一个标准，通过建立社群激励机制，提升社群成员的主观能动性，增加社群的内容产出，使社群能够不断为社群成员创造价值，健康有序地发展。除了社群的日常运营，运营人员还须考虑如何提高社群活跃度，提高社群用户黏性，让社群的意义名副其实，而不仅仅是一个"微信群"或"QQ 群"。一个活跃的社群主要有以下表征。

（1）社群聚集人群是拥有共同调性的。社群不活跃，首先需要反思的就是自己聚集社群成员的方法和过程，社群成员的聚集不是通过强行引流过来的。然后运营人员要学会站在用户的角度思考问题，什么最能引起用户注意，什么最能戳中用户痛点，并根据用户标签进行相关内容输出。

聚对人群是社群活跃的基础和关键，但是在实际操作过程中，很容易出现的一个问题就是容易设置比较高的条件和门槛，甚至有人会采取宁缺毋滥的方式，从而导致社群成员人数较少。这里推荐一种性价比很高的 AB 法来聚集社群的精准用户。所谓 AB 法其实指的就是两类用户池，一类是尽可能多的意向用户，另一类是尽可能精准的真爱用户。AB 法社群用户聚集操作步骤特别简单，低门槛吸引意向用户加入、高条件聚集真爱用户。

社群中的个体或多或少会有些盲从性，有越多的人加入社群，用户就越愿意先加入进来看看情况，所以先低门槛制造最大化的势能，吸引尽可能多的意向用户。要抓住用户第一次的社群体验，很多人不加入社群，并不是因为门槛的高低，只是因为没有体会到社群价值对自己的帮助，所以吸引更多的意向用户，通过社群价值展示的各种活动，会有更多人愿意加入高门槛的精准社群。

（2）社群内容输出是有价值的。挖掘社群价值给成员带来帮助或促成合作的实际案例，尽可能通过最大化的渠道进行宣传，要让全体社群成员都觉得可能暂时社群对自身帮助不大，但是社群确实能够给很多人很大的帮助，加入组织还是很有必要的。一方面社群成员需要的精品内容由社群平台提供；另一方面也要尽量鼓励成员自己多分享内容，如干货分享，干货分享的形式是不固定的，可以用文件的方式，也可以用音频的方式，常见的有思维脑图、每日日报、行业资料包等，如某教育培训机构的系统化的题目资料，帮助孩子高效学习的方法等资料；此外，价值讨论也是一种重要的内容形式，社群的成员之间就某个问题，进行相互交流和探讨。例如，群内抛出一个关于孩子玩游戏该不该限制时间的问题，很多人会去贡献答案，而在贡献答案的过程中，必然会出现意见的分歧，有了分歧就会产生讨论。对于群里的大部分人来说，他们是处在一个围观的状态的，而围观的时候，就愿意去看不同的观点，而且这本身会形成一个学习的氛围，会大大增加社群的黏性。

在信息不对称的环境下，社群成员可以在社群里得到需要的信息，如稀缺信息和一手资料。像小升初阶段的家长社群，在小升初这件事上，家长最需要的是什么？可能是升学信息，如哪些名校有内推名额，哪些名校有考试机会等。得到这样的信息后，家长会马上核实，给孩子报名，所以这样的社群是非常活跃的。还有一些家长会在群里分享自己给孩子准备和规划小升初的经验，这些经验对于那些还没有经历过的家长来说是非常宝贵的。

社群成员由于调性一致，很多都比较聊得来，更容易达成事业上的合作。所以对于不同行业的成员，要尽可能多地给大家创造供需资源匹配的机会，对于相同行业的成员，要尽可能地促成同行业资源的联盟，尽可能多地制造大家互相链接的机会和场景。如果能够把社群的内容价值、人脉价值、资源价值都尽可能多地做精，那社群成员的归属感就会大大增强，活跃度也会大大提高。

（3）社群内容输出是有趣的。对一个社群来说，是要有一定趣味性的，一般通过活动的设计，给社群成员带来明显的情感调动与释放，如惊喜感、荣誉感等。例如，周一到周三撒红包雨，周四抢优惠券，周五进行抽奖，这些活动能让社群成员产生持续的惊喜感。社群运营人员通过设定积分体系和排名系统，让社群成员通过任务实现积分提升，并赋予相应的会员头衔，构建激励机制，让参与者感觉很有趣，或者利用各种有趣的"绰号"增加群内的趣味性。如某教育培训机构的社群设置"学神""学霸""学渣"等，通过头衔设置提升社群成员的荣誉感。

提升社群活跃的方法有很多，如打卡签到奖励、社群成员内部分享、线上线下活动等多种方法，打造线上线下相结合的高黏度社群。如有些社群设定一些有周期性的活动，如每周2期运营"大咖"分享，每月1次城市系列沙龙，每周五晚上8：00的话题互动与讨论，让社群成员形成参与并获得社群优质内容和话题观点的习惯；开展邀请有奖活动，引导社群成员通过朋友圈、微博等途径转发分享，实现品牌和活动传播，同时社群成员获得积分奖励。

►►► 4.2.4　社群裂变扩张

裂变的本质是给用户提供优质的价值，价值能促使用户拉新进行再次裂变。当然这里所谓的价值是有针对性的，需要符合用户需求的"价值"，不然价值就变得毫无意义。有很多社群裂变方法和工具，如换码宝、进群宝等，大家完成一个转发朋友圈的任务，然后就加入一个群，领取相应的福利，或者前多少名免费领取福利，这种方式相信很多人也都见过。

大家经常看到各种社群裂变的方式，如美团的以老带新、携程的酒店砍价等。以老带新是一种比较常用的裂变形式，通过老用户带动新用户，同时给予某一方或双方奖励的一种裂变形式。砍价裂变这种形式大家都不陌生，砍价裂变运用微信等载体，实现了非常强的裂变效果，用户购买一个产品，如果能够让好友来帮忙砍价的话可以获得折扣，提高了用户的转发分享砍价的裂变动能。

一般的社群裂变借助诱饵（如免费课程、免费领赠品等），通过种子用户的推送（如朋友圈转发、发起砍价等），让诱饵在不同的社交链路中广泛传播，聚集更多精准用户，产生更多的付费转化用户。特别值得一提的是，社群裂变行为如果是纯利己（如我分享给好友 A 让其帮我砍价，我能得到优惠但是他得不到）的，会消耗分享者在社交圈的好感度，所以利益不足够诱惑的话，很多分享者是不愿意做分享行为的，会产生"分享者心理障碍"，因此应尽可能帮助分享者降低或打破这个心理障碍，利己利他，才有可能做到二次传播、三次传播等。社群本是人的集合，因此在人群中找到结点至关重要，当我们考虑传播信息的时候，就要考虑如何通过这些结点进行有效传播。无论是微博大号，公众号"大 V"，还是社群中的意见领袖，都值得被重视。

1. 社群裂变选题策划

选题策划是社群裂变流程中最重要的一环，即你要给目标用户提供的内容是什么，选题的好坏直接决定了裂变的成功与否。社群裂变的选题需要准确满足用户需求，最好能超出用户的预期，可以是一个产品（如包含培训资料的 U 盘）、一个经验（金牌教师总结出的数学错题本），或者一个服务（早起打卡）。此外，社群裂变的选题应该细分垂直的内容，内容本身就划分了目标用户，而且你的目标用户标签越细化、行业越垂直，目标人群的密集性就会越高，就越容易在该用户群体中引爆。

2. 社群裂变海报设计

海报是用户第一时间直观感受到的地方，所以海报的设计至关重要，海报设计的工具有"创客贴"和"懒设计"等。海报具有介绍群活动信息，展示群价值，吸引新用户扫码等功能，一般用户打开海报后的第一眼停留时间不超过 3 秒，如果感兴趣会去找海报上的其他辅助信息，来帮助他做判断，整个过程一般不会超过 10 秒。通过拆解沪江网校的社群裂变海报，我们可以很直观地感受到一张海报所具有的要素。沪江网校社群裂变海报如图 4-10 所示。

图 4-10　沪江网校社群裂变海报

一张成功的裂变海报应包含用户身份、主标题（+副标题）、内容大纲、信任背书、紧迫感、额外价值六大要素。在做海报活动时，能邀请到行业权威人士来进行背书，取得的效果会大大增加。海报标题的大小要保证用户在朋友圈或微信群里看到时，不用点开也能看得很清楚，活动提炼的内容要简洁、清晰，文案要针对痛点，制造出紧迫或稀缺性的氛围。做海报的一个常见误区是堆砌大量关键词，想通过一张海报就把所有方面都展现出来，尽管对于运营人员来说这些内容很重要，可从用户角度来看，信息太多会抓不到重点。

3. 社群裂变启动机制

社群裂变启动机制是非常关键的步骤，主要包括内容裂变和利益驱动裂变。首先，内容裂变是根据社群用户的属性，成立相对应的属性社群，然后针对这部分用户提供相对应的高质量内容，并通过开设课程等方式，让用户通过转发海报获取低价课程名额的方式来进行裂变。其次，利益驱动裂变的核心是给用户"看得见"的利益来促使用户进行转发，如会员返利、抢课、打卡等方式。

海报设计好后将其发送给种子用户，借助优惠吸引种子用户入群，并促使老用户分享海报到朋友圈，继续吸引更多新用户。社群裂变启动的难易程度取决于具备的资源、投入的资金和时间。在社群裂变的同时，也加强对个人微信号的裂变，通过奖励机制、限时稀缺性等方式引导新入群用户主动添加社群运营人员的个人微信号，增加社群运营人员的朋友圈曝光度，促使裂变效率的提升。

将活动海报投放到社群后，不能就只听天命了，事实上若没有人为推波助澜，**99%** 的社群活动会悄无声息地被其他消息覆盖。社群裂变的工具有很多，如爆汁、任务宝或建群宝等，基本都能满足我们裂变的需求，但需要注意的是，在做测试的时候最好征求已经用过这些工具的人的建议。

4. 社群留存和销售转化

社群用户的留存和销售转化一般是社群运营人员最重视的问题，通过社群裂变活动实现用户的增长后，需要不断提升用户的归属感，为其持续输出价值，让用户在社群里能够找到归属感、惊喜感。因此运营人员应该借助各种社群管理工具，分析社群的用户数据和内容数据，观测社群中活跃用户的数量、新增用户的数量、用户入群和退群比例、互动用户人数、互动用户比例，分析社群的状况，开展话题互动、干货分享、利益驱动等活动，提升社群活跃度，让更多的用户留存沉淀到社群。

很多品牌电商的社群运营人员依然在用传统思维运营社群，利用赠品、试用装来吸引大量用户进群，然后通过持续的折扣、优惠活动来实现社群转化，但往往转化率极低，归结原因主要有以下三点。首先，引流成本高，普通赠品往往无法吸引到用户，运营人员需要选择价值更高的赠品来获取流量。其次，用户忠诚度低，因为优惠或赠品而来的用户，在心理上会觉得这只是一个可以"占便宜"的群。最后，社群的生命周期短，用户期待的持续价值一旦消失，用户随时可以零成本退群，导致企业不得不重新进行引流，形成恶性循环。

5. 社群裂变优化

裂变执行的过程是一个随时检验、优化的过程，因此在执行过程中要及时关注数据，关注用户的反应，并作出调整。裂变过程本质上是一个漏斗，意味着每个环节的设计都关系着用户能否从金字塔底端到达顶端，因此在社群裂变和优化的过程中也要遵循这个定律，逐层分析，从细节入手优化每一步。图 4-11 所示为社群裂变优化拆解要点，从用户在各种渠道看到活动（如朋友圈和公众号）到用户完成任务的整个阶段，运营人员要不断优化裂变的启动量，通过各种策略提高活动的曝光量，通过优化海报细节元素提升活动对用户的吸引力，设定合适规则让用户参与和分享活动。在社群裂变过程中，运营人员应根据活动数据情况不断审视整个流程过程中的问题，根据社群裂变优化拆解要点，不断完善社群裂变。

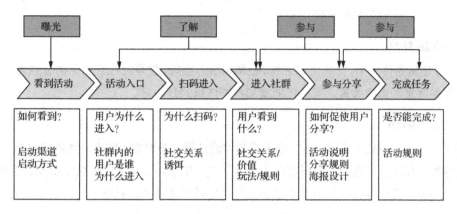

图 4-11　社群裂变优化拆解要点

4.2.5　打造社群活动

无活动，不社群。很多社群管理者通过策划一系列的活动来使自己的社群达到引流、裂变、商业变现的目标。社群活动其实是社群内活跃气氛的重要方式，也是社群成员的权益所在，如果一个社群内长期没有活动，社群成员之间会变得陌生，没有归属感，找不到社群存在的价值和意义。某教育培训机构通过线上或线下活动形式，开展拉新、促活和转化，提升社群的变现能力。首先社群管理者通过免费试听和送书形式吸引更多新成员关注，提高社群用户池的规模；其次，通过设置打卡活动提升社群成员的活跃度，给予活跃度高的成员较为稀缺的资源福利奖励；最后，通过社群发放优惠券、开展拼团等促销活动，让用户池成员进行订单转化，提升目标用户群的转化率。

1．内容分享

内容分享常见的组织方式就是由社群管理者提前协调社群成员，每周规划 1 ~ 2 个主题，邀请不同成员或"大咖"分享，每次分享用 1 ~ 2 个小时，在约定的时间邀请成员一起交流讨论，这样就有了"集体创作"的感觉，同时固定的分享会让成员产生一种身份认同感，找到自我存在的价值，而这种价值感会催化出更多良性的化学反应。分享活动前，社群管理者应该事先了解分享的内容和社群成员的匹配度情况，分享结束后需要收集成员的反馈信息，同时把内容整理好后分享给成员用来复盘，或者作为下一次引流的储备文案。

2．签到打卡

例如，一个健身的社群，社群成员之间互相监督是否认真完成了训练，就要求每个社群成员在晚上 9 点之前上传 3 张自己今天的健身照片，如流汗的照片、举哑铃的照片，然后大家可以一起评论交流等，既可以增加社群成员的归属感，又可以增加社群成员之间的认同感和自身存在感。很多社群会发早报，推送早报不一定是提供信息，其实是以早、晚报的方式，让社群成员产生"共振"，这种方式就是基于"与社群成员保持同频率"的共振原理，让社群管理者在时间上与成员达到同频率（社群成员可以在他们上下班的路上接收新闻），在内容上与成员达到同频率（成员如果是互联网从业者，那么推荐的内容也是有关互联网行业的），用好"共振"事半功倍。

3. 征集有奖

例如，征集宣传文案，征集产品名称，征集解决方案等，就是让社群成员的智慧为我所用，配合上奖品就更加如虎添翼，同时还能增加社群成员的参与感。

4. 线下活动

线上聊一年，不如线下见一面。线上有其沟通的便捷与方便，线下沟通则有立体、温度、真实等好处，所以在运营社群一段时间后，除了线上的活动，也要组织线下活动，这样的社群才更有温度、更团结，才能使原来的弱关系社群转变成强关系社群。

▶▶▶ 4.2.6　社群拉新留存

下面主要以微信群为例，介绍社群拉新留存的四个阶段。

1. 社群启动阶段

社群在运营过程中会经历不同的发展阶段，启动阶段或规模较小期间，社群活跃度最低，社群管理者不宜将品牌的以往用户拉入社群，以免降低用户的心理预期，开始拉新时先拉一批和群定位相符的好友入群，针对社群成员的基调、年龄、性别、爱好进行筛选，后期再通过一些运营手段培养转化。然后，社群管理者可以通过朋友圈发布文案和二维码的形式去寻找第二批精准的目标用户。朋友圈文案要简而精，让人能在2秒之内看明白。因为用户刷朋友圈信息流非常快。每个人的朋友圈触达的人不同，为了在一开始增加社群成员的丰富性，可以吸引身边的朋友和同事加入此工作，开展前期种子用户的积累和沉淀。

2. 社群发展阶段

当社群达到100人左右时，可以给社群管理者单独申请微信号，对品牌进行人格化和个性化赋权，让品牌充满生命和个性，进而拉近和社群成员的距离。社群管理者包装完成后，需要坚持每天发1～2条朋友圈内容，打造自己的个性化形象，注意所发的内容、人物的性格语调等一定要和产品、品牌的定位一致；社群管理者要及时通过新加你的人，添加后立即热情地与他们打招呼，争取把他们导流进社群里。除了利用社群管理者个人的渠道引流以外，第三方渠道也不容忽视。企业社群管理者和内容运营人员做好沟通，在官网、官方微信、微博、第三方自媒体平台（今日头条、一点资讯、搜狐自媒体等）发推文的时候，附带上社群的信息，如社群管理者微信。社群管理者应该关注社群成员的活跃度，通过社群成员影响力去吸引更多的用户进来，赋予社群内的意见领袖一定的权利，增加他们自身的参与感，让他们自发地为社群拉入更多的优质社群成员。

3. 社群裂变阶段

当社群规模在 100 ~ 400 人时，社群已经处于活跃状态。社群成员已经可以自发产生大量的内容，也会自发地进行拉新。但是需要注意的是，这个阶段也是微商、代购等人员容易加入社群的时候，所以社群管理者要做的就是鼓励社群成员拉人的同时做好把关。定期举办小活动是将用户的弱关系转化为强关系的一种有效手段，同时也是和社群成员直接接触、收集社群成员信息的一种形式。

4. 社群分化阶段

当人数快达到 500 人的时候，社群管理者可以将社群分化成二群，将一部分活跃分子吸引到二群，按照以上的方法运营第二个社群，提升社群品质，增加社群成员的黏性和留存，减少退群率。

4.3 典型社群管理工具

社交裂变是社交营销中的一种用来推广的方式，通过社交体系来达到裂变的目的，实现品牌推广和宣传。利用社交裂变展开推广的时候，还需要考虑用户的心理，如采用什么样的优惠和赠送方式可以鼓励用户主动对信息进行传播。裂变就在于带动性的关系，一个人推荐两个，两个裂变成四个这样的规律，所以掌握用户的心理是非常有必要的。为了加强社群的自动化管理，社群运营人员一般会采取智能化的工具去处理，包括吸纳精准用户完成任务和建立精准社群，通过转发裂变等活动完成社群的拉新、留存和转化等用户运营管理。目前的裂变主要分为社群裂变、公众号裂变、小程序裂变和个人号裂变四个大的方向，具体的裂变工具及品牌包括乙店、小裂变、慧动科技、有机云、进群宝、爆汁裂变、星耀科技、建群宝、咕噜管家、小 U 管家等。

4.3.1 裂变拉新——任务宝

商家通过任务宝设计完成海报后，用户将商家海报发布至朋友圈，通过海报的微信链路传播，完成商家指定的公众号或个人号关注和品牌曝光任务，完成任务用户获得奖品。下面以乙店的任务宝为例，完成微信公众号的用户增长，其具体业务流程如图 4-12 所示。

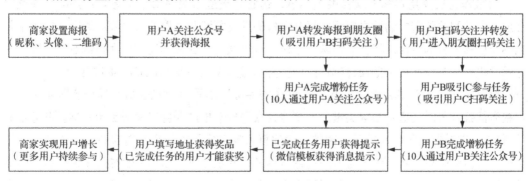

图 4-12　任务宝的用户增长流程

1. 任务宝账号注册申请

首先进入乙店的商家管理系统，注册申请账号，准确填写商家基本信息，待系统审核通过后，登录系统后台。可以看出乙店商家管理系统的主要功能包括抽奖宝、任务宝和建群宝等。乙店商家管理系统界面如图4-13所示。为了提高商家微信公众号的用户粉丝数，须通过账号扫码操作完成公众号的授权，如图4-14所示。

图 4-13　乙店商家管理系统界面　　　　图 4-14　商家微信公众号授权

2. 任务宝用户奖品的设置

参与用户的奖品包括实物商品、虚拟商品、优惠码、卡券等形式，奖品的设置主要是向用户介绍奖品的基本信息详情，向获奖用户传递奖品的价值、细节图文等，目的是激发用户对奖品的获取意愿，提升后续用户的裂变动能，因此，商家应该根据活动预算，选择对大众具有较强吸引力的奖品。

3. 任务宝新增任务

任务宝新增任务主要流程包括海报设置、任务设置、参与公众号、奖品设置和提醒设置五个主要步骤。

（1）海报设置

海报作为裂变用户第一次接触的信息，运营人员应该关注海报信息与用户的相关度，凸显用户的利益和海报的视觉感受，提升海报的朋友圈和微信群的转发率。裂变海报中主要包括微信转发者的头像、昵称和商家二维码，可以通过创客贴功能进行海报的在线设计，快速通过模板完成标准化海报设计制作。任务宝海报的设置与制作，如图4-15所示。

除商家统一设计的海报外，用户个性化的海报可由系统自动生成，操作步骤简单，用户在微信公众号对话框中回复关键词，微信公众号自动推送任务宝海报到用户端。任务宝海报系统生成界面如图4-16所示。微信自动回复内容主要是指新用户首次关注公众号后所得到的系统自动回复内容，该内容一般有默认格式，商家也可以根据自己喜好来修改自动回复的内容。默认版的自动回复内容包括受邀者昵称、任务名称、任务量、奖品剩余数、活动详情链接等，可以通过调整修改相应文字、数字与链接，来展示自己品牌活动的任务规则。

（a）   （b）

图 4-15　任务宝海报的设置与制作

图 4-16　任务宝海报系统生成界面

（2）任务设置

任务设置主要包括任务启动时间段、活动中用户的任务规则、客服信息和新增粉丝的用户标签设置，活动中系统还可以自动为新增的用户和完成任务的用户设置标签。需要说明的是，活动任务的规则设计应该科学合理，对于可能出现的纰漏尽量避免，以免引起用户的不满和投诉。

（3）参与公众号

参与活动的公众号可以设置多个，对于拥有公众号矩阵的商家而言，可以自动设置活动带来新用户的流量分配比例，设置用户扫码后的关注页面的链接地址，如图 4-17 所示。对于设置多个公众号的商家，系统生成海报的比例与流量分配直接相关。

新增任务

海报设置　任务设置　参与公众号　奖品设置　提醒设置

图 4-17　任务宝的公众号拉新设置

（4）奖品设置

任务宝的奖品设置包括任务规则中的数量要求，如奖品数量设置关乎用户对奖品领取的紧迫感，适当的奖品数量促使更多用户参与活动和完成任务。有些商家通过设置企业滞销的产品作为奖品，清理企业产品库存量，达到提高企业曝光量、用户增长量和库存消耗量等目的。系统后台还可以根据用户任务的完成程度设置不同的奖品，鼓励更多用户的转发。为了进一步提高用户的参与度，对于任务完成的用户，还需要完成系统提供的资料填写，便于商家后续奖品的发放。任务宝的奖品设置，如图 4-18 所示。

级别	任务名称	选择奖品	任务人数	奖品数量	另付费用	兑换邮费	增减
1级任务	开学领记事本	广博文创记事本1 ￥18	2	10	0.00	0	－ ＋
2级任务	升学领记事本	广博文创记事本1 ￥18	5	5	0	0	－ ＋

图 4-18　任务宝的奖品设置

（5）提醒设置

任务宝系统还提供了各类消息提醒模式，主要包括助力成功、重复参与、新成员加入和任务完成等消息提醒，向用户及时传达任务完成进度、任务助力情况、奖品剩余情况等，让用户了解参与活动的进展。对于未完成任务的用户，商家还可以在系统上设置每隔固定时间提醒用户，任务宝消息提醒模板设置，如图 4-19 所示。

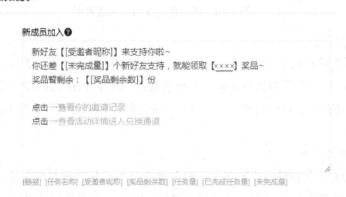

图 4-19　任务宝消息提醒模板设置

任务结束后，还可以了解到活动的实施效果，具体包括新增的用户数、参与用户数、完成任务数、取关用户数等，通过数据分析，了解活动取得的效果。根据规则完成任务的用户提交信息，系统自动生成订单列表，商家根据信息完成发货和用户资料的收集，如图 4-20 所示。

图 4-20　任务宝活动奖品订单

》》》 4.3.2　裂变拉新——建群宝

微信生态下，刷屏级的裂变活动，我们已经不止一次见到了，利用微信群裂变带来的效力甚至比病毒式的传播还要迅速。

微信群裂变实现方式的本质是如何更好地管理和运营微信群，有了建群宝这样的微信群裂变工具，在内容福利的驱动下，以带活码的裂变海报为传播媒介，触发用户转发，覆盖用户身边的连接点，进而打通用户的关系网，由此达到老用户带来新用户的目的。

1. 活动福利

设置活动福利既要考虑现有资源、用户需求，又要结合活动目的。常用的福利有优质课程、资料礼包、实物礼品、优惠券等，福利可重叠使用，并进行排列组合，从而衍生出非常多的福利套餐。如知乎读书会原价 199 元的课程，限时特价 99 元，连续打卡分享 7 天全额退款；福利包含 600 本"大咖"解读的音频书、500 本电子书、200 本知乎精选书和 12 场知乎 Live 等。

2. 活动海报

用户看到海报后，是扫码入群，还是扫一眼就走，1 ~ 2 秒内就会做出选择。好的海报亮点突出，能直击用户痛点，字词讲究，能让用户产生一看究竟的冲动，还可以通过"大咖"站台让用户相信自己的选择没错。标题、副标题设计抢眼，主标题要突出最大卖点，能用数字体现的就用数字体现，因为当字体字号相同时，人们容易先注意到文本中的数字和字母；副标题号召行动，需要注意的是，副标题不是必要元素，如果主标题能把关键卖点表述到位，就可以省略副标题。如主标题为"仅凭 1 张海报如何获取 10W+ 用户"，副标题为"社交流量的秘密"。

商家在建群宝系统创建活动后，建群宝系统会自动生成活码，建群宝活码可以根据群人数自动切换群二维码，确保用户都能通过活码入群，商家需要把活码二维码放在海报上或把活码链接嵌入公众号文章中进行推广，用户扫描活码或点击活码链接自动入群，商家每开展一场裂变，都需要在后台创建一个活动。用户入群后微信群机器人会发送带有活码的宣传海报，通过微信社交关系的传播，吸引更多的用户加入社群，如图4-21所示。

（a）　　　　　　　　　　（b）

图4-21　朋友圈海报引导用户扫码入群

▶▶▶ 4.3.3　裂变拉新——小鹅通

小鹅通是一家专注内容付费的技术服务商，产品集合了图文、音频、视频、直播、活动、社群、问答等主流内容付费形式，核心功能为内容付费、用户管理、营销、社群活动、品牌传播等，即内容付费一站式解决方案。小鹅通提供的内容变现形式包括网页、小程序、App等，可轻松嵌入微信公众平台等生态，使付费用户免去下载App的烦琐步骤，让商家快速有效地开启内容变现之旅。

目前知识付费是很多社群的主要运营目的，也是很多培训机构开展线上付费服务的主要形式，很多运营人员通过知识管理平台的工具开展付费的知识分享和知识传播。小鹅通知识付费平台利用小社群管理工具，聚集吸引社群成员开展技能培训和交流等活动。

运营人员进入小鹅通知识管理后台，选择助学工具的小社群，创建新的小社群，如图4-22所示，设置好社群名称和社群简介，需要说明的是，社群名称、社群简介和社群封面应该体现社群与用户的利益关系，如免费获取干货资源、名师分享、认识志同道合朋友的机会等福利。还可以将社群设置为服务费社群，购置专栏或会员的用户可以免费入群。

移动电商运营（慕课版）

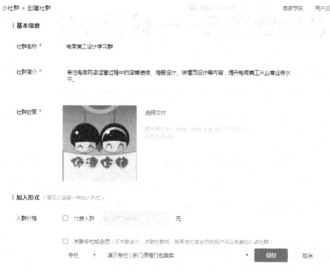

图 4-22　小鹅通社群的建立与设置

建立社群后，运营人员可以编辑社群信息，了解目前社群成员的数量和活动发布的动态情况，可以复制社群的链接生成推广二维码，让更多的社群成员通过推广二维码进入社群学习和交流。小鹅通社群管理如图 **4-23** 所示。被推广码或链接吸引过来的用户进入社群界面，运营人员可以在建立社群后在公众号或外部网站上进行推广，实现用户的快速进入，用户在了解社群的基本信息和社群动态后决定是否加入社群。运营人员还可以在社群管理后台以群主身份设置社群动态，发布和管理动态内容（设置群公告和加入精选），导出社群成员列表，设置社群成员黑名单。社群动态展示如图 **4-24** 所示。

图 4-23　小鹅通社群管理

图 4-24　社群动态展示

4.4 社群运营案例——校园驾校

校园驾驶培训学校主要为大学生提供驾驶培训服务，主要的生源是周边学校的学生。为了提高驾校的招生数量，驾校放弃原先的招生宣传方式，改用社群裂变来提升驾校的招生效果，通过社群内容服务加大社群成员之间的经验分享，提升成员的驾驶理论学习成效，提升社群招生、培训和服务成效。

首先，建立一个微信群。选择前期种子用户进入微信群，可以选择目前正在培训和刚刚培训拿到驾照的用户，选择的学员尽量覆盖周边每个学校，拉他们进群，告知并承诺彼此之间的利益关系。驾校社群运营人员可以通过福利海报裂变传播与转发，更加精准快速地获取新的潜在用户。

其次，建立微信群运营规则。如种子用户拉入一个潜在用户，可领取奖励100元红包；转发驾校招生朋友圈海报，朋友圈保留1天，可领取奖励红包20元等，保留前期种子用户的活力。新拉入群的用户5天内签报名协议，奖励300元培训奖学金，保证社群的用户增长和裂变机制。另外，强化用户的归属感，如设置进群、报名签约、科目合格和发放奖学金等环节。

再次，做好微信社群内容服务。微信群内容服务和输出的方式有很多，建议围绕驾驶培训内容来展开，做好内容输出的预告，如每周三和周日晚上8点开展讨论活动，让用户形成习惯和心理预期。如科目一的理论学习，鼓励用户在群内分享提问，分享错题，讨论和分享理论题库资料。同时，也可以准备一些科目二、科目三的操作视频材料，并配备教练的操作要领，帮助用户理解和强化培训内容，同时鼓励用户和教练互动，激活微信群。

最后，做好微信群活动。可以鼓励周边高校学生代表开展驾驶培训的宣传活动，如新生入学、社团活动招生宣传、大型活动赞助等，并可以组织线下小规模宣讲会，分发活动奖品、红包、抽奖、培训资料和海报；同时，每组织一个活动，聚集一个潜在用户群，并让种子用户进行管理，驾校招生人员负责监管。本环节通过活动聚集大量潜在用户，为社群扩张提供基础。

思考与练习

1. 提升社群活跃度的主要策略有哪些？
2. 借助社群工具，准备活动物料，策划一次社群裂变活动。
3. 拆解社群裂变活动的主要流程，提出每个关键点的主要优化建议。
4. 社群运营中社群规则设定非常重要，请列举5种社群规则及其设定原因。
5. 选取一个熟悉的社群进行案例分析，拆解社群的基本要素（包括名称、定位、价值、社群规则和成员结构等），提出诊断和优化提升建议。

学习目标

◆ 掌握短视频的特点与类型。
◆ 掌握抖音短视频信息流推送算法。
◆ 掌握抖音短视频运营步骤。
◆ 掌握几种典型数据分析工具。
◆ 掌握直播电商带货与其他卖货方式的区别。

伴随着移动互联网终端的普及和网络的提速，以及流量资费的降低，更加贴合用户碎片化内容消费需求的短视频凭借着内容传播优势，迅速获得了各大内容平台、用户，以及资本等多方的支持与青睐。

5.1 认识短视频

2016 年以来，4G 大面积普及，手机网速飞速提升，短视频行业疯狂发展。凭借着"短、快"的内容传播优势，短视频成为无年龄、无地域的全民狂欢娱乐活动形式。作为当下新兴的热门行业，短视频还有很大的发展潜力。根据中国互联网络信息中心（CNNIC）发布的第 44 次《中国互联网络发展状况统计报告》，截至 2019 年 6 月，我国短视频用户规模为 6.48亿，占网民整体规模的 75.8%。短视频用户规模及使用率如图 5-1 所示。

单位：万人

2019.6

图 5-1　短视频用户规模及使用率

2019 年上半年，手机网民经常使用的各类 App 中，即时通信类 App 使用时间最长，短视频类应用的使用占比为 11.5%，排名第三。各大电商平台纷纷以独立的短视频频道或应用方式，引入短视频内容，利用其真实、直观的特点，帮助用户快速了解产品，缩短用户决策时间，吸引用户购买。用户可以在短视频应用内购买产品，完成交易。如在旅游领域，短视频平台加强与各大景区和城市合作，助力打造"网红景点""网红城市"，如重庆"李子坝轻轨穿楼""洪崖洞"等，带动了地方旅游收入，也促进了短视频内容和商业模式的多元化。

▶▶▶ 5.1.1　短视频概述

1．短视频的概念

短视频是指以新媒体为传播渠道，适合在移动状态和休闲状态下观看的、高频推送的、时长在 5 分钟以内的视频内容，是继文字、图片、传统视频之后新兴的一种内容传播载体。短视频内容可以包含技能分享、幽默搞笑、时尚潮流、社会热点、街头采访、公益教育、广告创意等主题。

2．短视频与传统视频的区别

（1）视频时长

网络短剧、电视剧、微电影等视频形式的传统视频的时长均较长，而短视频时长一般为几秒到几分钟，更能满足用户碎片化时间阅读的需求。

（2）传播渠道

传统视频主要通过电视和视频网站进行传播，短视频更多是通过移动端短视频 App 进行传播。

（3）制作成本

相对于传统视频高昂的制作费用，短视频对设备、特效、专业度等方面要求较低，无论是时间还是资金成本，相对于传统视频都降低了很多，小型团队或个人也可以制作。

（4）制作团队

相对于传统视频至少 10 人以上的制作团队，短视频以单人或 2 ~ 3 人团队居多，对于刚开始尝试短视频制作的普通用户来说，极大地降低了制作门槛，提升了平台内容的丰富程度。

3．短视频的发展历程与趋势

2004 到 2011 年，随着土豆、优酷、乐视、搜狐、爱奇艺等视频网站的相继成立及用户流量的持续升温，全民逐渐开始进入视频时代。2011 年以后，短视频迅猛发展。2011 年，快手 App 上线，初期主要以制作 GIF 图片为主；2012 年，快手转型短视频，迅雷发布有料；2013 年，小影、腾讯微视、魔力盒、秒拍上线，秒拍与微博合作成为其内嵌应用；2014 年，美拍、小红唇上线；2015 年，蛙趣视频、小咖秀上线；2016 年，抖音、火山小视频上线；2017 年，土豆转型短视频，头条发布西瓜视频，腾讯重启微视，360 快视频、百度好看视频上线；2019 年，行业开始从流量竞争转向内容价值竞争……短视频发展历程如图 5-2 所示。

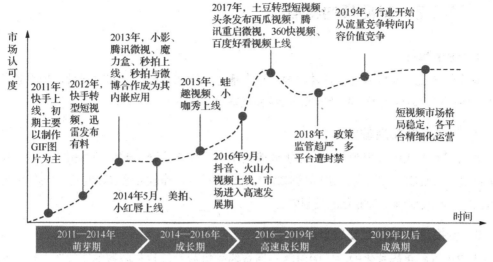

市场认可度

2011年，快手上线，初期主要以制作GIF图片为主

2012年，快手转型短视频，迅雷发布有料

2013年，小影、腾讯微视、魔力盒、秒拍上线，秒拍与微博合作成为其内嵌应用

2014年5月，小红唇上线，美拍、

2015年，蛙趣视频、小咖秀上线

2016年9月，抖音、火山小视频上线，市场进入高速发展期

2017年，土豆转型短视频、头条发布西瓜视频，腾讯重启微视，360快视频、百度好看视频上线

2018年，政策监管趋严，多平台遭封禁

2019年，行业开始从流量竞争转向内容价值竞争

短视频市场格局稳定，各平台精细化运营

时间

| 2011—2014年 萌芽期 | 2014—2016年 成长期 | 2016—2019年 高速成长期 | 2019年以后 成熟期 |

图 5-2　短视频发展历程

（1）短视频行业热度不减，市场规模仍将维持高速增长。短视频作为新型媒介载体，能够为众多行业注入新活力，而当前行业仍处在商业化道路探索初期，行业价值有待进一步挖掘。随着短视频平台方发展更加规范、内容制作方出品质量逐渐提高，短视频与各行业融合会越来越深入，市场规模也将维持高速增长态势。

（2）MCN机构竞争加剧。MCN的本质是内容的聚合和分发，并基于流量变现，在产业链里扮演链接多边关系的角色。随着行业发展趋于成熟，平台补贴逐渐缩减，MCN机构的准入门槛及生存门槛都将提升，机构在抢夺资源方面的竞争日益加剧，针对场景化、垂直化的内容进行差异化竞争将是众多MCN机构的主要策略。

（3）短视频存量用户价值凸显，稳定的商业模式是关键。目前，大部分短视频平台基本完成用户积淀，未来用户数量难以出现爆发式增长，平台的商业价值将从流量用户的增长向单个用户的深度价值挖掘调整，然而用户价值的持续输出、传导、实现都离不开完善、稳定的商业模式。

（4）短视频营销更加成熟，跨界整合是常态。短视频营销在原生内容和表现形式方面的创新和突破更加成熟化，跨界整合也将成为常态。通过产品跨界、渠道跨界、文化跨界等多种方式，将各自品牌的特点和优势进行融合，突破传统固化的界限，发挥各自在不同领域的优势，从多个角度诠释品牌价值，加强用户对品牌的感知度，并借助短视频的传播和社交属性，提升营销效果。

（5）短视频平台价值观逐渐形成，行业标准不断完善。随着技术的不断进步及社会各界持续的监督，短视频平台价值观也将逐渐形成和确立，行业标准不断完善。

（6）新兴技术助力短视频平台降低运营成本、提升用户体验。5G商用加速落地，会给短视频行业带来一波强动力，加速推进行业发展。人工智能技术的应用有助于提升短视频平台的审核效率，降低运营成本，提升用户体验，同时能协助平台更好地洞察用户，更快地推进商业化进程。

第 5 章　短视频运营

▶▶▶ 5.1.2 短视频的特点

1. 短小精练

短视频长度一般控制在 5 分钟以内，短小精练，能即拍即传，即时观看，短视频播放更加方便快捷，适合人们碎片化时间观看的习惯和体验。

2. 制作门槛相对较低

相对于专业化的长视频制作，短视频简化了内容生产流程，制作门槛相对较低，依靠智能终端设备就能实现拍摄、制作与编辑，大部分短视频制作软件添加了滤镜、特效等功能，非专业人士也能制作出专业化的视频内容。

3. 传播速度快，社交性弱

用户可以利用碎片化的时间随时随地用智能手机观看碎片化内容的短视频，短视频传播速度快，短视频为用户的创意和分享提供了便捷的传播渠道，提供了讨论话题，让用户更有参与感。微信打造的是强社交关系，微博打造的是弱社交关系，而抖音用户目前几乎为零关系，抖音内部用户与"大 V"、用户与用户之间的社交关系几乎为零。

4. 重娱乐，轻资讯

当前的短视频市场，以搞笑、美妆、表演、美食等为主要内容的短视频作品占据主流，主打娱乐和社交的抖音、快手和美拍拥有众多用户。由于娱乐短视频的影响力巨大，在不少人心里，短视频就等同于娱乐，从"学猫叫"到"海草舞"，不同的内容背后是相似的演绎方式和同质化的娱乐内核，整个短视频市场呈现一种高度娱乐化和同质化状态。

与娱乐短视频市场的火热不同的是，以新闻资讯为主的短视频的发展相对滞后，尤其是影响力较大的新闻资讯短视频产品还较少。目前，国内各大媒体也开始积极布局这一领域，如梨视频、我们视频（新京报与腾讯合作）、辣焦视频（浙江日报推出），可见新闻资讯类短视频将成为未来新的竞争高地。

5. 重流量，轻质量

当前大量的短视频产品以蹭热点或猎奇的方式博人眼球，获取用户的注意力从而获得流量。这种方式表面上看爆款频出，十分热闹，但实际上这种流量多为一时性的，无法持续。在当前这个信息爆炸的时代，各种产品扑面而来，上述这种基于猎奇而产生的泛化的流量很难持久，由此带来的问题是虽有流量，但无法产生真正的影响力，也无法实现变现。短视频产品要产生影响力，获取商业受益，光有流量是不够的，产品的质量更为重要，只有依托产品的质量，才能吸引一批受众持续地关注，将泛流量转化为精准流量。

6. 以 UGC 为主

UGC 和 PGC 是短视频的两种主要的生产方式。前者门槛相对较低，内容涉及面广，但专业性较弱；后者专业技术要求较高，视频质量高，但成本也高。目前，我国的短视频由非专业用户生产的较多，而由专业用户生产的短视频则较少，并且主要以社交、娱乐等内容为主。

▶▶▶ 5.1.3 短视频的类型

1. 搞笑类

搞笑类短视频通常以搞笑的语言或肢体动作给观看者带去欢乐,如 papi 酱、后舍男孩等。2015 年,papi 酱在个人微博上发布了嘴对嘴小咖秀等一系列秒拍视频,其中她发布的短视频《男性生存法则第一弹》在微博上获得 2 万多次转发、3 万多次点赞。之后她又推出了影片点评、上海话 + 英语等系列视频,同年她开始利用变音器发布原创短视频内容。2016 年 2 月,papi 酱凭借变音器发布原创短视频内容而为人熟知。papi 酱上海话 + 英语系列短视频截图如图 5-3 所示。

- 2006 年,黄艺馨与韦玮因翻唱后街男孩的歌曲《As Long As You Love Me》被网友认识,也因为这首歌曲被称为"后舍男生"。他们用搞笑的组合方式,用夸张的表演、夸张的表情,配合优美的歌声,达到了搞笑的效果。后舍男生《As Long As You Love Me》短视频截图如图 5-4 所示。

图 5-3 papi 酱上海话 + 英语系列短视频截图   图 5-4 后舍男生短视频截图

2. 情景剧

制作精良的情景剧,如《陈翔六点半》《报告老板》《万万没想到》《套路砖家》等,多以搞笑创意为主,在互联网上有着非常广泛的传播。《陈翔六点半》是 2015 年开播的爆笑迷你剧,如图 5-5 所示,其融合了电视剧的拍摄方式,以夸张幽默的表现形式讲述了生活中无处不在的囧事。《陈翔六点半》具有鲜明的网络特点,时长一到七分钟,由一到两个情节组成,其目的就是让用户用最短的时间,借助移动互联网平台,获得解压、放松、快乐。节目拍摄采用的是高清实景拍摄,力求每一集的笑点都能淋漓尽致地表现出来,每一集都是原创。

3. 街头访谈

街头采访也是目前短视频的热门表现形式之一,其制作流程简单,话题性强,深受都市年轻群体的喜爱。《"歪果仁"在中国》街头访谈短视频如图 5-6 所示。

图 5-5 　《陈翔六点半》情景短剧　　　　图 5-6 　《"歪果仁"在中国》街头访谈短视频

4. 日常展示

日常展示类短视频是指普通用户日常生活中随手拍摄的短视频，如生日聚餐、单位活动、旅游等。在继 15 秒短视频之后，视频博客（Video Blog，Vlog）成为当下备受人们追捧的内容形式。Vlog 是一种集文字、图像、音频于一体的内容形式，主要功能是记录生活，制作者以自己为主角，像记录日记一样，用视频将自己的生活经历记录下来，后期通过拼接剪辑，加上字幕和音乐，制作成具有个人特色的视频生活记录。目前主要有明星生活类、学习类、美食类和旅游类等内容领域。

5. 技能分享

随着短视频热度不断提高，技能分享类短视频在网络上的传播也越来越广泛，这一类短视频包括生活技巧篇和美食篇，阅读完成率和平台推荐量都很高。针对美食视频，可以自己制作或去一些门店拍一些具有地方特色的美食，如胖妹美食短视频通过朴实的方式教你如何做出可口饭菜，如图 5-7 所示。

图 5-7 　胖妹美食短视频

6. 音乐类

自影像技术诞生以来，音乐短视频（Music Video，MV）成为全世界范围内非常受欢迎的短视频形式。但是 MV 拍摄要求较高，Dubsmash 的对嘴表演模式创造性地解决了这个问题，通过音频台词、剧本，降低了表达成本，增加了内容趣味，因而这种模式目前也得到较广泛的传播。

▶▶▶ 5.1.4 短视频平台

短视频平台可分为三类，第一类是满足个人制作短视频需求的工具类产品，如小咖秀、小影等，通过提供手机录制、逐帧剪辑、电影滤镜、字幕配音等功能，让非专业用户也能在手机上剪辑出专业的短视频作品。第二类是满足发现新鲜事物需求的资讯类产品，如与微博绑定的秒拍、今日头条旗下的西瓜视频等，通常依托社交或资讯平台并为其提供短视频播放功能。第三类是满足用户社交需求的社区类产品，以快手、抖音、美拍等为代表，通过互动式创作分享，营造浓郁社交氛围，吸引高黏性用户，这类产品市场占有量最高，引流能力最为明显。

快手与抖音是短视频领域的头部平台，各种数据表现处于行业前列，渐渐与其他平台拉开差距。今日头条旗下西瓜视频，腾讯微视，以及美拍、秒拍、梨视频、土豆视频、好看视频等短视频平台，也以各有所专的平台定位收获大批用户和流量，形成实力强大的第二梯队。与此同时，一批新兴的短视频平台另辟蹊径，深耕某一垂直细分领域，取得不俗成绩。例如，超能界 App 以二次元用户为主要目标用户，以录制真人特效短视频为特色；爱奇艺上线的"爱奇艺锦视"App 则瞄准中老年人群。这些创新的力量不断延展着短视频市场的天际线，也为整个行业的发展持续注入活力。

1. 抖音

抖音是一款可以拍摄短视频的音乐创意短视频社交软件，该软件于 2016 年 9 月上线。用户可以通过这款软件选择歌曲，拍摄音乐短视频，形成自己的作品。截至 2018 年 12 月，共有 5724 个政务号和 1334 个媒体号入驻，抖音成为政务和媒体信息传播的新平台，成为很多新闻媒体机构入驻的首选平台，很多抖音账号催生了文旅"打卡经济"。如四平警事的抖音粉丝数超 1000 万，位列政务号粉丝量第一名，收获超5400 万次点赞；人民日报抖音粉丝量 793 万，位列媒体号粉丝量第一名，2018 年收获超 1.7 亿次点赞。2019 年 8 月，新闻联播也入驻抖音，结果仅一天时间，抖音号的粉丝数将近 1500 万，直接冲上当天的热点榜第一名。抖音日活跃用户超过 4 亿，于 2019 年 12 月入选"2019 中国品牌强国盛典榜样 100 品牌"榜单。不同年龄阶段的用户群体关注的抖音短视频内容各有不同，如图 5-8所示。

图 5-8 不同年龄阶段的用户群体
关注的抖音短视频内容

2. 快手

快手是北京快手科技有限公司旗下的产品，其前身叫"GIF 快手"，最初是一款用来制作、分享 GIF 图片的手机应用。2012 年 11 月，快手从纯粹的工具应用转型为短视频社区，用于用户记录和分享生产、生活的平台。随着智能手机的普及和移动流量成本的下降，快手在 2015 年以后迎来市场。在快手上，用户可以用照片和短视频记录自己的生活点滴，也可以通过直播与粉丝实时互动。快手的内容覆盖生活的方方面面，用户遍布全国各地。人们在这里可以找到自己喜欢的内容，找到自己感兴趣的人，看到更真实有趣的世界，也可以让世界发现真实有趣的自己。2019 年 12 月，快手入选"2019 中国品牌强国盛典榜样 100 品牌"榜单。

3. 西瓜视频

西瓜视频是今日头条旗下的独立短视频 App，基于人工智能算法为用户做短视频内容推荐，它能让用户的每一次刷新，都发现新鲜、好看，并且符合自己口味的短视频内容。

4. 微视

微视是腾讯旗下短视频创作平台与分享社区，用户不仅可以在微视上浏览各种短视频，同时还可以通过创作短视频来分享自己的所见所闻。微视还结合了微信和 QQ 等社交平台，用户可以将微视上的视频分享给好友。2019 年 6 月，微视开启了 30 秒朋友圈视频能力内测功能，用户在微视发布界面勾选"同步到朋友圈（最长可发布 30 秒）"按钮，即可将最长 30 秒的视频同步到朋友圈。

5. 梨视频

梨视频是资讯类短视频 App，是原澎湃新闻的一个资讯类视频平台。梨视频大部分视频时长控制在 30 秒到 3 分钟之间，力求展现新闻事件最精华的内容，偶有的一些纪录片也多在 10 分钟的篇幅内。正如已经打响名声的栏目"微辣 Video""冷面"等，梨视频的资讯以不同的栏目呈现："微辣 Video"以趣味性为长，"冷面"是新闻人物回访类视频，"风声视频"瞄准社会问题，"老板联播"则是关注"大咖"动向，以及文娱类的"文娱小队长""眼镜儿视频"等。除了自制内容，梨视频也为其他视频产品提供平台，入驻者包括罐头视频、微在涨姿势、《钛媒体》在线等。

▶▶▶ 5.1.5 短视频剪辑软件

1. Adobe Premiere

Adobe Premiere 是一款常用的视频编辑软件，目前这款软件广泛应用于广告制作和电视节目制作中，是视频编辑爱好者和专业人士必不可少的视频编辑工具，可以提升创作能力和创作自由度，是一款易学、高效、精确的视频剪辑软件。

2. 爱剪辑

爱剪辑是最易用、强大的视频剪辑软件之一，也是国内首款全能的免费视频剪辑软件。爱剪辑从一开始便以更适合国内用户的使用习惯与功能需求为出发点进行创新设计。爱剪辑倡导人人都能轻松成为出色剪辑师，甚至不需要视频剪辑基础，不需要理解"时间线""非编"等各种专业词汇，让一切都还原到最直观易懂的剪辑方式。

3. 会声会影

会声会影是一款功能强大的视频编辑软件，具有图像抓取和编修功能，可以抓取转换MV、DV、V8、TV 和实时记录抓取画面文件，并提供有超过 100 多种的编制功能与效果，可导出多种常见的视频格式，甚至可以直接制作成 DVD 和 VCD 光盘。该软件操作简单，适合家庭日常使用，具备完整的影片编辑流程解决方案，从拍摄到分享、新增处理速度加倍。它不仅符合家庭或个人所需的影片剪辑功能，甚至可以挑战专业级的影片剪辑软件，适合普通大众使用，操作简单易懂，界面简洁明快。

4. 剪映

剪映是由抖音官方推出的一款手机视频编辑工具，可用于手机短视频的剪辑制作和发布，带有全面的剪辑功能，支持变速、多样滤镜效果，以及丰富的曲库资源。

▶▶▶ 5.1.6　短视频数据分析工具

不管做什么平台，数据分析都是非常重要的工作。首先，数据分析可以检测出账号出现的问题。不管是主观原因还是客观原因，都要第一时间排查，如果只是某个视频的数据突然下滑，那么就要看是不是这个视频的内容不受欢迎，或者触犯了网络社区自律公约的某些规则。其次，数据分析还可以指导我们的运营策略，如分析受众的活跃时间点、竞争对手的活跃时间点，得到精准的粉丝画像、粉丝喜欢的内容等，助力后续的内容优化。目前主流的有卡思数据、飞瓜数据、TooBigData 和新榜 4 款数据分析工具。

1. 卡思数据

卡思数据是视频全网大数据开放平台，监测的平台不仅有抖音，还包括快手、bilibili、美拍、秒拍、西瓜视频和火山小视频等，基本操作界面如图 5-9 所示。卡思指数分为红人卡思指数、节目卡思指数和团队卡思指数，为全面体现红人、节目和团队的整体商业价值，根据全网数据，构建了不同的数据算法模型，以数值的方式体现。如红人卡思指数主要包括粉

图 5-9　卡思数据平台的基本操作界面

丝得分、集均评论得分、集均播放量得分和集均分享得分等。卡思数据能够帮助运营人员开展 MCN 管理，随时查看红人的各项运营数据（如粉丝趋势、视频的数据趋势等），方便及时发现旗下红人的潜力与不足，从而及时调整运营重心，实现科学化、智慧化管理。数据平台还提供热门视频查询、抖音 BGM 排行榜、各平台热点词云图等，方便内容创作者进行参考和借鉴。

2. 飞瓜数据

飞瓜数据是一个专业的短视频数据分析平台，功能很齐全，可以做单个抖音号的数据管理，查看日常的运营情况，也可以对单个视频做数据追踪，知晓它的传播情况。通过大数据追踪短视频流量趋势，提供热门视频、音乐、话题及评论，助力账号内容定位、粉丝增长、粉丝画像优化及流量变现。飞瓜数据既能搜集到热门视频、音乐、博主等，还能查到热门带货情况，快速发现短视频平台最新热点，把握短视频热门趋势，追热点、生产爆款视频快人一步。飞瓜数据很多功能是收费的，要购买套餐才能使用。图 5-10 所示为飞瓜数据操作界面。

图 5-10　飞瓜数据操作界面

3. TooBigData

如果你既想查看丰富的抖音数据，又不想花太多的钱，那么 TooBigData 是一个不错的工具。TooBigData 数据功能同样丰富，汇集了抖音各大实用数据功能，包括最新行业资讯、抖音官方平台链接、热门商品、热门数据和账号诊断等实用工具。图 5-11 所示为 TooBig-Data 数据平台搞笑类头部 KOL 分析。

4. 新榜

新榜是做微信公众号排行榜起家的，数据资源库丰富准确。随着抖音的爆火，现在也开通了抖音号排行榜。在新榜抖音排行榜上，能查看到各个领域排名靠前的抖音号，包括娱乐、科技、汽车、美食等 19 个领域。图 5-12 所示为新榜近三天的热门视频界面。

昵称	粉丝数	获赞数	视频数
陈翔六点半	4245.1万	4.0亿	940
♥会说话的刘二豆♥	4204.1万	4.2亿	86
郭聪明🐾	3811.4万	3.7亿	160
多余和毛毛姐	3363.9万	3.5亿	232
高火火♥	3195.5万	2.4亿	184
papi酱	3089.8万	1.9亿	273
七舅脑爷	2826.9万	3.0亿	137

图 5-11　TooBigData 数据平台搞笑类头部 KOL 分析

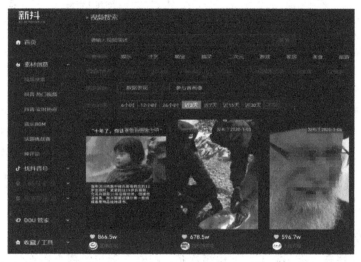

图 5-12　新榜近三天的热门视频界面

5.2　抖音短视频运营

抖音 App 于 2016 年上线，2018 年风靡全中国，2019 年 7 月注册用户突破 10 亿，各大电视台的各大节目组纷纷入驻抖音，2019 年可以说是开启了一个全民玩抖音的时代。凭借"记录美好生活"的品牌定位，抖音的用户群体在不同领域产出生动有趣、富有创意的优质内容，迅速占领用户的碎片化娱乐时间，催生出具有极高生活关联感的大量场景营销商机。品牌及企业聚焦抖音短视频的营销红利，选择入驻平台来进行品牌推广与内容衍生。在了解企业如何运营抖音短视频之前，运营人员需了解抖音的推荐算法。

▶▶▶ 5.2.1　抖音的推荐算法

短视频平台会根据算法给每一个作品分配流量池，系统会给刚发布的短视频一定的基础流量，然后根据短视频作品的质量及表现，决定后续的流量分配。

抖音的算法是一个漏斗机制，与今日头条的去中心化的推荐算法原理基本一致，它包含冷启动流量池曝光、数据加权和叠加推荐三个步骤。抖音作为信息流推荐的典型平台，总体原则是围绕用户的喜好，推荐系统如果用形式化的方式去描述，实际上是拟合一个用户对内容满意度的函数。图 5-13 所示为抖音视频质量评分依据，主要包括账号质量分和视频互动分。

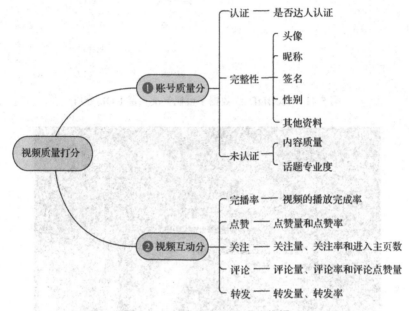

图 5-13　抖音视频质量评分依据

1. 冷启动流量池曝光

假设每天在抖音上有 100 万人上传短视频，抖音会随机给每个短视频分配一个平均曝光量的冷启动流量池。如每个短视频通过审核发出后，平均有 1000 次曝光，每个通过平台审核发布的短视频都会得到一个随机基础的流量；抖音作品传播效果取决于你的作品在这个流量池里的表现，这些表现主要包括点赞量、评论量、关注量、转发量和完播率。因此抖音号运营人员在一开始发布视频时，就需要发动所有力量去点赞、评论、转发、把它播放完，提高短视频在冷启动阶段的表现。既然评论量很重要，运营人员在写视频标题文案时，就应该考虑设置一些互动问题，引导用户留言评论。

2. 数据加权

抖音会从这 100 万个短视频的 1000 次曝光中，分析点赞量、关注量、评论量、转发量等各个维度的数据，从中再挑出各项指标排名 10% 的视频，每条再平均分配 10 万次曝光，后期再继续评估短视频点赞量、关注量、转发量、评论量等指标，决定再滚进下一轮更大的流量池进行推荐的短视频。

3. 叠加推荐

通过一轮又一轮验证，筛选出来的点赞量、完播率、评论率等指标都极高的短视频才有机会进入精品推荐池，上百万点赞量的视频就是这么产生的。这一步会给数据好的短视频进行更大的加权，并且会让内容分发更加精准。视频是有标签的，用户也是有标签的，两者之间会做标签匹配。抖音用户兴趣画像主要包括用户基础属性、观看兴趣画像、环境终端画像等，如图5-14所示。

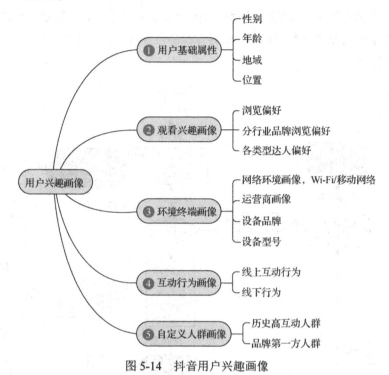

图5-14　抖音用户兴趣画像

　　不少抖音运营人员会发现，有些内容发布的当天、一周甚至一个月内都数据平平，但突然有一天就火了，出现延后引爆现象。这个现象的出现主要有以下两种原因。

　　（1）延后引爆是指抖音会重新挖掘数据库里的"优质老内容"，并给它更多的曝光量。这些老作品之所以能被引爆，首先是因为内容够好，其次是账号已经发布了很多足够垂直的内容，标签变得更清晰，系统能够匹配更精准的用户，优质内容和精准化的用户使老作品重新火爆起来就不意外了。

　　（2）我们可以称之为"爆款效应"，你的某一个作品在获得大量曝光时，会带来巨量用户进入你的个人主页，去翻看账号之前发布的作品。如果某一个作品能够获得足够多的关注，系统将会把这些视频重新放入推荐池。很多垂直内容的创作者，往往都是因为某一个视频的"火爆"，直接将已发布的其他优质视频"点燃"，形成多点开花、全盘爆炸引流的盛况。

　　抖音作品经过层层引爆之后，通常会给账号带来大量的曝光、互动和粉丝，但这种高推荐曝光的时间一般不会超过一周，随后爆款视频乃至整个账号会迅速冷却下来，甚至后续发布的一些作品很难有较高的推荐量。抖音每天的日活是有限的，也就是说，总的推荐量是基本固定的，一方面跟你内容相关标签的人群基本完成推荐，其他非精准标签人群反馈效果差，所以停止推荐，另一方面抖音也不希望某个账号迅速火起来，而是通过一轮轮的考验，考验你的内容再创新能力，考验你持续输出优质内容的能力。

　　一个抖音短视频进入平台后，系统会利用机器来进行初步检测，包括视频画面和标题关键词等，如果出现违反平台设定的一系列规则的现象，将作为违规视频处理。机器检测通过的短视频进入平台会进行画面消重处理，对于同质化内容及雷同的短视频给予低流量推荐，一般只有粉丝和自己能看见，对于未重复的短视频会推荐基础的流量池，后期根据基础流量的数据评价和反馈进行加权叠加推荐，推送到更大的流量池，实现滚雪球式的推荐和曝光。短视频作品经过用户层层筛选，实现好作品的巨量曝光。图 5-15 所示为抖音短视频推荐算法的基本路径。

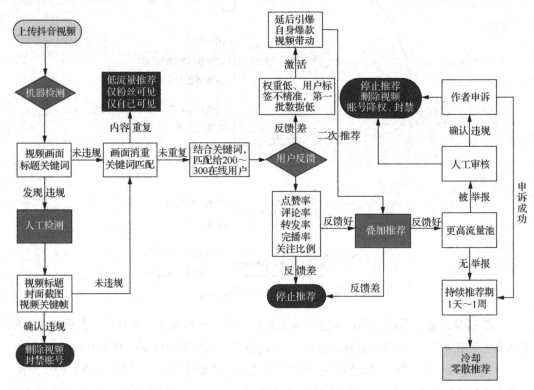

图 5-15 抖音短视频推荐算法的基本路径

▶▶▶ 5.2.2 抖音短视频运营步骤

抖音短视频运营步骤包括抖音账号落地，拍摄内容的选择和更新，视频内容诱因策划，视频编辑、发布和维护四个步骤。

1. 抖音账号落地

（1）抖音账号定位

抖音短视频运营首先要进行定位，定位决定运营效果。定位可以选择擅长的内容领域分类，持续深耕内容，吸引目标粉丝关注。没有定位，作品没有系统性、连贯性，很难形成自己的风格，很难吸引到粉丝，因此只有给账号定位，才能可持续发展。现在每个平台都把 KOL 划分为不同的领域，用几十种标签来区分这些人，因此越是垂直细分的账号，越能得到平台的重视，而且粉丝每天接触到太多的信息，运营人员需要保持一个鲜明的特色，才能让粉丝留下深刻的印象。目前抖音短视频账号定位包括销售产品和打造个人 IP 两种，如图5-16所示，但是随着抖音平台对内容质量的评判标准的变化，短视频的内容也在调整。以服装销售为例，短视频的内容由原先注重高颜值模特向注重穿搭技巧和消费场景化的方向转换。个人IP打造的内容主要包括搞笑段子类、剧情类、测评推荐类和干货教程类等方面。

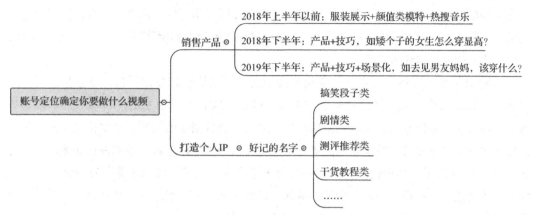

图5-16　抖音短视频账号定位

　　在抖音定位时，运营人员首先要明确该学习和超越的对标账号，快速了解自己的竞品。例如，产品要聚集关注花卉苗木的人群，未来要让这部分人付费购买我们的知识产品，这部分明确了以后，可将竞品圈设定为花卉苗木IP头部账号，可以搜索"花卉"和"苗木"等关键词，筛选出头部抖音账号，学习借鉴本领域内的头部创作者在内容策划方面的方向和思路。图5-17所示为花卉抖音账号头部用户界面。另外，还可以关注微博找人中的行业专家，分析行业专家的内容和思路。图5-18所示为微博查询行业领域专家界面。

图5-17　花卉抖音账号头部用户界面

图5-18　微博查询行业领域专家界面

移动电商运营（慕课版）

（2）同行竞品分析

确定优质账号的数据指标，一是总粉丝数要足够高，如50万粉丝以上，二是单个视频涨粉数据高，前者其实是说明账号整体运营能力好，后者说明账号的运营效率高，然后找到符合这些数据指标的账号。运营人员要细致分析竞品账号所有视频的共性，视频拆解维度要清晰，选题方向、脚本结构、拍摄手法、视频剪辑、视频标题和留言区，几个板块缺一不可，为后续账号内容差异化做准备。

运营团队在运作包括抖音在内的短视频前还可以借助卡思数据平台开展数据分析，为内容创作团队在内容创作和用户运营方面提供数据支持，为广告主的广告投放提供数据参考，为内容投资提供全面、客观的价值评估。进入卡思数据平台网站，可以检测全部分类中的红人周榜，了解在某一特定领域的排名情况，分析账号粉丝总数、集均评论和集均赞等数据，如图5-19所示。如通过卡思数据平台分析李子柒红人榜，可以采集其在抖音平台中评论数、点赞数、分享数、粉丝画像和关键词分析等数据，为抖音运营团队在运作初期的抖音定位提供借鉴依据。图5-20所示为红人李子柒词云图。

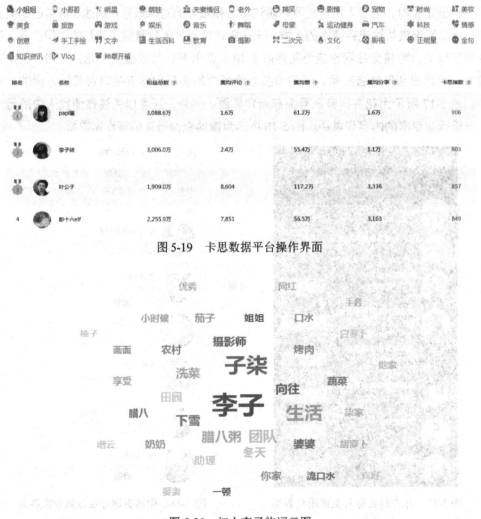

图5-19　卡思数据平台操作界面

图5-20　红人李子柒词云图

（3）抖音变现方式

在进行抖音账号定位和同行竞品分析后，还需要规划好抖音的变现方式，如引流到微信，即通过抖音公域流量转化成微信私域流量实现后期变现；通过抖音商品橱窗链接到淘宝店铺卖货；抖音小店卖货。

抖音账号落地方案如图5-21所示。

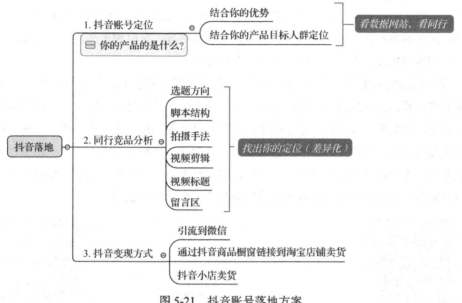

图5-21　抖音账号落地方案

2. 拍摄内容的选择和更新

值得强调的是，内容是短视频运营的核心，也是获得平台流量的关键，靠内容获得的粉丝更加精准、更加有效，因此抖音拍摄内容选择和更新总体应体现设计简单、价值实用、内容相关、内容系统、持续迭代的思路。

（1）设计简单

短视频内容应尽量简单，而且要逻辑清晰、排版敞亮，可列出步骤、标明序号。短视频内容不需要表述太多内容，语速要适当，吐字要清晰，也可以直接展示图片文字。

（2）价值实用

除了分享的内容要简单之外，同时还要实用。实用也是吸引粉丝的关键点。

（3）内容相关

分享的内容需要跟粉丝相关，并可为其提供价值，这样的视频会更受到粉丝的追捧。

（4）内容系统

内容越系统越好，例如，企业打造所在领域的行业号，使得粉丝有相关行业的问题时，首先就会想到这个抖音号，马上到这个抖音号去查询，这样抖音号才容易做起来。查询有一个关键点，就是视频封面一定要有视频标题，以方便粉丝快速辨别。

（5）持续迭代

持续迭代，简单点说就是抖音内容要不断更新迭代，不能只是去模仿同行，要有自己的创新。例如，账号定位是某个领域的专家，那么就要不断地去奠定在本领域的地位，所以要有稳定的更新机制，可以每天更新一个视频。

3. 视频内容诱因策划

抖音对短视频的原创度和质量度要求较高，跟快手相比，要求视频整体的风格潮酷、年轻化，对画质、拍摄技巧要求比较高，因此尽量使用专业的工具，搭建影棚，配备摄像机、灯光道具、拍摄支架、背景墙、演员服装等。拍摄短视频时保证每一帧的质量，尽量真人出镜。抖音的内容有三个流量入口，推荐、关注和挑战，自己制造热点可能很难，但是可以通过参加热门挑战，搭上热点的顺风车，获得流量。

即便是同样的拍摄方式，同样的演员，视频点赞和涨粉数据也可能相差百倍，爆款视频通常胜在选题，这也是内容创作的灵魂。如丁香医生抖音号是一个医学号，视频以科普医学知识为主，顺便带点儿搞笑，他们的选题需要经过反复筛查，才能最终确定下来。在拍摄制作短视频过程中，在前几秒钟的内容中建立粉丝期待，让粉丝决定看下去。拍摄过程中用适当的方法，在视频的起始处设置一些诱因，在观看者心中植入某种动机，就可成功建立观看期待，制造强大的吸引力。抖音常见诱因与用户动机如图 5-22 所示。

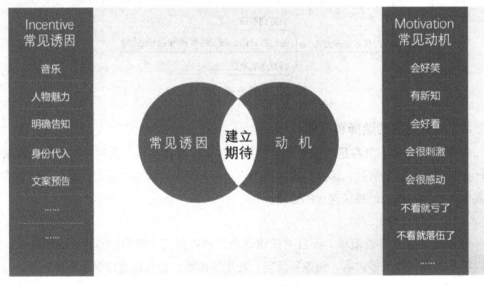

图 5-22　抖音常见诱因与用户动机

（1）音乐诱因

在抖音平台上，"C 哩 C 哩""像一棵海草海草""确认过眼神，遇上对的人"等音乐，都已然成为大众传播的流行曲目，和视频内容一样，有趣易传播的音乐同样值得深挖。作为抖音视频内容的重要组成元素之一，不同的音乐风格会带给观看者不同的情绪反应，从而直接建立起相应的观看期待，尤其已经在抖音平台被广泛使用的热门音乐，往往与某类内容方向有了较强绑定，当这首音乐一响起，观众就知道这是哪一类内容，同时会期待接下来会有怎样不同的剧情出现，如欢快、舒缓、诙谐和煽情等。选择音乐的过程中，可以借鉴卡思数据平台的总榜、周榜和日榜来了解不同周期内的热门背景音乐，方便内容创作者结合热门音乐进行内容制作。

（2）人物魅力诱因

抖音用户常看的都是真人出镜、具有现场感的视频，那么视频中的人物魅力就成了吸引用户注意力很重要的砝码。不同类型的人物，会直接触发大家的心理预期，植入不同的动机，建立期待。

（3）明确告知诱因

在视频开头就明确告知用户视频的主题，然后在接下来的视频中进行详细讲解，只要抛出的主题足够有趣或与用户洞察足够相关，就能打开用户的好奇心与求知欲，让用户看下去了解详情。常见的告知方式有制作视频封面、开场抛出问题、开场抛出利益点等。利用制作视频封面、开场抛出问题的方式，建立"有新知"的期待；利用开场就抛出利益点的方式，建立"不看就亏了"的期待。

（4）身份代入诱因

人们对与自己有关的内容会格外关注，如果在视频开始时提到受众人群的身份标签（地域、职业、爱好等）或共同关注的话题，就能成功引起粉丝的兴趣。

（5）文案预告诱因

能建立期待的，除了视频内容本身之外，视频发布时配合的简介文案也非常重要。一条好的发布文案可以直接预告内容亮点或制造悬念，让用户产生期待，继续观看下去。常用的文案预告方向有精华提炼、亮点预告和真实动情等，如"一看就会做的水煮鱼做法""没想到是这样的结局，太强了""答应我看完好吗？看到最后笑哭了，猜中了开头没猜中结尾"等。

"诱因"不一定单独出现，多诱因组合能制造更加强大的观看动机。而"动机"需要基于对目标用户的真实洞察，真实的洞察才会引发真实的互动，"看下去"只是心智旅程中的动作之一，触发其他动作，还要做更多工作。

4. 视频编辑、发布和维护

经过前期的视频内容策划和拍摄后，运营人员还需重视视频编辑、发布和维护工作。

（1）视频编辑

策划好短视频拍摄思路与形式后，就可以开始编辑了。首先是背景音乐的选择，选音乐一是要与视频内容完美配合，二是要选择用户认知度比较高的音乐。抖音提供快放、慢放、倒放、节选段落循环放等功能，可以结合视频内容选择特效。其次是标题和封面的设计，标题与封面对视频的播放量、完播率、转发量及转发后的点击量都有很大影响，如果能将标题与视频配合起来，能较好地引导用户留言评论。

（2）发布和维护

根据抖音 2018 年大数据统计报告显示，抖音的活跃高峰全天有三个时段，18：00—19：00 的晚高峰是全天使用最活跃的时间段，12：00—13：00 的午间和 21：00—22：00 的夜晚也是两个高峰时间段，选择视频发布时间的原则是在用户最多时进行发布。结合用户使用习惯，优化抖音短视频发布时间，可以获得更多自然流量。此外，需要有专人去维护用户的评论，回复用户的问题，与用户进行互动，这有利于提升粉丝活跃度和忠诚度。

>>> 5.2.3 抖音短视频运营技巧

1. 抖音"养号"

在运营抖音账号初期，我们经常听到"养号"这个说法，事实上注册完一个新的账号，先不要急着发视频，"养号"才是你运营账号的第一步。账号"养"得好，会获得更多的推荐量，也更容易上热门。

抖音和头条平台类似，都分为普通用户和内容创作者。普通用户就是日常观看短视频的人群。每一个普通用户进入抖音后，系统都会根据用户的浏览习惯，为每个人打上身份标签，当有人发布相关视频时，系统就会优先推送给带有相关标签的人群。

抖音"养号"的核心目的是提升账号权限，抖音在账号运营初期都会有流量扶持，通过对账号的前 3 ~ 5 个视频进行标签测试后，后续抖音会将视频推荐给更多精准的用户，以便这些账号产生的优质视频获得更多互动和推荐，在符合自己账号定位的基础上，持续贡献优质的内容。抖音会给能贡献好内容的账号越来越高的账号权重。如何确定抖音号是否已经有权重？可查看系统是否给你的账号打了标签，用别人的手机查看你的抖音号，会出现可能感兴趣的人或可能认识的人，如果可能感兴趣的内容和你的内容是类似的，说明系统已经给你的账号打好了标签。

很多抖音账号视频播放量低，主要原因是发布的内容不垂直，系统无法打标签或标签混乱，只有内容垂直抖音才会给账号打上领域标签。此外内容一定要有看点、要对用户有价值、要新奇、要实用。很多人常常认为自己账号被限流，不愿意承认自己的作品不行。一个新手新号刚开始发作品，一般是不会有太大的播放量的，除非内容制作得非常精彩，非常有看点，所以最少在发布 15 个精良的作品后，再去思考播放量低的原因才是比较正确的方法。

2. 提升指标

想获得推荐就必须在视频发出之后，发动所有资源去提升点赞量、评论量、关注量、转发量、完播量这 5 个指标，不断让用户通过这 5 个指标来认可发布的视频，从而让视频得到平台不断的推荐。

（1）在视频描述里引导用户完成点赞、评论、转发或看完视频的动作。一些短视频会在视频描述和视频开头、结尾写"一定要看到最后"，就是为了提升完播率。

（2）在视频描述里设置一些互动问题，引导用户留言评论，提升评论量，提升用户的参与感，让留言评论提高其他用户的关注度。很多用户在看到喜欢的短视频，产生情感共鸣时，往往关注阅读其他用户的评论，并针对问题深入留言讨论。抖音运营人员还可以在发布视频后，提前准备好评论，让好友写在评论区，引导用户围绕这个话题展开更多互动，抛出能让用户评论的讨论话题。运营人员还可以借助评论区，了解用户关注内容的喜好，为后续内容策划提供依据和重要参考。此外运营人员可通过回复用户评论，提炼视频核心观点，引导更多用户参与到话题讨论中来，进一步提升评论量。

3. 参与挑战

挑战赛是抖音为品牌独家定制的高品质话题，融合了抖音开屏、信息流、发现页、消息页、抖音小助手等全流量资源入口，并运用"模仿"这一抖音核心运营逻辑，实现品牌营销价值最大化。在抖音上，每天都会有不同的挑战，运营人员可以根据综合的对比来判断话题火爆的潜力，然后选出最可能会火的话题进行模仿，这样可以提高被推荐的概率。对于个人账号来说，积极参与相关挑战赛，选择与自己定位合适的官方话题，是一种增加曝光度的有效方式。

通过对挑战赛发起的原因、话题的设置、KOL 的使用情况、贴纸的设计、奖励机制等详细地分析和研究后发现，优质话题名称、互动玩法及奖项机制、明星 /KOL 使用策略是决定挑战赛成败的三大要素，如图 5-23 所示。

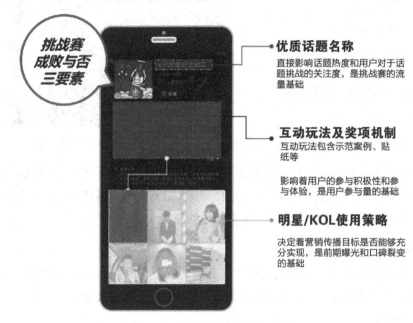

图 5-23　抖音挑战赛成败三要素

（1）优质话题名称是流量基础。话题名称直接影响着话题的热度，对挑战赛的最终传播效果起着决定性作用。在话题名称设置上，需要结合抖音平台的用户语境进行设置。挑战赛常见的话题方向有产品卖点型、节日热点型、营销节点型、平台热点型、理念态度型等，其中产品卖点型话题（如美团酒店＃三心二亿撩到你）最为常见，如图 5-24 所示，而理念态度型话题（如 vivo＃ 这就是我的 Logo）最能激发用户情感共鸣，播放量最高。

（2）互动玩法及奖项机制是用户参与量的基础。以贴纸设计为例，贴纸不仅是吸引用户参与活动的法宝，也是话题挑战中露出品牌的一个重要途径，而在贴纸设计上需要遵循萌、美、趣、酷四要素。产品或品牌可以成为装饰的一部分出现在贴纸中，但需尽量避免生硬嵌入，过多挤占视频空间。还可以定制背景音乐，通过"取巧"的内容和旋律设计，定制音乐往往能更全面地诠释产品卖点，助力品牌曝光。同时用一些耳熟能详的旋律为品牌挑战定制歌词，用户使用背景音乐的过程就是深化传递品牌卖点的过程。

（3）明星 /KOL 使用策略是前期曝光和口碑裂变的基础。运营人员要能正确评估流量明星和 KOL 的影响力，以实现最佳曝光。图 5-25 所示为几位 KOL 参加的王老吉挑战赛。

图 5-24　美团 # 三心二亿撩到你话题

图 5-25　王老吉挑战赛

卡思数据平台支持用户按照话题类型、所属行业、发起者、时间范围、播放量、参与人数、话题热度进行筛选或直接搜索。对于内容创作者来说，可针对热点进行内容创作；对于品牌主来说，可查看本品牌或竞品品牌的挑战赛投放效果。

4. 持续维护

当抖音内的推荐算法没有运行新内容任务时，就会把以前的老视频再推荐一次。如果短视频当时没有火爆起来，后面随着参加挑战的人增多，又会被重新推荐。所以对于优质的视频要持续进行运营。

5. 提高抖音号曝光度

多关注自己领域的一些拥有众多粉丝的抖音号，在对方的视频推送之初就抢先留下精彩评论，通过不断抢热评便会源源不断地引流过来。此外，还可以使用 DOU+ 功能来提高抖音号的曝光度。DOU+ 是为抖音创作者提供的视频加热工具，能够高效提升视频播放量与互动量，提升内容的曝光效果，助力抖音用户的多样化需求，操作便捷、互动性强、流量优质。

6. 设置好短视频标题

在抖音算法推荐机制下，标题的功能不只是为了吸引注意力，系统还会根据标题中的关键词，将视频推荐给精准受众，如标题里的所有字眼和语句都是围绕着自媒体来写的，那么在第一波推荐的基础流量中，视频会更大比例地被推荐给喜欢看自媒体内容的用户。

如一位高校学生在 800 米体能测试时，拍摄了一个体育老师拿着体测表走过来的视频，视频内容与形式很简单，但是这个视频在短短一周内拥有 394 万次的播放量，获得了 20 万次的点赞量。主要原因在于短视频标题为"她来了她来了，她带着八百米的体测表走来了"，这个标题引起了很多高校学生的共鸣。图 5-26 所示为 800 米体能测试抖音短视频截图。

图 5-26　800 米体能测试抖音短视频截图

7. 视频数据复盘优化

抖音提供企业创作者作品数据分析功能,运营人员可进入数据中心查看作品数据,开展单品的精细化运营分析。选择点赞率不高的短视频,分析作品每秒观看人数占比,了解用户在观看短视频过程的跳失情况。如果发现数据曲线中某一个趋势图的观看人数急剧下降,如视频第 9 秒用户流失严重,可以对第 9 秒的内容进行复盘,分析用户在这一时间点离开的主要原因。同理,根据数据趋势图,运营人员还可以分析每秒点赞人数占比情况,如在视频第 5 秒用户点赞率最高,运营人员则需要复盘这一点为什么打动了用户,让用户得到了共鸣,如图 5-27 所示。通过视频播放过程的用户行为,运营人员可以拆解作品的每一秒用户的情绪点,分析视频内容策划、拍摄过程中存在的问题,为后期视频策划提供借鉴依据。

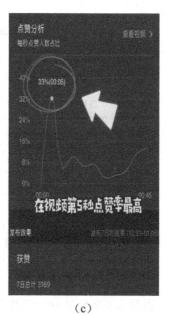

（a）　　　　　　　　　（b）　　　　　　　　　（c）

图 5-27　抖音作品数据分析

▶▶▶ 5.2.4　直播带货

直播带货指的是通过视频直播平台，进行现场直播卖货的模式。目前带货平台以淘宝、快手、抖音为主，京东、拼多多、有赞等电商平台也开始试水直播带货的玩法。之所以说直播带货目前是流量高地，是因为直播带货现在所处的阶段像极了抖音、公众号的初期，主播们创下的惊人业绩让多少品牌商家望尘莫及。

直播带货有一个完整的链条，主要参与的角色有平台、电商企业、直播机构和资源整合者。直播平台方指的是直播平台，如抖音、快手等；电商企业是直播带货的主要受益者；直播机构是主播孵化机构，2019 年下半年如雨后春笋般涌出来的大大小小几千家直播机构，有些是 MCN 转型，有的是直接招募"网红"做直播带货；资源整合者是解决电商企业与直播机构的合作问题，是彼此的中间牵线机构。

1.　直播电商

如果说 2019 年是直播电商的元年，那么 2020 年即进入到红利爆发期。进入 5G 时代，短视频、直播行业将加速驶入变现快车道，品牌商家如何抓住这波流量红利，并探索出一条属于自己的营销之路，实现自有私域流量的构建及运营才是品牌突破营销困境的关键点。在风口之下，大到 BAT（百度、阿里巴巴和腾讯）、今日头条、京东等，小到便利店，都在"进军"短视频、直播领域。无论是消费者的增长还是内容的创新，短视频、直播目前已成为品牌营销的主阵地。现代广告大师大卫•奥格威曾说过，"广告就是为了销售，否则一无是处"，从广告营销投放到销售成交的转化能力，是衡量广告投资回报率的不变真理。因此，品牌商如何顺势而为，抓住这波红利并提升销售转化，成为亟待解决的问题。图 5-28 所示为某直播活动的部分带货情况。

数据概览

	本场音浪	音浪收入	商品数	销量	销售额
	36350	¥3635	33	2.8w	445.3w

商品	直播价	售价	商品上架时间 商品下架时间	上架时浏览量 下架时浏览量	上架时销量 下架时销量	直播销量	销售额	操作
陈婷同款-挪丝拉磁力导入仪	¥69	¥69	01-06 21:10:37 01-07 01:37:39	10.5w --	1.0w 1.5w	5111	35.3w	
陈婷同款---琳妆丝绒暮色皮包口红...	¥159	¥69	01-06 21:10:36 01-07 01:37:21	9.2w 9.4w	2.0w 2.3w	3313	52.7w	
陈婷同款---韩贝儿晶光亮彩光影修...	¥249	¥89	01-06 21:10:36 01-07 01:37:31	2.5w 3.7w	5501 8501	3000	74.7w	

图 5-28　某直播活动的部分带货情况

2.　常见购物方式比较

视频或直播比文字、图片更直观，而且直播具有实时反馈性。购买行为是一个被说服的过程，是一个分享直觉的过程，尤其是在不完全依靠产品使用价值定价的具有品牌溢价的美妆、服装等品类上，直觉分享的触达更重要，消费者容易被生动表达的直觉打动，而直觉具有高度的隐私性，几乎是只可意会不可言传的。所以存在空间和触觉隔阂时，如果需要众多人统一思想去行动时，只有变得生动有趣和达到共鸣，触及消费者内在诉求才容易实现，而视频为表达出尽可能多的直觉感受提供了便利条件。所以直播的方式比图文更容易进行传播（转发冲动），是口碑营销的线上化，而直播的模式可以更快地完成交易的闭环，并能为消费者营造集体消费的兴奋氛围。

"网红"直播带货作为短视频电商的重要形式，与传统网络购物、线下购物、电视购物等购物方式存在较大差异，如图 5-29 所示。传统的网络购物是超市模式，消费者自己浏览自己选择，加入购物车结账，而直播带货是从原本只有"人—货"的状态，变成了"人—货—场"的模式。线上购物将渠道互联网化了，直播带货的形式满足了人们的交易需求和陪伴需求。线上购物的场景化趋势变得越来越明显，消费者可在观看直播的同时进行互动、增加购物乐趣等。

浏览+购买行为

- 用户自主完成浏览图文信息或录制小视频，然后下单完成购买行为
- 随时随地，不用付出额外交通成本，无陪伴出行压力

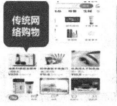
传统网络购物

网红直播带货

实时讲解+陪伴+购买行为

- 用户自主观看直播（主播是用户偏好的讲解员类型，可自主选择）
- 同时多买家在线，实时交流信息和反馈
- 不用付出额外交通成本，无陪伴出行压力，但是有陪伴购物的体验，兼具娱乐消遣属性

实时讲解+（陪伴）+购买行为

- 用户通常需要付出交通成本并有一定陪伴出行的需求或面对面交流的沟通压力
- 可以体验商品，有讲解过程

线下购物

电视购物

实时讲解+购买行为

- 用户自主观看（讲解员一般不可选），没有流量聚集效应和正反馈
- 同时多买家在线，但是不能实时交流信息和反馈，
- 不用付出额外交通成本，无陪伴出行压力

图 5-29　几种典型的购物方式比较

思考与练习

1. 简要描述抖音短视频作品内容特点。
2. 利用卡思数据、飞瓜数据等工具，分析花卉主题的短视频头部账号。
3. 利用抖音短视频企业创作者数据分析工具，分析和复盘作品。
4. 进入抖音的数据中心，完成后台账号的数据分析操作。

第 6 章

学习目标

◆ 了解微商城的私域流量特点。
◆ 了解有赞微商城的账号配置内容。
◆ 了解典型微商城产品的后台操作。
◆ 掌握 RFM 模型分析方法。
◆ 了解有赞微商城的典型营销玩法。
◆ 了解小程序的主要特点和开发工具。

产品运营是一项从内容建设、用户维护、活动策划三个层面来管理产品内容和用户的职业。通过设计合理有效的运营场景，来更加高效地满足用户需求，实现产品的各项目标，包含用户注册量、用户活跃度、营收等，这也是用户运营的一个目标。

6.1 微商城产品运营概述

微商城可作为用户与商家的交易场所、营销场所，以及商家进行用户管理的工具。目前在微信第三方开发平台的市场上，微商城技术服务提供商主要包括杭州有赞、上海点点客、北京口袋时尚科技等，它们也是众多商家选择的主要技术平台。上述三家均具备良好的 PC 端和移动端店铺管理工具，并且不管是哪一家技术服务提供商，软件本身是不带有用户流量的，所以商家需要运营好自己的用户，找到有效的引流策略，采用用户运营思维，培育商家优质用户池，建立商家和用户的信任关系，才能让商城运营持续良性发展。主流的微商城技术服务商如图 6-1 所示。

图 6-1　主流的微商城技术服务商

▶▶▶ 6.1.1 微商城主要产品

1. 有赞微商城

有赞微商城作为功能强大的电商系统，其产品定位为移动零售服务商，利用微信、

QQ、微博、小程序和支付宝生活号，把握社交网络每一份社交流量。有赞微商城主要通过社交化入口完成用户引流，并促成交易，用户在微商城平台上浏览店铺产品，完成下单、支付、收货、评价和分享等环节，目前有赞微商城的主要交易方式有微信、支付宝、网上银行卡和货到付款等。商家店铺页面组件化装修功能，能满足商家个性展现和店铺设计，店铺的拉新、转化、促活、复购、留存和推广的专业工具能助力用户整体化运营和产品成交，多人拼团、优惠券、秒杀、幸运大抽奖和砍价等多元化的营销玩法，以及新开发上线的"分销员"功能提高了产品的曝光和转化，大大地提升了用户聚集能力、用户转化率和活跃度。同时平台还提供第三方工具插件、客群分析和多元化的经营数据分析技术，为店铺的用户经营、订单转化、产品管理、营销玩法等活动经营保驾护航。

目前有赞微商城包括基础版（适合个人或三个以内的运营团队开店，满足产品销售和推广营销等基础经营需求）、专业版（适合成长型电商、门店商家，满足推广获客、成交转化、用户留存、复购增购、分享裂变等核心经营需求）和旗舰版（适合规模化扩张、有多个经营场景需求的成熟商家，满足创新营销玩法等深度经营需求）三个收费套餐，能不断满足不同商家的个性化经营需求。

2. 人人店

人人店是点点客旗下主打社交分销的产品。人人店以人为中心，用户即渠道，商城装修深度自定义，满足商家的个性化需求，具备完善的推客体制和商家独有的移动入口和流量资产管理体系，便于人人店产品分销和用户裂变。人人店营销工具提供带有社交属性的创意游戏、拼团等活动，可以帮助商家拉新积累用户，引发用户自主进行传播。推客模式是点点客微商城系统提供的最基础的一种分销模式，即以用户为中心，以社交分享为主要推广裂变方式，以佣金结算为激励手段的分销。点点客推客模式采取的是"无限级分销、三级分佣"的模式，也就是每一个推客都可以推荐发展下一级推客，佣金的计算从直接完成销售的推客算起，共三级分销商可获得佣金。目前人人店产品主要有标准版、厂家版和新微商三个收费套餐。

3. 口袋微店

口袋微店是以个人手机开店为主的免费移动电商平台。微店作为移动端的新型产物，任何人通过手机号码即可开通自己的店铺，并通过一键分享小程序海报、活动页面海报和二维码海报等方式宣传店铺进而促成产品成交。目前小额付费的微店专享小程序版已开发上线，商家通过申请去除微店元素的微店小程序，实现店铺产品更多社交流量入口红利和一端经营多端展示。目前微店围绕新客流量、提升收藏量、转化率、客单价、复购率、以老带新和微信群裂等方面进行了大量的营销推广工具升级，功能越来越强大，是目前很多资质比较弱、抗风险能力较差的小型商家入行体验社交电商经营魅力的主要选择工具。

▶▶▶ 6.1.2 微商城产品运营思路

传统平台型电商的流量主要来源于关键词的自然搜索和关键词付费购买，用户在平台型消费场景中一般采取消费主动出击模式，而商家除了"下饵""撒网""收网"外一般都

被动等待。而有赞、点点客和口袋微店等移动社交电商微商城是基于微信社交工具开发的微信端商城，采用典型的移动社交零售电商运作模式，"人"作为流量的关键，主要围绕社会化工具来完成其在社交网中的移动，可能是一篇微信公众号文章中插入的微信小程序、朋友圈的一张产品海报分享、商城型的小程序、微信社群成员间的一次交流……通过这些众多的具有兴趣点的用户端的微信链式传播，在社交圈的势能不断增强，形成当前主流的"两微一抖（微信、微博和抖音）"的社会化流量入口。移动社交电商微商城店铺的用户主要入口如图 6-2 所示。

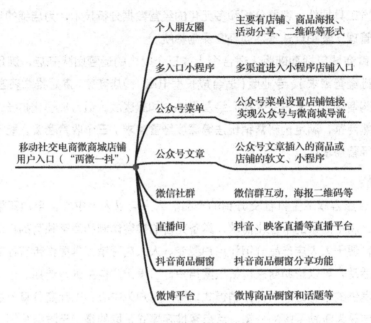

图 6-2　移动社交电商微商城店铺的用户主要入口

微商城总体运营思路是构建强大的店铺用户池，并通过持续的拉新、促活、留存和转化等培育手段，提升微商城的流量和转化，实现微商城店铺流量的私有化，大大降低商家获取流量的成本。目前作为主流的移动社交电商微商城的主要流量入口和传统平台型电商在流量获取方式、流量渠道上存在较大的差异，传统平台型电商主要采取引流和截流的模式实现销售，需要在平台中和其他同质店铺在流量获取、价格和运营成本上进行竞争。而移动社交电商采取多样化的社交方式和工具，以能进能出的蓄水池方式来存储用户，实现微商城店铺和商品在用户池的曝光和转化，商家的运营精力主要集中在用户导流、活跃、留存和转化方面，主要任务是持续培育提升用户池的用户质量，使得店铺经营成本明显减少，同时因为用户社交属性的需要，用户获得较好的购物体验后，会自主地进行分享、推广和传播微商城的商品及其相关内容文案。

商家在微商城运营过程中需要关注用户池的规模和质量，应建立多样化的店铺入口，保证店铺更多的曝光，主要包括采取微信群、朋友圈、微信公众号菜单、微信文章、小程序和多种第三方工具来完成广告、海报、软文和活动等形式的内容传播与输出，让更多数量的用户通过社交渠道聚集到微商城，并留存下来。在此基础上，为了提升微商城店铺的用户池质量，如微商城店铺的销售额、活跃度、复购率、转化率和客单价等关键指标，商家依托技术方提供的主要服务，如多样化的营销插件、个性化微页面设计和用户管理工具等，通过店铺或商品的营销策划和活动设计完成用户的留存、唤醒和转化。

》》6.1.3　微商城账号配置

微信端微商城配置主要依托第三方技术服务企业提供技术支撑，不同的技术服务企业在账号配置上差异很大，下面以有赞微商城为例完成账户初始化工作。

1. 有赞微商城注册认证

步骤 1：用户进入有赞企业官网，开始进入 14 天免费试用期的申请注册环节，选择将要在有赞微商城经营的主营商品的类目（如食品 / 生鲜果蔬类目）和经营模式，如电商模式、农产品自销模式、单门店经营模式和多门店连锁经营模式等，有赞微商城经营模式选择界面如图 6-3 所示。

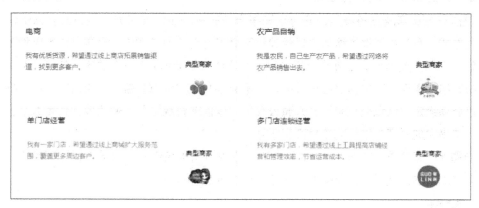

图 6-3　有赞微商城经营模式选择界面

然后填写店铺名称、店铺地址等信息，选择和提交完上述信息后，进入免费试用版店铺后台。

步骤 2：选择后台左侧的"设置"菜单，完成店铺认证信息提交，主要包括经营主体（个人、个体户、企业和其他组织形式）、网店信息，选择适合企业经营者的企业认证，添加可提现至企业银行账户功能。如果是食品、医疗等特殊行业，还需提交食品经营许可证和医疗器械经营许可证等，有赞微商城网店信息填写界面如图 6-4 所示。

步骤 3：店铺认证。为了认证店铺主体的身份信息，使用"注册主体"的微信通过扫一扫微信支付 1 分钱，验证店铺主体的真实姓名和身份证号码。网店认证分为普通店、旗舰店、专卖店、直营店认证。根据你选择的类型，上传不同资质文件并申请人工审核。

步骤 4：通过上述认证操作后，完成店铺联系电话、地址、退货等信息的设置，以及完成基本通用设置（包括经营设置、基础设置、页面设置、商品设置、活动提醒和交易设置等），并初始化店铺经营的展示情况和经营规则。

有赞提供了比较完善的员工管理和角色管理功能，管理员还可以根据运营团队设置员工子账号及其角色授权等，运营团队根据具体业务分工主要包括售前 / 售后客服、美工、营销和普通管理员等人员，提高整个运营团队的线上一体化办公水平。

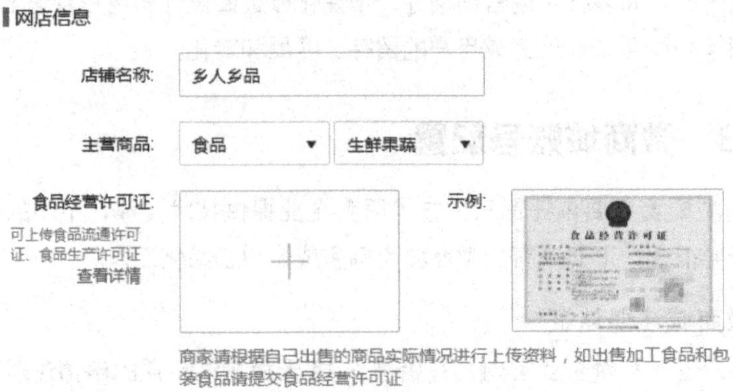

图 6-4　有赞微商城网店信息填写界面

2. 有赞微商城的支付认证

目前有赞微商城支持微信、支付宝和银行卡等多种主流支付方式的设置。微信作为主流支付方式，有赞主要提供微信支付代销和微信支付自有两种形式，有赞已代为申请微信支付代销，交易完成后资金结算至店铺余额，结算时扣除 0.6% 交易手续费（微信收取），商家可随时申请提现，有赞提供担保服务，保障商家和用户双方权益。而微信支付自有模式需要经过店铺绑定"认证公众号"，开通公众号"微信支付权限"，并完成支付参数配置才能实现，交易完成后资金结算到微信商家账号。

步骤 1： 商家通过微商城 PC 端后台的"应用→销售渠道→公众号设置"等操作，查看当前店铺绑定的已认证微信服务号的名称，如图 6-5 所示。

图 6-5　有赞微商城与微信服务号的绑定情况

若微商城店铺还没有与任何微信公众号绑定授权认证来实现店铺和微信的打通，可以尝试把已经通过认证的微信服务号与有赞商城绑定起来（提示一个微信公众号只能和一个店铺绑定）。

步骤 2： 在微信公众平台登录上述有赞绑定的微信服务号，查看"微信支付→商家号管理",确认该服务号所对应的微信支付商家号及常用邮箱。微信支付商家信息如图 6-6 所示。

图 6-6　微信支付商家信息

在微信公众服务号后台,可以在线自行申请微信支付功能。需要注意的是,企业接入微信支付必须具备营业执照,且营业执照上的主体类型一般为个人独资企业、合伙企业、有限企业、有限责任企业,同时还需提供营业执照(彩色扫描件或数码照片)、法定代表人/超级管理员身份证(彩色扫描件或数码照片)和企业对公银行账户(包含开户行省市信息和开户账号)。准备好上述材料后,登录微信支付商家平台页面按照系统步骤完成申请工作。

微信支付申请主要包括创建申请单、填写商家资料和确认提交三个主要阶段。首先,系统创建申请单主要包括超级管理员微信个人号绑定、手机号和邮箱等信息采集;其次,商家资料包括营业执照、超级管理员或法定代表人身份证信息、对公账号信息和商家的基本经营类目、用户电话和售卖场景等信息,如选择了公众号和小程序场景,则需要提供同一申请主体的公众号和小程序 AppID(开发者 ID,具体可在微信公众号和小程序的后台账户配置中查找),准确填写完商家资料后选择"确认提交"。公众号支付场景配置界面如图 6-7 所示。

ⓘ 你选择了"公众号"场景,审核通过后将获得"JSAPI支付"产品

公众号APPID
　　　　已认证的服务号或政府媒体类型的订阅号。要求申请主体一致,且公众号需要有内容。appid查看指引

公众号页面截图(选　　　上传
填)
　　　　请提供展示商品/服务的页面截图/设计稿(最多5张)

图 6-7　公众号支付场景配置界面

商家确认提交完资料并经过系统检验后,系统会引导商家进行账户验证,使用结算账

户向财付通指定账户汇入指定金额，按页面提示进行汇款，最后确认汇款成功。企业对公账号验证界面如图6-8所示。

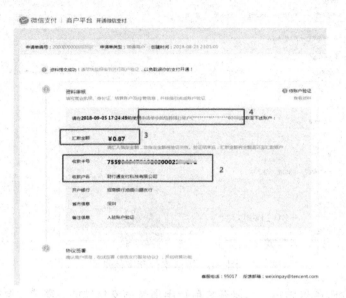

图6-8　企业对公账号验证界面

微信支付团队会在1～2个工作日内完成商家资料的审核，若审核通过，包含商家号的开户信息会通过邮件和公众号推送给商家，商家在线签约后，即可获得正式交易权限和商家平台各项功能使用权利。资料审核与协议签署界面如图6-9所示。

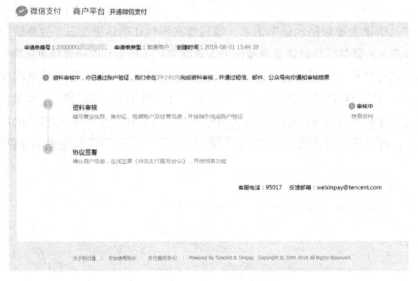

图6-9　资料审核与协议签署界面

步骤3：微信支付商家平台配置。完成微信服务号认证和微信支付商家的申请认证（需要注意的是，微信公众号与微信支付商家申请主体应保持一致），审核通过后可以通过登记的邮箱查看微信发送的登录账号和密码，邮件内容主要有三个信息：微信支付商家号、商家平台登录账号和商家平台登录密码，其中"微信支付商家号"就是"商家ID"（10位）。

邮件中看到"前往商家平台完成入驻"的按钮,单击按钮,并使用上一步得到的商家平台登录账号、商家平台登录密码,登录商家平台网站,如果微信有其他操作提示,按照提示操作完成入驻,再单击左侧的"API 安全"按钮,进入 API 安全管理的页面,如果页面提示安装操作证书,按提示操作,然后重新进入这个页面。

进入微信支付商家平台的开发配置页面,在公众号支付下,添加支付授权目录,选择 https 服务,输入有关设置后单击"保存"按钮。微信支付商家后台的公众号支付配置如图 6-10 所示。

图 6-10　微信支付商家后台的公众号支付配置

进入微信支付商家后台的"API 密钥"部分,单击"设置密钥"按钮,可以看到密钥内容(32 位),该密钥就是我们需要的"支付密钥"。

步骤 4:在微信公众号后台设置好支付配置。通过"微信支付→开发配置",打开微信支付开发配置页面。单击"修改"按钮,设置参数支付授权目录和支付回调 URL。公众号后台微信支付配置如图 6-11 所示。

图 6-11　公众号后台微信支付配置

有赞后台微信支付自有模式配置如图 6-12 所示。

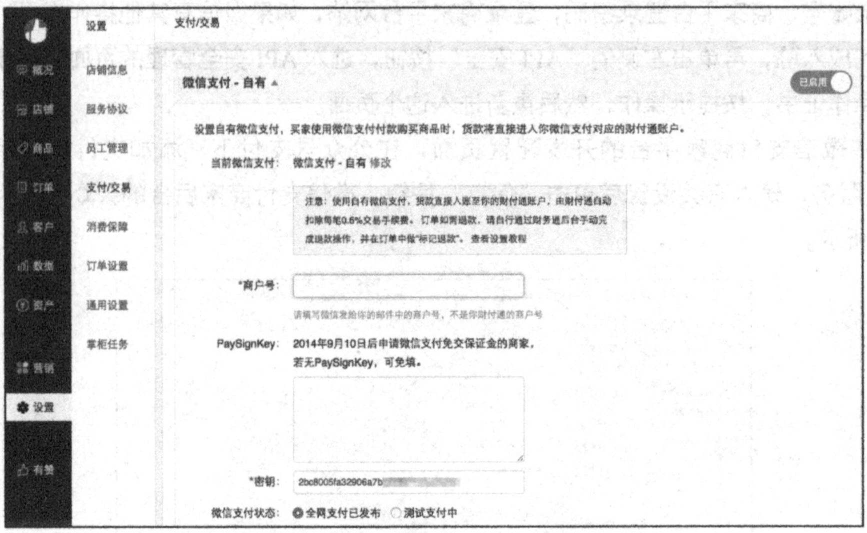

图 6-12　有赞后台微信支付自有模式配置

6.2　有赞微商城运营的"六脉神剑"

▶▶▶ 6.2.1　有赞微商城店铺页面装修

店铺页面装修会给用户留下进入店铺的第一印象，有赞提供商家全风格设计、店铺装修基础模板、场景模板、主页模板和付费模板，同时还提供多样化的基础组件等功能，通过自由拖曳、排列组合等形式便于店铺进行自定义模块、微页面、公共广告和悬浮窗装修设计等。商家通过有赞后台"店铺内容创作"下的菜单实现店铺在线装修设计。同时，商家可以对店铺主页、顶部导航进行个性化设计。下面具体讲解店铺关键装修操作——公共广告设计的操作步骤。

公共广告便于商家快速地在各类页面中放置统一的广告。商家采取可视化的操作界面，设定好属性参数，能很快生成页面效果，达到较好的展示效果。

步骤 1：公共广告设置。进入有赞微商城选择"店铺→内容创作→公共广告"，即可看到公共广告的设置区域和属性面板（包括展示位置和出现的页面）。公共广告设置界面如图 6-13 所示。

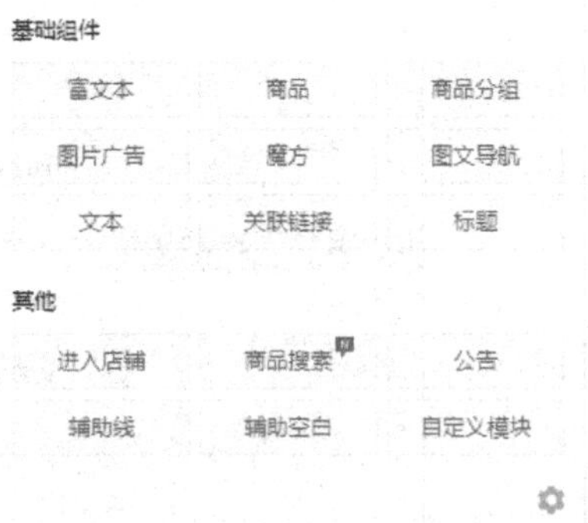

选择"其他"模块的"公告"子模块，设定好公告内容、背景颜色和文字颜色，在"公告"属性面板中选中展示的位置，勾选出现的页面，则可以在设定展示

基础组件

富文本	商品	商品分组
图片广告	魔方	图文导航
文本	关联链接	标题

其他

| 进入店铺 | 商品搜索 | 公告 |
| 辅助线 | 辅助空白 | 自定义模块 |

图 6-13　公共广告设置界面

的页面显示公告信息，避免为每一个微商城页面重复设置同一内容模块。公共广告中"公告"属性设置如图 6-14 所示。

图 6-14　公共广告中"公告"属性设置

　　步骤 2：悬浮窗设计。悬浮窗便于你在各页面放置统一的快捷入口，配置用户经常访问的页面入口，如回到店铺主页、回到页面顶部、在线客服和快捷签到等快捷方式，提升用户访问店铺页面的体验感受。目前有赞提供了七大常用的快捷操作，商家可以选择在需要的页面展示悬浮窗，快捷操作入口既可收纳到统一的主窗口中，又可作为独立的子窗口展示，具体操作方法为通过"店铺→内容创作→悬浮窗"，进入主窗口和子窗口设计属性面板，可以展示店铺主页、微页面、商品详情、商品分组。缝纫之家微商城的悬浮窗设计属性面板和效果展示如图 6-15 所示。

图 6-15　缝纫之家微商城的悬浮窗设计属性面板和效果展示

　　步骤 3：自定义模块设计。自行设置个性化的自定义页面模块，以便店铺装修时调用，无须重复设置，用好它可有效提高店铺建设效率，降低维护成本。运营人员可以制作一个自定义模块，然后把它嵌入其他任何微页面、商品页面，同一个模块可以嵌入不同的页面，当修改"自定义模块"里的内容时，所有调用该自定义模块的页面都会同时更新。简单来说，自定义模块就是商家利用有赞提供的系统组件，根据需要自行组合，设计一个能够被页面调用的自定义组件，当完成自定义组件设计后，在系统的组件框中将会出现设计好的自定义组件，并且提示商家选择需要的自定义模块名称。如在商品详情页设计调用一个自定义模板，该模板可自行定义店铺的所有商品详情页的链接位置，便于用户在店铺不同商品详情页之间自由跳转，而不至于让用户在看完商品信息后直接流失掉。自定义模板设置如图 6-16 所示。

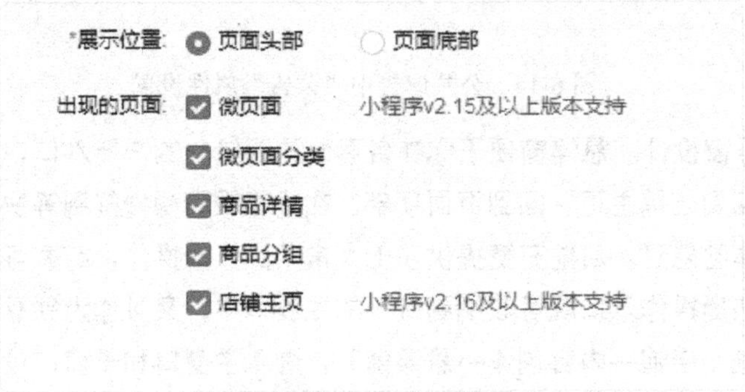

| 展示位置：● 页面头部 ○ 页面底部 |
| 出现的页面：☑ 微页面 小程序v2.15及以上版本支持 |
| ☑ 微页面分类 |
| ☑ 商品详情 |
| ☑ 商品分组 |
| ☑ 店铺主页 小程序v2.16及以上版本支持 |

图 6-16　自定义模板设置

步骤 4：微页面设计。微页面的新建是根据系统提供的基础模板、场景模板和主页模板，结合店铺实际需要与系统提供组件完成店铺页面的设计编辑工作，是在系统提供的模板基础上进行风格设计、店铺陈设布局与促销活动广告等方面的综合装修。如店铺主页设计可以选择主页模板来进行编辑和设计，"双 11"活动和店铺分类页面也可以根据系统有关模板完成不同功能页面的打造。商家在设计装修微页面的过程中，可以对模板提供的元素（如轮播广告、图片广告、商品分组等）进行可视化的拖曳和删除操作，也可以综合利用系统组件和自定义组件完成店铺页面的装修设计。微页面设计的具体操作步骤为通过"店铺→内容创作→微页面→新建微页面"，进入选择页面模板页面，进行页面要素排版和属性设置。根据页面元素设计完微页面后，记得给微页面取一个能够识别的名称，如店铺主页、"双 11"活动、分类页面等，便于当新建大量微页面时可以进行清晰的分组。

▶▶▶ 6.2.2　有赞微商城推广

1．自有流量渠道

有赞微商城主要自有流量推广包括微信公众号的导流、微信群、个人微信朋友圈和有赞微信小程序等多种渠道，在具体推广过程中商家综合利用社交化工具渠道吸引用户关注和转化。在移动互联网发展时代，企业会顺应时代发展趋势开展全网营销推广活动，会充分考虑"两微一抖"自媒体矩阵积累的用户流量变现，通过图文和短视频内容的创新，提升多个自媒体平台用户的数量和质量。微信公众号和微博导流界面如图 6-17 所示。

|（a）|（b）|

图 6-17　微信公众号和微博导流界面

随着抖音红利的到来，很多企业认为抖音的流行度和活跃度将促进企业电商的流量聚集爆发式发展，企业可通过商品橱窗（开通要求须实名认证、发布视频 10 个以上）等形式完成从抖音平台到有赞微商城的导流。

某企业开通抖音蓝 V 认证账号，通过宠物饲养、宠物日常和宠物科普等方面的抖音短视频内容生产、传播，低成本聚集抖音平台大量的精准粉丝，通过商品橱窗页面完成宠物周边产品的导流和销售转化，如图 6-18 所示。

|（a）|（b）|

图 6-18　从抖音平台到有赞微商城页导流界面

此外，企业还可以通过线下门店或体验店设置的微信公众号、有赞微商城商品二维码引导线下门店用户进入线上公众号和微商城店铺，实现传统门店与线上自媒体平台的流量互

第 6 章　移动电商产品运营

换，提升企业线上与线下品牌宣传、活动策划、用户互动和销售促进等方面的融合发展。

小程序可以在微信内被便捷地获取和传播，同时具有出色的使用体验，也是非常流行的推广工具，有赞微商城提供了便捷的小程序店铺的部署功能，商家通过在微信文章中嵌入小程序链接和在微信群中推送小程序店铺，直接将店铺分享给用户，实现微信群小程序、发现菜单的小程序、小程序二维码等多个入口的访问，提升小程序店铺的流量转化。例如，"一条"微信公众号在微信推文中插入"一条生活馆"小程序店铺，提升店铺的销售量，如图 6-19 所示。

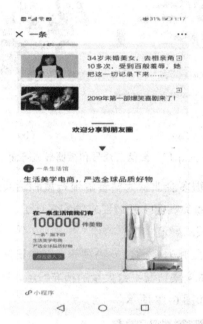

图 6-19　微信文章嵌入小程序店铺案例

2. 拓展流量渠道

有赞微商城提供了公众号流量推广、广告投放、有赞大号推广和有赞精选推广等方式实现微商城店铺的推广，具体操作为进入有赞微商城后台，通过"应用→我要推广"，选择不同的微商城推广形式，进入到系统操作界面。下面重点介绍公众号流量推广和广告投放。

（1）公众号流量推广

有赞与云堆（自媒体流量交易平台）联手，推出"公众号流量推广"服务，云堆平台拥有 10 万多家微信公众号流量主资源，有赞商家可在云堆平台上发布图文类和贴片类广告来推广商品和服务，而云堆平台上的微信公众号流量主会帮有赞商家分发广告信息给自己的粉丝，对有赞商家的广告内容进行曝光。云堆平台会根据广告主（这里指有赞商家）选填的行业和推广产品类别自动匹配媒体清单，遵循广告主自主定价、媒体自愿接单原则，因此广告主的推广费用可自行设定，媒体会根据广告主的出价决定是否接单。有赞商家进入云堆广告交易平台，按照"推广设置、媒体匹配、文案设置和审核投放"四个步骤投放广告。微信公众号流量推广流程，如图 6-20 所示。

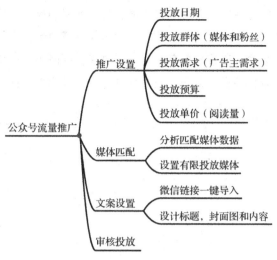

图 6-20　微信公众号流量推广流程

广告投放完成的广告主可以获取广告投放效果数据，包括投放转化下单额、下单数、投资回报率、阅读数和任务完成率等数据指标。

步骤 1：有赞微商城商家作为广告主，需根据商城产品的用户群体属性标签，筛选好媒体标签和粉丝属性，采取公众号软文、公众号贴片和底部软文等多样化广告推广展现形式，提交广告投放具体需求，设置好广告预算等价格信息。如"缝纫之家"微商城作为一站式缝纫玩家服务专家，面向的用户群主要是一二线城市对缝纫感兴趣的女性，选择微信公众号流量推广设置，应充分考虑广告推广人群和不同广告形式效果。微信公众号流量的推广设置，如图 6-21 所示。

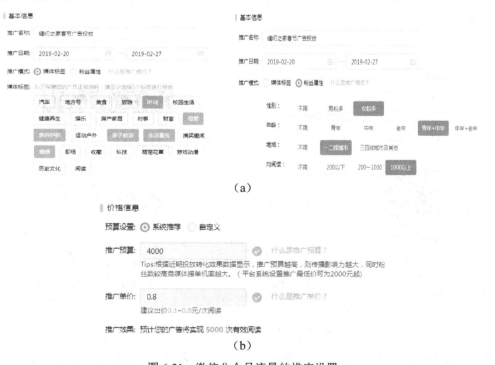

图 6-21　微信公众号流量的推广设置

步骤2：做好媒体匹配筛选。云堆系统根据有赞微商城的推广设置，根据预算和定价系统较为精准地匹配微信公众号媒体清单，广告主根据媒体清单选择媒体匹配的优先级别。需要说明的是，推广单价越高，则投放任务的完成率越高，同时媒体接单效率越高，并且能有助于匹配出更多的优质媒体资源。云堆平台的媒体资源匹配清单，如图 6-22 所示。

●推荐媒体（小提示：提高推广预算和推广单价将有助于匹配出更多的优质媒体哦~）

媒体名称	头条均阅读	二条均阅读	推荐顺序 ⑦
吉林教育电视台 jilinetv	7598	1194	优先
穴位密码 xueweimima	9258	3198	优先
教你学打扮 bs2858	3419	712	优先
情话书坊 qhsfang	4615	1479	优先
女人爱穿高跟鞋 uu7537	4631	935	优先
新浪微读书 sinaweidushu	8450	1962	优先

« 1 2

图 6-22　云堆平台的媒体资源匹配清单

步骤3：设计好广告文案。广告主的广告文案设计可以利用自有微信公众号文案的一键导入，也可以选择分别撰写文案标题、设计封面图、策划文案内容等形式完成广告文案设计。在广告文案设计过程中，右边会显示云堆媒体的展现样式。云堆平台的广告文案设计，如图 6-23 所示。

图 6-23　云堆平台的广告文案设计

最后，经过一系列广告设置后，系统审核广告通过后会进行投放发布。

（2）广告投放

有赞微商城广告投放系统对接腾讯广点通，帮商家将广告投放到微信公众号、QQ 等平台的广告位，帮商家获取更多流量，提升成交额等数据。在广点通的基础上，依托有赞平台的数据，使广告投放更加精准，定位到有赞平台的用户群中，并且提供通过广告带来的下单、付款等转化数据，帮助商家更好地优化广告内容。腾讯广点通平台的投放主要包括广告推广目标设置、广告投放设置、广告创意设置和广告预览提交四个步骤。需要说明的是，作为腾讯广点通的广告主，需要在投放广告前进行一系列的资质审核，上传有关广告主资质材料，企业需提供营业执照，个人需要提供身份信息，对于特殊行业还需要提供资质条件，如食品许可、品牌授权等佐证。

步骤 1：广告推广目标设置。广告主根据需要根据广点通广告推广计划，选择广告推广的目标，如安卓和苹果应用、电商推广页和网页等，确定本次广点通广告推广的目标，具体如图 6-24 所示。

图 6-24　腾讯广点通推广目标

广告主选择好推广目标后，根据需要设置好每天的预算和推广计划名称。根据系统流程，进入广告目标页的设计，可以直接选择一个推广链接，自行设计广告落地页和表单页面。广点通广告投放系统和工具箱提供系列工具，帮助广告主完成落地页专业化设计工作，广告主根据不同样式的在线模板和多样化元素提升广告主广告投放效果。例如，投放某小升初专业辅导的广告页，可以进入广点通广告投放系统，进行新建落地页的在线设计工作任务，选择网站落地页类型，进入落地页在线广告设计平台，落地页面中的表单、按钮、轮播图、商品橱窗、文本等近 20 种广告要素组件可以满足不同需求的落地广告页设计需求，广告主可以根据实际情况选择不同的广告元素，也可以根据平台提供的模板进行便捷的在线编辑工作，快速生成比较专业的广告页。广告设计者进入在线设计系统，可以在线根据模板或新建添加的广告元素的属性设置完成广告效果的制作，插入或选择不同的广告元素，可以对属性面板中广告元素属性进行不断调整、浏览和优化。腾讯广点通落地页在线广告设计平台如图 6-25 所示。

图 6-25　腾讯广点通落地页在线广告设计平台

步骤 2：广告投放设置。投放设置是广告实施精准营销的重要步骤，是广告主提升广告投放效果的关键环节。广点通投放系统根据用户的地理位置、年龄、性别、行为、兴趣、学历、财产状况和自定义等方面，让广告主获取精准的用户画像。设置好广告送达的用户对象后，广告主还需要根据腾讯提供的移动平台和 PC 平台的广告版式，如选择移动端主流的腾讯新闻信息流广告版式，设定好广告投放日期和出价方式，可以选择按照每点击成本（Cost Per Click，CPC）的方式，也可以选择基于投放目标和出价的效果自动优化方式，持续提高广告主的广告营销效率和投入产出比，广告主可以根据广告投放流程选定特定的优化目标，如下单、付费、注册、激活、电话咨询和网页咨询等行为，提供愿意为此投放目标而支付的平均价格，并及时、准确回传效果数据，实时预估每一次点击对广告主的转化价值，自动出价，最终按照点击扣费。腾讯广点通广告版式与出价设置，如图 6-26 所示。

移动电商运营（慕课版）

图 6-26　腾讯广点通广告版式与出价设置

广告主在投放广告过程中，根据广告目标一般有三种广告投放计价方式选择，分别是每千人印象成本（Cost Per Mille，CPM）、每点击成本（Cost Per Click，CPC）和优化行为出价（optimized Cost Per Action，oCPA），其主要区别如表 6-1 所示。

表 6-1　CPM、CPC 和 oCPA 的区别

投放方式	目标	计费方式	转化成本控制
CPM	获取曝光	曝光，每千人印象成本	难
CPC	获取点击	点击，每点击成本	较难
oCPA	获取转化	曝光/点击	容易

步骤3：广告创意设计。根据选择的广告版位，系统会推荐广告主不同的广告创意尺寸，当用户看到广告创意时，会被吸引进入广告落地页面，因此广告主在设计广告创意图片和广告文案时，应注意广告文案和创意设计应该与用户的利益相关联。广告主应该按照广告创意要求样式，围绕用户设计多款广告海报和文案，并通过内部预览测试，不断优化广告文案。

步骤4：广告预览提交。上述广告投放的三个步骤完成后，系统进入确认提交阶段，广告主可以对上述三个步骤的设计进行调整和修改，最终完成广告投放。

6.2.3　有赞微商城互动

为什么要跟用户进行互动呢？有赞微商城主要以微信节点的链式传播为原理，强调社交化的互动，其主要目的有以下三个。其一，促进传播，让用户参与传播，带来更多的品牌

曝光量和用户数；其二，增加信任，直面用户，做好服务，通过服务增加用户对品牌、产品、服务的信任度；其三，提升黏性，让用户活跃起来，提升购买转化率和复购率。目前有赞微商城与用户的接触点很多，常见的包括微信公众号、店铺营销活动、售前售后服务、会员服务和买家社群等，接触点多种多样，务必分清重点，切忌遍地开花。另需定期监测互动效果，表现差的接触点进行及时优化或下线。常见的互动接触点有以下几种。

微信公众号：欢迎语、菜单栏、关键词回复、图文、微信留言等。

店铺营销活动：促销、游戏、投票调查。

售前 / 售后服务：使用咨询、售后回访、意见收集 / 反馈、包裹寄递。

会员服务：会员卡、会员积分。

用户社群：如无强大的社群运营能力，不建议贸然建群。

目前有赞微商城提供了多种互动机制，主要包括关注互动、内容互动、营销互动、游戏互动、服务互动、朋友圈互动等。商家可以采取不同的接触点的管理，通过多样化的互动工具，鼓励和引导用户进行多样化的互动，提升用户参与度、品牌曝光度和用户黏性。在有赞微商城后台，商家可以通过数据分析获取到一段时间内与用户的微信互动情况，如某有赞微商城店铺在 2019 年 1 月 13 日—2019 年 2 月 10 日期间的互动趋势，如图 6-27 所示。

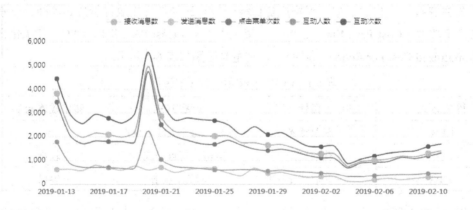

图 6-27　某有赞微商城店铺在 2019 年 1 月 13 日—2019 年 2 月 10 日期间的互动趋势

1. 关注互动

每个用户关注后都会看到一段自动回复的关注语。一段完整的关注语范例为"欢迎语＋新人福利热门活动＋引导进店"，建议关注语简单明了，一堆文字、链接反而让新用户没有兴趣阅读，更没有兴趣点击链接；同时关注语互动应该强调用户利益，如互联网学习类的微信公众号在关注语中强调用户免费得到学习资料。馒头商学院公众号的关注语如图 6-28 所示。

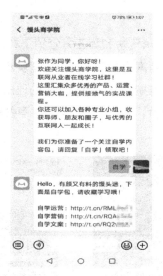

图 6-28　馒头商学院公众号的关注语

2. 内容互动

当用户看到一篇文案、一张海报、一个广告和一个商品等内容信息后，用户情绪达到一定的程度，会想通过多种形式（如互动交流）进行情绪的释放。一般互动方式有以下几种。

微信留言： 商家可在文末加入互动话题，如"每日一问"，引导用户留言发表自己的看法，并及时回复评论，必要时加入一些奖励措施。

互动专栏： 策划带有互动性质栏目，如评测专区、试用申请、我要推荐、意见反馈等。如缝纫之家微信公众号专门设置"社区"专栏，让广大用户通过社区加强交流和学习，让更多的用户参与进来。公众号为了提升用户互动性，周期性地在"社区"专栏策划缝友大赛，发现用户中的布艺"达人"，提升用户活跃度。缝纫之家的内容互动界面如图 6-29 所示。

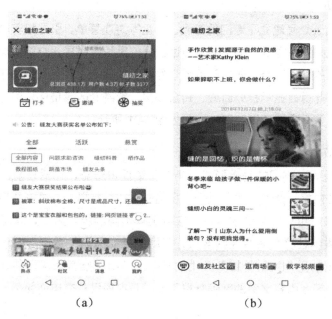

（a）　　　　　　　　　　（b）

图 6-29　缝纫之家的内容互动界面

3. 营销互动

有赞微商城提供了丰富的营销玩法和第三方营销工具,如多人拼团、优惠券和满就送等形式,提高用户的活跃度。如商家设置多人拼团营销玩法,可以加大新进用户的数量和商品销量;优惠券可以引导用户领券购买,给用户购买的理由,唤醒用户池中的不活跃用户;满就送玩法可以提高用户的客单价,让用户买得更多。有赞微商城优惠券和满减送营销互动界面如图 6-30 所示。

(a)   (b)

图 6-30　有赞微商城优惠券和满减送营销互动界面

4. 游戏互动

缝纫之家微信公众号建立了专门的签到、转盘等游戏菜单,引导培养公众号用户签到、抽奖、刮刮乐和疯狂猜等赚积分的习惯,通过积分的累积,引导用户购买商品或兑换商品,培养用户对于店铺的黏性。用户通过微信公众号菜单的签到、转盘和分销子菜单,进入到积分活动页面,并在此页面显示积分商城、转盘抽奖、选购专区等链接,引导用户进行互动和转化。缝纫之家有赞微商城的游戏互动界面如图 6-31 所示。

5. 服务互动

服务互动就是通过不同的沟通形式为用户持续提供服务,包括售前、售后和产品知识使用等方面的服务内容。商家一般通过个人微信号、微信社群、有赞在线客服等形式提供用户服务,根据商家与用户关系的强弱,商家会选择不同的服务方式,其服务互动关系强弱为个人微信号>微信社群>有赞在线客服,不同的社交强弱关系侧重采取不同的接触点服务互动,建立紧密的用户关系是服务互动的核心。如归农推客采用两种服务互动,微信朋友圈服务互动和分销商内容文案的微信社群互动。归农项目社交电商服务互动界面如图 6-32 所示。

（a）　　　　　　　　（b）

图 6-31　缝纫之家有赞微商城的游戏互动界面

（a）　　　　　　　　（b）

图 6-32　归农项目社交电商服务互动界面

▶▶▶ 6.2.4　有赞微商城留存

在互联网行业中，在开始使用一段时间后，仍然继续使用该应用的用户，被认作是留

存用户。留存指的就是"有多少用户留下来了"，留存用户和留存率体现了应用的质量和保留用户的能力。做好第一次的服务体验，包含用户服务、发货流程、包裹到货后售后使用指导等，持续优化这几个环节，直接关系到新用户的口碑及再次回购。因此在移动社交领域，商家应该围绕用户的需求精心服务，通过高效的服务形式、持续有效的服务内容，与新老用户建立信任关系。

老用户的运营维护成本远远低于新开发用户成本，商家为了提升用户黏性和用户留存率，使用户留存下来，通过精准抓住用户价值导向，采用多种运营活动，如关注有礼、会员特权、定向福利、图文推送等形式，激活不活跃用户群，提升用户对运营活动的关注度，不断实现用户的转化。

1. 关注有礼

一般常见的关注有礼的做法就是用户扫码关注后可得到现金红包或其他额外奖励；也可以在商品详情页带上商家的微信二维码，引导用户加商家微信，先把用户沉淀下来，建立用户接触点，为后续的运营建立庞大用户池。

2. 定向福利

用发券宝的定向发券功能，给用户发放节日奖励、生日福利等；也可以通过微信的分组群发功能给指定用户组推送促销活动等。

3. 图文推送

面向公众号用户，优质的图文群发是非常直接、成本低的用户唤醒、营销成交、推动复购的手段。一条关于降价的推送可能会"刺激"用户购买存放在购物车里很久的商品，合理把控推送频率及内容，避免骚扰用户，合理安排推送时间，并根据商品使用的频次决定消息推送的频率，避免向用户推送不适合或无效的信息，以及要尽可能推送用户感兴趣的内容。

4. 积分商城

基于用户在店铺中积累的积分，鼓励用户使用积分兑换特定商品，以增加成交率，增加用户黏性，给店铺带来更高的用户活跃度。

有赞商家"米马杂货"在积分兑换的选品上会优先选择畅销品，如食材，这样的商品给用户的感受格外美好且没有购买人群的区隔，用户能够感受到商家的用心，很容易对该类商品产生二次复购；同时发布一个积分获取攻略，引导用户通过这些途径进行获取，面对这样完整又系统的积分获取攻略，用户一定会忍不住去试试。如某品牌玩具店在门店引导用户关注微信公众号成为会员，通过一系列的积分规则，如消费积分、充值积分等多种形式，与用户保持互动，给予用户积分，用户可享受玩具门店折扣特权、试玩申请特权等。

⟫⟫⟫ 6.2.5 有赞微商城成交

网店店铺的成交交易额是访客数（单位时间内，浏览店铺各页面的去重人数）、转化率（单位时间内，产生购买行为的买家人数/所有到达店铺的访客人数×100%）和客单价（单位时间内，店铺用户的平均消费金额）三者的乘积。商家为了提高店铺交易额，其工作任务主要聚焦在让更多人进入店铺、让更多人下单、让商品销售额更高上。目前，有赞微商城针对商家访客数、转化率和客单价三个关键指标的诉求，提供了有针对性的应用工具，商家可以根据系统可视化的数据，精准选择不同的营销工具玩法提升店铺销量。

1. 提高访客数

本阶段任务是提高用户池的私有流量，让更多新用户关注并访问店铺，有赞微商城主要针对提高访客数的工具有多人拼团、发券宝等。

多人拼团可以让老用户带动新用户，从而提高店铺访客数，老用户为了组团成功，通过发动周边社交关系带动新用户参团，这样将提升团购页面曝光量，最为典型的就是拼多多。多人拼团活动不仅提升了店铺流量，最大程度上发动了更多老用户参与团购信息的传播，提高了有赞社交零售电商用户池中新用户的数量。

有赞发券宝包括新客进店有礼、老客进店有礼、定向发券和裂变优惠券四种形式，如图 6-33 所示。

图 6-33　有赞发券宝的四种形式

采取定向发券和裂变优惠券等形式提高新老用户的店铺访客数，定向发券利用各种用户属性和历史行为，筛选出目标用户，并给这些用户定向群发优惠券，达到精准营销的目的。裂变优惠券是用户完成在线支付获得可以分享的优惠券，分享的渠道包括朋友圈和微信群，能够通过微信渠道带动更多用户访问店铺。发券宝定向发券设置和裂变优惠券设置，如图 6-34 所示。

定向发券设置

① 选择人群

人群名称	人群定义	推荐理由
● 加购人群	30天内在本店有加入购物车的行为，但是没有支付的客户	都加入购物车了，这么高转化潜力的客户，不定向营销一下太可惜了
○ 流失客户	360天内有过支付，且最近90天内没有支付的客户	一年内买过，最近3个月没买，发张券刺激下，定向挽留即将流失的客户很有必要
○ 注册手机号	通过有赞注册的本店客户手机号，多个手机号用逗号分隔，一次最多支持 200 个手机号，超过只取前面 200 个	发货慢了？货品有点小瑕疵客户有点不满意？各种场景，定向发张券能有效提升满意度
○ 指定商品	买过指定商品的客户	给买奶瓶的客户推荐尿不湿优惠券，给买手机的客户推荐充电宝优惠券，简直太精准了
○ 自定义	最近购买时间、累计购物次数、会员卡等多种条件组合	大促前定向发券，给活跃老客新品体验券，给VIP客户定向优惠券等，多种条件随意组合

（a）

图 6-34　发券宝定向发券设置和裂变优惠券设置

裂变优惠券设置

裂变优惠券，客户完成在线支付，可以获得几个可以分享的优惠券，分享到朋友群，自己和朋友都可以领取。

* 活动名称： 请输入活动名称

* 开始时间： 请选择日期

* 结束时间： 请选择日期

* 供分享的优惠券：建议选择全店通用优惠券

优惠券名称	价值	库存	有效期	使用条件	操作

添加优惠券

* 单次下单可分享的优惠券数： 5 ▼

保存　取消

（b）

图 6-34　发券宝定向发券设置和裂变优惠券设置

2. 提高转化率

提高转化率主要采取有赞微商城的一些营销玩法，如优惠券、优惠码、订单返现或赠品、限时折扣等，给进店用户购买店铺商品的优惠理由。商家通过开展贴合用户需求的活动和文案，构建多样化社交购物场景，直击用户痛点，让其产生购买欲望，并产生立即下单行为。

（1）有赞微商城优惠券可以抓住用户占便宜的心理，让用户觉得优惠券很实惠。优惠码属于一串数字字母优惠，商家可线上批量生成一批，也可以线下制作一批优惠码卡片进行推广宣传。

（2）订单返现或赠品是针对用户购买行为设置的一款返现工具，返现不仅能降低商品单价，提高用户的购买欲望，也能刺激用户在同一家商家进行多次消费。用户能够根据规则提前预期交易结果，特别是店铺热销的赠品将能更大程度上吸引用户下单，很多用户可能是因为赠品促发购买行为。

（3）限时折扣强调商品购买的紧迫性，在时间上不允许用户花更多时间考虑下单，强调立即促成订单。限时折扣工具支持选择一批商品设定限时折扣，通过商品页面的倒计时提醒，制造抢购的紧张感，促进用户下单。限时折扣还可以做"前 N 件享受打折优惠"的活动，打折更灵活。例如，烘焙店月饼 8 折活动，每位用户不限制购买份额，但最多 5 盒可以 8 折优惠，超出部分按原价购买。按周期重复，大促期间每天顺时限量（如活动是 10 天，每天10 点～ 12 点打折，当天活动结束后，第二天 10 点再开始），可以让用户每天都来关注一下。有赞提高转化率的三种常见方法，如图 6-35 所示。

（a）

（b）

（c）

图 6-35　有赞提高转化率的三种常见方法

3. 提高客单价

采取优惠套餐和打包一口价等形式，让利给买家，可以提升买家消费金额。当然，作为店铺的运营人员，除了有赞提供的营销玩法外，提高服务水平和推销能力也能在很大程度上提高客单价。

商家可以将几种商品组合成套餐，并设置套餐价来销售，通过这种优惠套餐的形式让买家一次性购买更多商品，提高店铺客单价。优惠套餐可以提高商品整体曝光度，买家在浏览商品详情页时，会看到相关套餐的其他商品，可以引发关联购买，买家以优惠价一键购买整个套餐，提高关联销售。需要注意的是，商家在构建商品池时，应尽可能考虑商品搭配的互补性，如家用缝纫机与针线、布料、周边配件耗材搭配，提升买家对于套餐的需求。

通过建立商品池，即商家选择要做活动的商品池，可以让买家随意挑选，当满足活动条件时，买家只需支付一定的固定金额即可购买商品池中的打包商品，这种打包一口价的形式非常适合清仓大甩卖类的营销活动。优惠套餐和打包一口价设置如图 6-36 所示。

（a）

（b）

图 6-36　优惠套餐和打包一口价设置

6.2.6　有赞微商城复购

复购率是指用户对该品牌商品或服务的重复购买次数，重复购买率越多，代表用户对商品的忠诚度就越高，黏性越大，反之则越低。在移动社交电商时代，商家的用户复购率指标反映着用户的健康程度，基于关系的社交电商用户沿着展现、点击和下单的路径数量逐渐衰减，而紧接着的下单后沿着复购、传播和展现路程的数量逐渐裂变增加。基于关系的社交电商，如图 6-37 所示。

图 6-37　基于关系的社交电商

商家留存老用户提高复购率可采用权益卡、搭建会员体系和定向推送三种方法。

1. 权益卡

按照设定的用户门槛情况，权益卡包括直接领取的无门槛会员卡、按规则（如累计支付成功笔数、累计消费金额和总积分）发放的会员卡和需付费购买的会员卡（如付费享受会员权益的月卡或年卡），通过权益卡撬动用户多次在店内消费，提升店铺复购率。商家在店铺运营初期或店铺会员粉丝数较少的阶段，为了扩大用户会员规模，主要任务是发放无门槛会员卡，给予用户一定的会员权益；当经过初期的会员积累后，商家设定发卡规则，自动给用户发卡，用于帮助会员成长、刺激会员消费，并根据会员等级给予会员差别化的会员权益，提升用户会员等级晋升动力；当会员规模和质量较为成熟后，服务体系、产品体系搭建得比较完善后，商家可以采取出售会员年卡、月卡等形式给用户更多、更高权益。

权益卡设置流程中，有赞微商城提供各种积分、赠品和优惠券等多样化权益，在绑定用户的同时让用户享受更多实惠。有赞权益卡设置流程如图6-38所示。

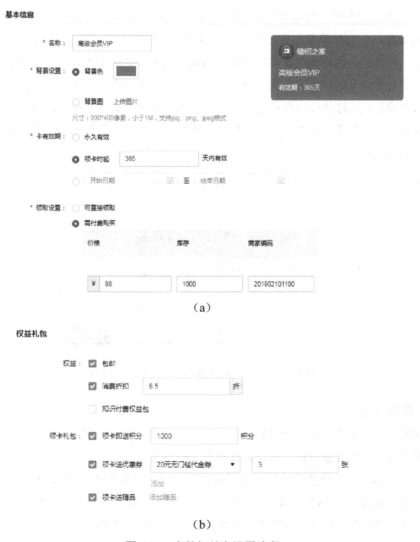

（a）

（b）

图6-38 有赞权益卡设置流程

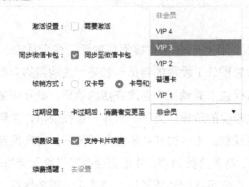

（c）

图 6-38　有赞权益卡设置流程

2. 搭建会员体系

优质的会员体系对于店铺复购率功不可没，好的会员体系可以帮助商家留住用户，形成良性消费循环。会员等级设置比例通常通循"二八原则"，即普通会员占 80%，其他会员占 20%，如普通会员占 80%，高级会员占 16%，VIP 会员占 3.2%，付费至尊会员占 0.8%。在设定有赞会员体系时，商家既要考虑到活跃用户的会员等级晋升难易程度，也要在不同的会员权益之间形成比较合适的权益区隔。此外，为了加大会员权益区隔，商家可以选择多种商品，根据不同会员等级设置会员价，提升老用户的复购率。某有赞微商城商家的会员体系设置如图 6-39 所示。

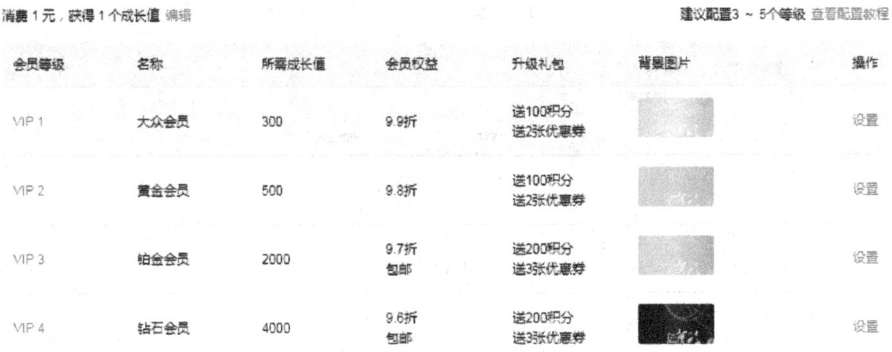

消费 1 元，获得 1 个成长值 编辑　　　　　　　　　　　　　　　　　　　　　　建议配置 3 ~ 5 个等级 查看配置教程

会员等级	名称	所需成长值	会员权益	升级礼包	背景图片	操作
VIP 1	大众会员	300	9.9折	送100积分 送2张优惠券		设置
VIP 2	黄金会员	500	9.8折	送100积分 送3张优惠券		设置
VIP 3	铂金会员	2000	9.7折 包邮	送200积分 送3张优惠券		设置
VIP 4	钻石会员	4000	9.6折 包邮	送200积分 送3张优惠券		设置

图 6-39　某有赞微商城商家的会员体系设置

3. 定向推送

为了能够让商家更加精准地分析现有客户的状态和行为，了解客户是否处于活跃状态，有赞提供了可视化的数据分析工具，具体按照"有赞店铺后台→数据→客户分析访问路径"获取客户数据情况。有赞还提供了"客户洞察"工具，利用 RFM 模型分析可以非常直观地将高频、高活跃度、高消费的客户和低频、低活跃度、低消费的客户区分出来，多用于会员体系和忠诚度体系的构建。商家通过分析店铺客户的最近消费时间（R）、消费频次（F）和消费金额（M），可有效地将店铺客户分层，消费频次越大、消费金额越高的客户，其客

户生命价值越高。

最近消费时间（R）是指客户上一次消费的时间。理论上来说，距离上一次消费时间越近的客户越优质，该部分客户与店铺的关系更加紧密，更容易触达；距离上一次消费越远的客户，越有流失的风险。R越大，表示客户越久未发生交易；R越小，表示客户越近有交易发生。R越大则客户越可能会"沉睡"，流失的可能性越大。

消费频率（F）是指客户在限定期间内的购物次数。可以说购物次数较多的客户，是满意度较高的客户，也是忠诚度较高的客户。F越大，表示客户同本企业的交易越频繁，这些客户不仅能给企业带来人气，也带来稳定的现金流，是非常忠诚的客户；F越小，则表示客户不够活跃，且可能是竞争对手的常客。

消费金额（M）是指客户购买商品支付的订单金额。一般来讲，单次交易金额较大的客户，支付能力强，价格敏感度低，是较为优质的客户，而每次交易金额很小的客户，可能在支付能力和支付意愿上较低。消费金额是客户贡献的最直接的体现，我们所做的所有运营活动都是为了提升客户的消费金额。

通过RFM分析将客户群体划分成一般保持客户、一般价值客户、一般发展客户、重要价值客户、重要发展客户、重要挽留客户、重要保持客户、一般挽留客户八个级别。客户群体划分RFM模型，如图6-40所示。

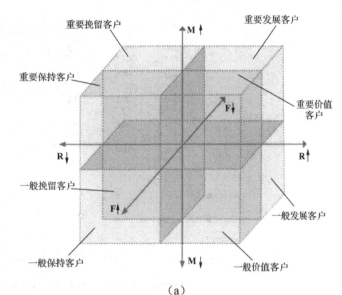

（a）

R	F	M	客户类型
↑	↑	↑	重要价值客户
↑	↓	↑	重要发展客户
↓	↑	↑	重要保持客户
↓	↓	↑	重要挽留客户
↑	↑	↓	一般价值客户
↑	↓	↓	一般发展客户
↓	↑	↓	一般保持客户
↓	↓	↓	一般挽留客户

（b）

图6-40　客户群体划分RFM模型

重要价值客户：最近消费时间近，消费频次和消费金额都很高，VIP客户。

重要保持客户：最近消费时间较远，但消费频次和金额都很高，有一段时间没有消费的忠诚客户，商家需要主动和他保持联系。

重要发展客户：最近消费时间较近，消费金额高，但频次不高，忠诚度不高，很有潜力的客户，必须重点发展。

重要挽留客户：最近消费时间较远，消费频次不高，但消费金额高的客户，可能是将

移动电商运营（慕课版）

要流失或已经要流失的客户，应当采取挽留措施。

如某有赞微商城店铺利用"客户洞察"功能分析客户数／占比、累计支付金额和客单价情况（2019年2月10日之前数据），围绕消费时间和消费频次两个维度考察客户情况，如图 6-41 所示。

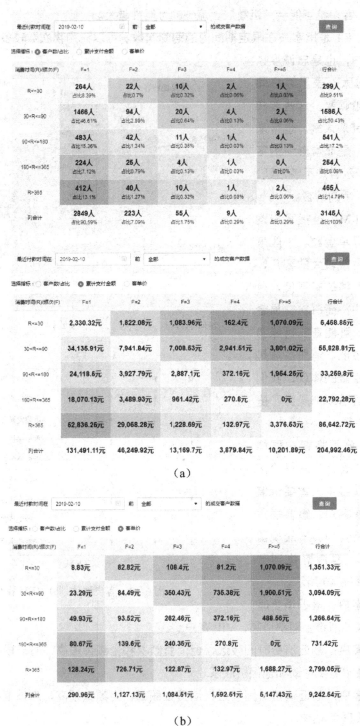

图 6-41　某有赞微商城店铺客户数据洞察分析

围绕消费频次维度，可以看出该商家客户消费 1 次的占 90.59%，客户数为 2849 人，累计消费金额约占总金额的 64.14%；再次消费的客户数只占 7.09%；消费 5 次及以上的客户仅占 0.29%，客户数为 9 人，累计消费金额约占总金额的 4.98%。1 年以上成交的客户数为 14.79%，1 年以上产生的交易额占 42.27%。

根据上述数据和图表分析可以看出店铺主要贡献来源于新客户，消费复购率不够高，但店铺消费金额主要在近一年内产生，产生上述结果的原因是多方面的，可能是该微商城店铺产品的生命周期较长，也可能是店铺没有很好地构建科学的运营体系来提升客户复购率，围绕消费时间维度，商家需要通过有效的运营手段对沉睡客户进行唤醒，如选定半年以前交易客户向其发送定向福利，激活客户参与店铺的活动，设置好科学的会员体系和储值优惠活动，让绝大部分没有形成复购的客户再次购买。

6.3 有赞微商城营销玩法

有赞微商城目前提供包括第三方应用的 40 种左右的营销工具和玩法，如秒杀、幸运大抽奖、砍价宝、优惠券、储值卡和打包一口价等，帮助商家提升引流、老客带新客数量和提高下单转化率的效果，根据商家购买有赞服务套餐的不同，很多营销插件工具需要付费才能使用。商家在选择营销工具开展营销活动时，应充分了解营销工具的背后逻辑，实施前明确营销目的，是拉新、大甩卖清仓还是提高转化，这样才能在繁多的营销工具中选择最恰当的营销玩法。有赞为了监测商家营销玩法的实施效果，还提供了数据分析工具帮助商家分析营销活动成效，随时把控营销状态，便于及时调整和总结复盘活动成效。下面结合本书 6.2 节有赞微商城成交和复购的内容，选择瓜分券、砍价 0 元购、多人拼团和多网点玩法进行详解。

6.3.1 瓜分券玩法

瓜分券就是无法单独一人领取，需要多人参与瓜分的优惠券，在这个多人参与的过程中，通过用户的分享产生社交裂变，用户参与感强，自发带来更多访客流量，用户需要合力拆红包获得优惠券，促进营销活动传播和后续订单转化，为商家拉来新用户和订单。商家可以设置 3 人瓜分 100 元优惠券，第 1 个人点击获取瓜分券之后，要将该券分享给其他 2 人，邀请其参与瓜分，2 人都瓜分成功后，就能够获取各自的优惠券份额，这个份额可以由商家设置成好友均分，也可以设置成金额随机，瓜分得到的优惠券将用于店铺商品消费。好友瓜分券玩法可以帮助商家提高店铺访客数，加强互动，瓜分的优惠券提高了新客的转化成交率。有赞瓜分券活动设置，如图 6-42 所示。

目前瓜分券玩法仅支持小程序码和小程序海报推广活动。在具体设置过程中，为了提高瓜分券活动的效果，策划者应充分考虑几个关键设置，如多少人瓜分多少金额，瓜分领券后使用规则设置；另外，建议开通模拟好友瓜分优惠，即使用户在活动时间内没有找够好友成功瓜分红包，也能获得红包内的优惠券，提高活动的成功率。

图 6-42　有赞瓜分券活动设置

6.3.2　砍价 0 元购玩法

砍价 0 元购，即用户选择心仪商品发起砍价活动，分享给多个好友后，通过好友的助力，使商品价格不断降低，当足够人数的好友助力砍价后，砍到商品最低价格（可以为 0 元）后，用户可以按照此价格下单，获得该商品。同时，帮助该用户砍价的好友，看到此活动后，也可以发起砍价，邀请更多人参与到砍价活动中，实现用户裂变增长的目的。商家新建砍价 0元购活动，指定商品生成专属砍价商品，可选择单规格商品或同价的多规格商品，同时，不支持商品类型为周期购、电子卡券、虚拟商品、预售商品、分销商品、酒店商品、知识付费商品、设置了会员价的商品、设置了扫码优惠的商品、拍卖类型的商品。

砍价底价默认为 0，商家可自行设置，底价需低于原价，商家设定的活动时间为砍价可发起的时间，若用户发起砍价后，活动已结束，但砍价周期未结束，种子用户仍可继续邀请好友砍价；商家选择随机金额砍价后，需设定砍价人数，每名好友砍价金额随机，如原价99 元，底价 0 元，商家设置 10 人砍到底价，每人砍价金额介于 0 ~ 19.8 元之间，但 10 人砍价的总金额为 99 元；商家选择固定金额砍价后，每名好友砍价金额固定为需砍价格的平均值，如原价 99 元，底价 0 元，商家设置 10 人砍到底价，每人砍价金额为 9.9。商家选择商品配置好砍价后，活动期间内，商品价格不能编辑，商品规格不能新增、修改，活动时间可以延长。

目前很多商家借助砍价营销玩法通过小程序完成用户裂变，如用户选好商品发起砍价后，通过微信群聊一键群发给好友，好友帮忙砍价后，发现有利可图，也会邀请自己的好友帮自己砍价，由此实现裂变，短期内辐射至大量用户。砍价用户主动帮你寻找目标用户，能在用户群体中高效率传播，获得高质量用户。商家创建砍价 0 元购活动后，可在后台生成带有小程序码的活动海报，用户只要扫描小程序码，就可以帮忙砍价。海报可以作为线上物料在各个社交平台分享，也可以打印成实体海报投放在线下门店，吸引线下用户。有赞砍价 0 元购活动设置如图 6-43 所示。

（a）   （b）

图 6-43　有赞砍价 0 元购活动设置

2019 年春节期间，携程网下单用户通过分享携程网砍价活动，发动个人社交圈资源一起来砍价，携程网限时 1 天时间让下单的种子用户分享传播砍价小程序，砍价活动最多 5 折优惠，最高可返 400 元，并且设定每位帮好友的用户可获得最高 100 元的酒店优惠券。砍价 0 元购活动的主要界面如图 6-44 所示。在 1 天的砍价活动时间内，为了提高用户砍价的参与度和种子用户的推动力度，可以分阶段提示第多少位用户拥有砍价惊喜，不断推动砍价活动的传播。

》》》6.3.3　多人拼团玩法

商家希望通过让利折扣来获取店铺新用户，于是创建了价格优惠的老带新拼团活动，利用微信公众号将活动发给老用户。老用户们被活动中优惠的价格吸引，纷纷开团，分享扩散，拉新人成团，新人们看到分享的拼团活动后，也被优惠的价格吸引，纷纷参团，短短时间内，活动商品被抢购一空，商家靠这个活动给店里带来了大量的新用户。多人拼团活动可以让商家发挥团长积极性，提升宣传效果，让团长作为宣传员和分销员，提升商品成团率、店铺拉新量和成交转化率。多人拼团活动设置，如图 6-45 所示。

图 6-44　砍价 0 元购活动的主要界面

图 6-45　多人拼团活动设置

1. 拼团设置

开启拼团后，对于未参团的买家，活动商品详情页会显示未成团的团列表，买家可以直接任选一个参团，提升成团率。开启之后商品详情页会显示未成团的团列表，按照成团人数差排序，越少的越靠前，离拼团结束时间越近的越靠前。

2. 模拟成团

开启模拟成团后，拼团有效期内人数未满的团，系统将会模拟"匿名买家"凑满人数，使该团成团；拼团活动结束时，待成团的订单也会模拟成团。商家只需要对已付款参团的真实买家发货，建议合理开启，以提高成团率。

3. 团长代收

开启团长代收后，代收的订单将发货给团长。这适用于收货地址相同的买家拼团，如企业同事、同校学生。团员可以免付邮费，商家也可以少发包裹，节省成本。

4. 团长优惠

开启团长（开团人）优惠后，团长将享受更优惠的价格，有助于提高开团率和成团率。注意模拟成团的团长也能享受团长优惠，谨慎设置，避免资金损失。

商家在开启多人拼团的活动过程中，需要通过多种手段提升开团率、传播度和成团率。

第一，商家选择团购商品时应该考虑到商品的通用性、用户的认知度。食品、美妆护肤品、日用百货、亲子母婴类标品、基础通用款服装和小数码产品等，便于多人拼团活动参与购买。

第二，商品的价格不宜过高，让更多的用户在不假思索的状况下有能力进行消费，价格控制在 100 元以内比较适合，拼团活动的价格降价幅度一般是让利 20% 以上，让用户有足够的动力和冲动去分享和拉人拼团。

第三，如果商家是独立的拼团活动页面，需清晰地介绍活动流程，如果有多个拼团活动，那么做成活动集合页，在店铺主页、公众号菜单的位置强势露出。

第四，科学设置成团人数，过多的成团人数将增加成团难度，降低团长和团员传播活动的动力，过少的成团人数将削弱店铺拉新势能，成团人数的设置需要在具体店铺拼团活动的效果分析和运营人员以往经验中不断调整。

第五，商家应该对拼团活动进行前期预热，一般为活动预开始的前 3 天，通过公众号群发、用户群、微博、社区等用户聚集的渠道进行预热，活动开始后对用户聚集渠道进行再次推广，尽可能地提高第一批开团传播用户的数量。

》》》6.3.4 多网点玩法

多网点系统是一个面向线下连锁零售企业的全渠道信息化管理工具，提供完整的分门店线上经营方案，主要的业态包括直营连锁、品牌加盟、同城 O2O、大区分仓，比较适合水果蔬菜、生鲜、蛋糕烘焙、便利店、零食、餐饮外卖、鲜花和日用百货等行业，商家店铺拥有多个网店，无须为每个网点单独购买有赞服务，适合多门店经营的商家。

多网点拥有总部和网点概念，总部指开启了多网点功能的整体店铺，开启多网点前，总部就是一家普通店铺，作为单一店铺面向用户，开启多网点后，总部不再单独对外售卖商品，所有商品通过各网点出售，而网点是线下门店和自提点的统称。多网点系统为每个网点门店配置和自定义不同页面形象，不同网点可以关联总部网点发布的商品进行售卖，每个网点可以独立设置配送半径、起送价，进行同城配送，多网点还可以根据用户位置自动推荐附近网点，订单和网点自动关联并支持按网点筛选。如某商家有赞微商城为了拓展业务，增加了多个网点进行连锁经营，可以在原先有赞微商城的基础上，完成多网点经营管理。

多网点经营的操作步骤，如图 6-46 所示。

图 6-46　多网点经营的操作步骤

1. 新增网点

当商家每布局一个新网点，都可以轻松添加到有赞多网点系统中来，快速便捷地纳入有赞微商城的经营中来。新增网点操作非常简单，主要是填写网点的基本信息，包括网点名称、网点地址、联系电话、营业时间、网点类型和网点标签，值得一提的是，网点标签是当网点数量众多时的分组，便于商家对网点进行分类管理。另外，网点类型中的线下门店可以支持同城配送，商家可以设置不同区域或距离的配送费和起送价，当用户在划定的区域内下单并满足起送价时，相应区域内网点会负责同城配送。

2. 设置管理网点

完成多网点添加后，可在多网点管理后台列出所有的网点清单，在网点清单中商家可以自定义总店和网点，设置首页模板和网点商品管理等功能，商家可以在网点列表中选择一家作为总店，并为每一个网点和总店自定义设置首页模板，可以选择有赞微商城提前设计好的某一个微页面。根据网点商品管理功能，可以设置商品在每个网点的配送方式，如图 6-47 所示。

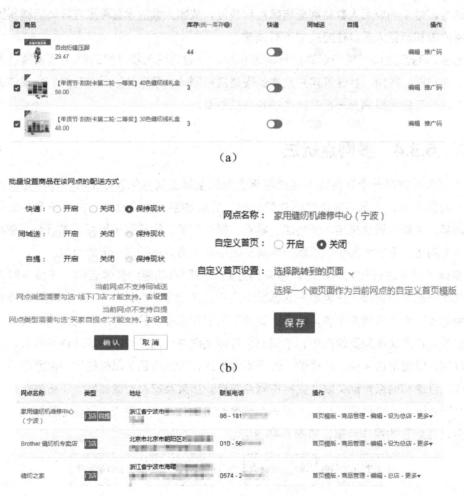

图 6-47　多网点商品和首页管理

3. 开启多门店功能

商家打开多门店开关，就可以启动多门店管理。建议在店铺首页（也就是总店首页）的第一屏添加"所有网点列表"的引用，方便总店和各网点之间的手动切换，可以是图片导航或文字导航的形式。总店首页网点导航设置，如图6-48所示。

图6-48　总店首页网点导航设置

4. 订单管理

多网点正常经营后，通过各网点接进来的订单会自动归属到对应网点。订单列表会有专门的"网点订单（原门店订单）"，支持"归属网点"筛选，列表项会输出每笔订单的归属网点，便于网点订单管理和物流配送处理。

6.4　有赞微商城店铺数据分析

店铺数据化分析工具能科学地指导商家运营人员在复杂多变的互联网环境下应变自如，运营人员需要通过各种数据准确读懂背后的商业奥秘，提升店铺科学化经营水平和销售业绩。学会分析店铺数据，监控活动效果，找到粉丝的敏感点，对店铺运营有很大帮助。如可通过数据分析出粉丝更喜欢阅读哪些内容、粉丝活跃的时间段和店铺流量和转化情况。目前有赞提供了多种数据模块，包括实时概况、运营视窗和管理视窗三类数据，帮助商家通过不同的数据视角分析店铺的健康问题，为商家后续运营提供支撑。企业真正的数据化运营指的是在做每一个决策之前，都需要分析相关数据，并让这些数据结论指导企业的发展方向。有赞微商城数据指标说明表，如表6-2所示。

表6-2　有赞微商城数据指标说明表

区域	模块	指标	定义
实时概况	实时数据	实时付款金额	0点截至当前时间，所有付款订单金额之和
		实时访客数	0点截至当前时间，页面被访问的去重人数，一个人在统计时间范围内访问多次只记为一次
		实时浏览量	0点截至当前时间，页面被访问的次数，一个人在统计时间内访问多次记为多次
		实时付款订单数	0点截至当前时间，成功付款的订单数，一个订单对应唯一一个订单号
		实时付款人数	0点截至当前时间，下单并且付款成功的用户数，一人多次付款记为一人

移动电商运营（慕课版）

区域	模块	指标	定义
实时概况	对比昨日	昨日全天付款金额	昨日全天，所有付款订单金额之和
		昨日全天访客数	昨日全天，页面被访问的去重人数，一个人在统计时间范围内访问多次只记为一次
		昨日浏览量	昨日全天，页面被访问的次数，一个人在统计时间内访问多次记为多次
		昨日付款订单数	昨日全天，成功付款的订单数，一个订单对应唯一一个订单号
		昨日付款人数	昨日全天，下单并且付款成功的用户数，一人多次付款记为一人（不剔除退款订单）
运营视窗	核心指标	付款金额	统计时间内，所有付款订单金额之和
		访问-付款转化率	统计时间内，付款人数/访客数
		客单价	统计时间内，付款金额/付款人数
		付款订单数	统计时间内，成功付款的订单数，一个订单对应唯一一个订单号
		付款人数	统计时间内，下单并且付款成功的用户数，一人多次付款记为一人（不剔除退款订单）
		访客数	统计时间内，页面被访问的去重人数，一个人在统计时间范围内访问多次只记为一次
		浏览量	统计时间内，页面被访问的次数，一个人在统计时间内访问多次记为多次
	流量看板	跳失率	统计时间内，访客只访问了一个店铺页面就离开店铺的人数/店铺访客数
		人均浏览量	统计时间内，浏览量/访客数
		平均停留时长	统计时间内，来访店铺的所有访客总的停留时长/访客数，单位为秒
		商品访问转化率	统计时间内，商品访客数/店铺访客数
		访问-加购转化率	统计时间内，加购人数/访客数
		访问-付款转化率	统计时间内，付款人数/访客数
	商品看板	商品-访客数	统计时间内，该商品详情页的访客数
		单品转化率	统计时间内，商品的付款人数/商品的访客数
		商品-付款件数	统计时间内，成功付款的商品数
		商品-付款金额	统计时间内，成功付款的商品数×商品售价（未剔除店铺优惠）
	客户看板	累积粉丝数	截止到统计时点，公众号的粉丝数
		净增粉丝数	统计时间内，新增粉丝数减"跑路"粉丝数
		访问粉丝数	统计时间内，访问过店铺的微信粉丝数量，一人多次访问记为一次
		累积会员数	截止到统计时点，店铺的会员人数
		新增会员数	统计时间内，通过领取会员卡，新成为会员的用户数量
		成交会员数	统计时间内，付款成功的会员人数，一人多次付款成功记为一人（不剔除退款订单）

区域	模块	指标	定义
运营视窗	成交用户	新、老成交用户数	过去 2 年没有购买（购买过），在统计时间内首次在店铺付款的用户数量
		用户付款金额	统计时间内，新成交用户成功付款订单的金额之和
		用户复购率	筛选日期所在周（月）前，在店铺有过成交且本周（月）有成交用户数 / 本周总成交用户数
管理视窗	利润额	利润额	统计时间内，（商品售价—商品成本价）× 商品销量计算所得（未剔除店铺优惠）
	维权看板	成功退款金额	统计时间内，成功退款的金额。以成功退款时间点为准
		维权率	统计时间内，维权订单数 / 付款订单数。维权订单以发起维权时间为准
		商品 - 退款订单数	筛选时间内，包含该商品的订单发生退款的订单数量
		商品 - 退款金额	筛选时间内，包含该商品的订单发生退款的总金额

下面根据某商家有赞微商城近 30 天的运营数据为例，分别围绕流量、商品、交易和客户等数据，分析数据形成的背后逻辑，并根据数据化运营提出店铺的后期运营优化的策略。作为店铺运营人员，应读懂店铺沉淀的数据，分析和诊断数据形成的成因，通过店铺活动、营销推广、产品规划等方面优化店铺。

1. 流量分析

有赞后台提供了店铺详细的流量数据，店铺流量指标能够反映客户的访问来源、访问深度和访问地域等。运营人员可以通过这些指标对客户来源渠道分布状况进行分析：客户是通过活动扫码、微信公众菜单还是其他广告渠道进入店铺页面；分析客户进入店铺后对微页面内容是否有兴趣，目标客户的市场区域分布情况；能够通过页面流量数据变化趋势，分析店铺推广力度、店铺内容吸引力和装修状况；能够对店铺整体运营提供数据支撑和优化建议。某有赞微商城店铺流量数据和趋势，如图 6-49 所示。

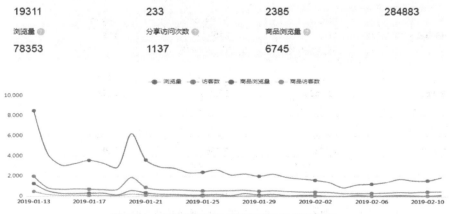

图 6-49　某有赞微商城店铺流量数据和趋势

通过趋势图可以看出店铺近一个月因为春节放假原因流量急剧下滑，总访客数不到 2 万，平均每天访客数 640 左右（19311 人 /30 天），每个客户浏览店铺页面深度为 4 页左右，但值得注意的是，在近 30 天内访问商品页的访客数只有 2385 人，说明店铺商品触达访客的人数非常有限，人均商品浏览量不到 3 次，233 人主动发起了分享，形成了 1137 次访问，说明客户主动分享的访问深度更大一些，约为 5 次（1137 次 /233 人）。根据上述数据解读，店铺在选定的 1 个月经营时间段，访客数较少，商品流量数和曝光量不够，店铺应该提升运营能力，加大店铺的活动力度，如结合店铺实际情况策划"购买春节创意买菜环保袋送父母"的打包一口价营销活动，巧打过年亲情牌，合理选好活动商品来唤醒和激活用户池的用户，提升店铺流量。

2. 商品分析

商品的浏览量和转化情况直接关系到店铺的销售订单，通过商品数据分析，能够发现商品的受欢迎程度和曝光情况，可以分析整个店铺单品的具体表现，为店铺商品选品、测试和商品规划与调整提供支撑，便于科学合理地铺货，如店铺运营人员根据单品的退款订单数了解商品品质，通过单品转化等数据分析产品销售文案与价格敏锐度。某有赞微商城店铺商品数据情况，2019 年 1 月 13 日至 2019 年 2 月 11 日和 2018 年 12 月对比的数据统计结果，如图 6-50 所示。

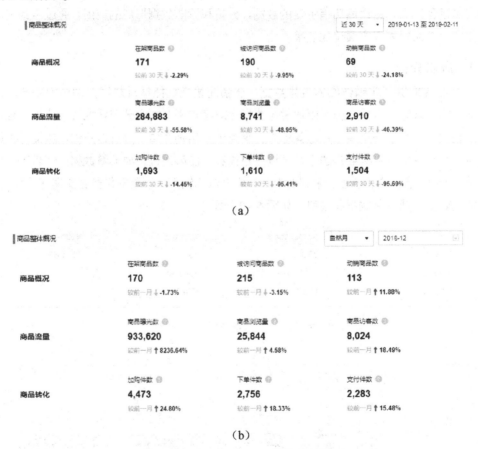

图 6-50　某有赞微商城店铺商品数据情况

店铺运营人员还可以获取店铺支付金额和访客数排名前 10 的单品来综合分析店铺商品情况，挖掘业绩增长点，并排查异常原因，并根据店铺内单品排名表现，挑选出爆款、引流款、滞销款进行深度分析。

3. 交易分析

店铺交易数据主要反映店铺订单和客户基本情况，分析订单形成过程中从"访客→下单到付款"等关键交易环节的数据情况，准确获取店铺客单价和访客人数，分析店铺流量转化漏斗的情况，对店铺推广、客服等工作岗位人员提供工作方向。如访客人数有所下降，可以通过策划促销、优惠券和团购等形式的活动激活用户池；客单价有所下降可以策划组合套餐和"打包一口价"等营销活动来提升客户的消费金额；访客到下单的转化率不高可能要优化店铺商品销售文案，或者调整商品价格等。有赞微商城店铺交易概况，如图 6-51 所示。

图 6-51　有赞微商城店铺交易概况

4. 客户分析

有赞微商城客户分析包括客户变化和标签、客户会员等级及其客户互动情况。运营人员可以通过数据了解到当前用户池人员的数量、地域分布、性别、是否购买过微商城商品等信息以外，客户会员等级结构和分布、客户互动信息等内容。了解客户数量和客户互动情况，分析客户会员等级结构，可以帮助运营人员调整优化会员体系，设置不同的会员等级规则；通过客户洞察和 RFM 模型了解客户分层，便于后续客户开发。

6.5　小程序部署和运营

现在微信小程序的应用非常广泛，无论是个人还是企业都可以做，用较低的成本就能获得一个全新的大流量平台，而且制作方法渐趋简单化，从制作到后期的维护可以实现一站式管理，实力助推线上营销更上一层楼。

▶▶▶ 6.5.1　小程序概述

《2017—2018 年微信小程序市场发展研究报告》显示，经过一年的沉淀，小程序累积用户总数已经接近 4 亿，意味着有一半的微信用户转化为小程序用户，且人均在线时长仍在持续攀升。微信小程序不需要下载安装，即扫即用，直达营销页面，也体现了"用完即走"的理念，用户不用担心安装太多应用的问题，相比 App、公众号商城使用更加便利。

目前微信小程序有多个用户流量入口，包括附近的小程序、搜一搜小程序、发现小程序、微信公众号文章、线下小程序扫码、微信群、好友分享和小程序列表等。小程序的主要流量入口如图 6-52 所示。

97个入口，把握10亿微信用户（仅列出部分）

- 微信搜索
- 最近使用的小程序列表
- 附近的小程序
- 线下扫码
- 推荐给微信好友

- 分享到微信群
- 公众号文章
- 公众号关联后推送
- 公众号菜单直达
- 公众号群发小程序卡

- 微信首页任务栏
- 微信群资料页
- 聊天置顶小程序
- 安卓生成桌面图标
- 微信支付通知进入小程序

图 6-52　小程序的主要流量入口

小程序已成为微信互联网核心入口之一，商家需要将公众号、朋友圈、微信群、小程序、H5 商城串联起来、通盘运营，才能形成"势能"，每增加一个用户接触点，用户的黏性、信任、成交、复购、口碑推荐的能力就会呈指数级增长。

商家有两种方式可以拥有自己的小程序，一种方式是自主开发，商家可以自行找设计师、找产品、找技术，学习微信接口文档，经过漫长的开发周期，不定期地升级技术接口，花费昂贵的开发费用来拥有小程序；另一种方式是商家使用有赞和即速应用等小程序功能，无须自行开发，即可享受专业的技术服务和丰富的营销工具，助力商家轻松获客，更支持商家个性装修及海量模板套用两种装修方法，省心省时。

6.5.2　商家小程序部署

微信小程序是腾讯在微信生态下提供的一种不需要下载安装即可使用的应用，类型为企业、政府、媒体、其他组织或个人（主体是个人的小程序不支持小程序认证，注册时请勿选择个人）的开发者，均可申请注册。小程序路径的作用类似网页链接，是小程序独有的。有赞小程序的每一个商品页、店铺页面、营销活动等都有对应的小程序和小程序路径，方便大家分享推广。下面简要介绍有赞小程序、即速应用和凡科轻站小程序。

1. 有赞小程序

有赞有两种不同的小程序版本供商家自行选择，分别为公共版小程序与专享版小程序，前者是有赞免费为商家提供的服务，无须商家向微信单独申请小程序，可直接使用；后者需要商家向微信单独申请小程序，如已经有认证的公众号，可从公众号后台创建小程序免去微信认证流程。有赞专享版小程序拥有两种注册方式可供商家自行选择，第一种为在微信公众平台注册的小程序，第二种为在有赞店铺后台代理注册的小程序。

商家向微信单独申请小程序，需要打开微信公众平台官网首页，单击右上角的"立即注册"按钮，选择注册账号类型的页面，单击"小程序"按钮进入注册页面。也可以通过微信公众号后台进入"小程序管理"，单击"添加"按钮即可进入小程序的申请流程。填写需要注册的邮箱、密码以及验证码后，依次完成账号注册、邮箱激活、主体信息登记和对公账号打款认证四个步骤。需要注意的是，注册邮箱需要是之前没有在公众号注册过的邮箱，每个邮箱仅能申请一个小程序，填写完成以后系统会发送一封确认邮件到邮箱。另外，如登记的企业类型为企业，需缴纳300元认证费，对公账号打款认证需10天内完成汇款，否则申请失败。微信小程序的注册流程，如图6-53所示。

图 6-53 微信小程序的注册流程

申请好微信小程序后，登录后台即可进入小程序管理界面，完善小程序信息，做好开发前的准备工作。运营人员登录小程序后台，可以设置小程序名称、头像、介绍等基本信息，以及对成员管理等进行设置。小程序的设置和成员管理界面如图6-54所示。

（a）

（b）

图 6-54 小程序的设置和成员管理界面

商家根据自己的主体类型，完善主体信息和管理员信息。企业类型账号可选择两种主体验证方式，一种是需要用企业的对公账户向腾讯企业打款来验证主体身份，打款信息在提交主体信息后可以查看到；另一种是通过微信认证验证主体身份，需支付 300 元认证费，认证通过前，小程序部分功能暂无法使用。如小程序已创建成功，未开通微信认证，但已跟公众号关联，可以复用公众号微信认证资质。快速认证不需要重新提交认证资质，不需要支付300 元认证费，即时生效。小程序的认证截止日期与公众号认证截止日期一致，如到期，请重新年审或再次复用资质认证。

完成微信小程序的申请、设置和认证等一系列任务后，商家进入有赞微商城后台进入"店铺→小程序店铺→小程序设置"页面，进行微信小程序授权，提交小程序给微信审核。申请授权并配置好的小程序可以部署小程序店铺，开始小程序店铺的装修与设置。小程序商家申请与发布流程，如图 6-55 所示。

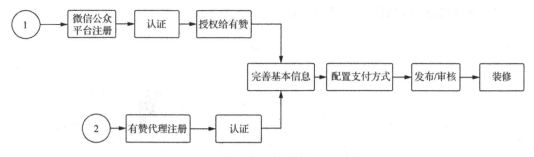

图 6-55　小程序商家申请与发布流程

　　另外，小程序还提供有赞代理注册模式，在有赞注册认证成功的小程序可直接在有赞后台维护小程序基本信息，但此类小程序暂不支持在微信公众平台登录。目前将小程序授权绑定在有赞店铺是可以进行换绑小程序的，直接在有赞后台注册的小程序暂时还不支持换绑功能，建议使用微信小程序官方注册。有赞小程序代注册的流程，如图 6-56 所示。

图 6-56　有赞小程序代注册的流程

2. 即速应用小程序

　　即速应用是全国首家小程序第三方技术服务商，支持零基础快速制作小程序，并为小程序制作提供自由编辑模式、模板套用模式和模块拼装三种模式，适合不懂技术开发、低成本进入小程序运营的商家使用。一般小程序开发流程主要包括注册微信小程序并申请微信支付、制作小程序、上传提交审核小程序和小程序上线四个步骤，本部分主要讲解小程序的制作步骤，其他几个步骤前文已经涉及，在此不再赘述。

　　在 PC 端登录即速应用网站，利用微信登录后台，进入小程序制作页面，可以看到平台提供了电商、新零售、餐饮外卖等行业或应用场景的小程序模板，商家可以根据自身开展的业务类型和使用场景，选择适合自身业务开拓的小程序模板。商家选择模板后可立即应用，进入到小程序模板管理界面，商家可以进行小程序编辑、管理和预览操作，如图 6-57 所示。

图 6-57　即速应用小程序管理

如小程序模板的编辑界面，如图 6-58 所示。

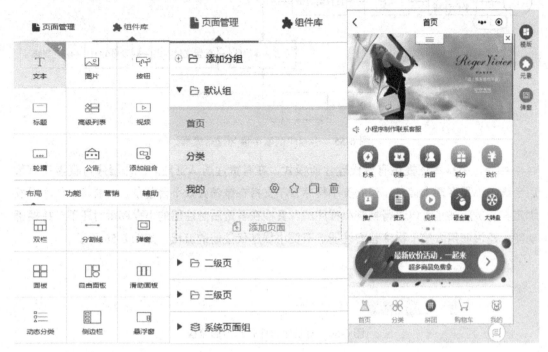

图 6-58　小程序模板的编辑界面

商家按照模块组件和页面管理完成小程序的页面部署，可以自由编辑处理页面元素，根据模板布局，自由添加页面组件，编辑组件属性样式，自由设置页面导航，实现可视化编辑。商家还可以添加页面营销组件到小程序页面中，如刮刮乐、大转盘和优惠券等多种插件，帮助留存用户。即速应用可以自由添加组合，如营销插件、滑动面板等，实现小程序页面的自由拓展。完成小程序的制作编辑后，按照操作流程完成小程序代码的上传，并提交微信版本审核。

3. 凡科轻站小程序

凡科轻站小程序是一款轻巧高效的小程序开发制作产品，提供海量小程序模板，仅需简单、便捷、直观的拖曳操作，即可轻松打造个性化的专属小程序，助力中小微企业抓住风口，抢占新流量入口红利。

（1）模板功能类型

在凡科轻站小程序中，可按照模板的功能类型挑选官网型模板、预约型模板和电商型模板三种，如图 6-59 所示。官网型用于企业形象的展示，有点类似于手机官网的作用，目的在于曝光企业，提升其知名度。预约型主要用于服务型企业展示自己的服务，引导新用户提交预约单，提升用户转化率。电商型是可以直接销售的小程序，是一个电子商城，用户逛街买单等活动可以一站进行，没有平台跳转，省了企业很多引流的环节，提升用户的转化效率。

| 官网型模板 | 预约型模板 | 电商型模板 |

图 6-59 凡科轻站小程序三种典型的模板功能类型

（2）模板内容填充与设计

小程序模板选好后，意味着小程序框架已经搭建好，商家接下来需要把准备好的内容，通过单击、输入操作进行补充。进入小程序制作页面，中间区域是可视化的模板，商家可以直接在模板中单击填充内容；右边区域也会出现单击区域相应的操作按钮，协助商家的个性化设计；左边区域在商家需要增加内容框架才会用到，从简单的文本、到完整的区域模块，都可以一键添加，商家可以自由发挥设计能力，增删模板里的内容，使之更符合企业营销的需求。凡科轻站小程序的内容填充设计，如图 6-60 所示。

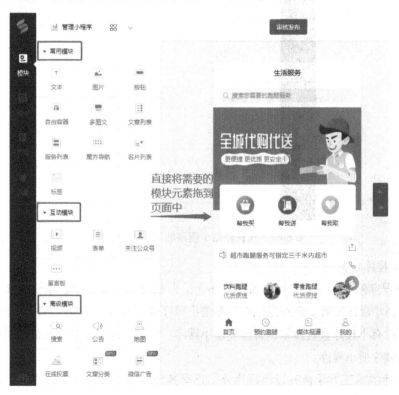

图 6-60 凡科轻站小程序的内容填充设计

常用模块。主要是文本、图片、按钮等元素，这些元素使用频率相对较高，是页面效果的基础。

互动模块。如果想稳定小程序的用户，可以将公众号放在显眼的位置，引导用户点击关注，当公众号内容更新时可以及时通知用户，有利于保持与用户的长期联系。还可以借助视频来吸引用户，以及通过表单、留言板等功能与用户形成良好的沟通。

高级模块。如果对小程序的功能有更高的要求，可以借助高级模块来实现，如搜索、公告、地图等更加实用的操作。

（3）小程序流量入口设计

做好内容填充后，商家还可以单击左边的"流量"栏目，进入页面，设置小程序的流量入口，提升用户搜索匹配率，让用户从更多流量入口找到商家，提升小程序的曝光率。凡科轻站小程序的流量入口设置，如图6-61所示。需要说明的是，该功能只有在小程序审核发布成功后才能生效。

图6-61　凡科轻站小程序的流量入口设置

（4）小程序发布

微信小程序制作好后，就可以直接发布了。但在发布小程序前，需要在微信公众平台申请一个微信小程序账号。凡科轻站在对微信小程序进行授权时，有四种授权微信小程序方式，分别是已有小程序直接授权、直接注册小程序、复用公众号资质快速注册小程序、线下门店绿色通道注册小程序。

除了上述的第三方平台开发小程序外，还有其他很多可以开发小程序的第三方平台，如图6-62所示。

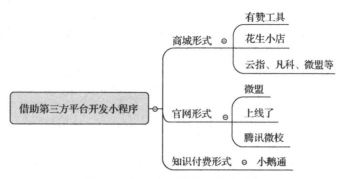

图 6-62　第三方开发小程序的平台

思考与练习

1．申请有赞微商城和微店的账号（试用），装修和美化微商城店铺。

2．请简要区别优惠券、满就送、拼团、抽奖和砍价的营销商业本质。

3．请利用 RFM 分析模型，分析微商城店铺的用户开发建议。

4．请分析瓜分券和砍价 0 元购两个有赞营销活动的区别。

5．利用小程序开发工具，制作、完善和发布一个小程序。

参考文献

［1］关健明．爆款文案［M］．北京：北京联合出版公司，2017．

［2］王靖飞．活动运营：技巧、方法、案例实战一册通［M］．北京：人民邮电出版社，2018．

［3］勾俊伟．新媒体运营：产品运营＋内容运营＋用户运营＋活动运营［M］．北京：人民邮电出版社，2018．

［4］有赞学院．社交电商运营全攻略［M］．北京：电子工业出版社，2019．

［5］秦阳，秋叶．社群营销与运营［M］．北京：人民邮电出版社，2017．